（第3版）

广告创意

从抽象到具象的形象思维

程宇宁 著

中国传媒大学出版社
·北京·

第3版说明

本书第1版于2003年9月由中南大学出版社出版。2009年4月笔者在第1版的基础上进行较大幅度的修改，由中国传媒大学出版社出版。2016年，中国传媒大学出版社的蔡开松先生又与笔者联系，希望本书再行修订，于2017年出版该书的第3版。

对于笔者而言，写书写教材不在数量上的多少，而在质量上是否经得起时间的检验。《广告创意》承蒙许多高校同行的认可，十多年来仍在继续使用，笔者一方面感到十分欣慰，自己的研究成果能够被同行所接受当然是一件令人欣喜的事情；但另一方面，笔者也感受到一种无形的压力，并将这种压力转换成鞭策自己的动力：十余年来，笔者一直在广告学、品牌学、传播学乃至营销学的领域里学习，不断加深和提高自己在广告创意领域的理论修养，不断收集和丰富业界在广告创意实践上的成功案例，以便使《广告创意》在不断的修订过程中能够尽可能地体现出自己在广告创意理论方面的最新研究成果和业界在广告创意实践方面的最新优秀案例。

笔者本次对书稿进行了较大幅度的修改和完善，主要体现在以下方面：一是在语言文字上的精雕细刻，使得全书阅读起来更加文通字顺；二是更换了部分案例；三是对已经过时的数据或资讯进行了更新；四是对部分内容直接删除，以使本书的内容更加简洁和紧凑；五是对绝大部分的图予以更换。希望第三版的文字更加流畅、内容更加贴近生活，使读者开卷有益。

当然，书中肯定还有许多观点和内容有待进一步修正。笔者诚恳希望以书为缘，与广告专家和学者就广告创意诸问题进行交流和沟通，以使本书内容不断完善。

程宇宁

2017年8月22日于重庆

序

当科学的策划屡遭伪科学的所谓“点子”的冲击而贬值，当科学的“媒体选择与组合”屡遭感觉与经验的消解而出现“零代理”甚至“负代理”，广告领域无可替代的核心产业优势，似乎只剩下了创意。

实际上，从创意概念的提出之日起，便出现了广告是科学还是艺术的“路线”之争，也使得创意不断遭到艺术化的形塑。如果说在上世纪60年代，当广告从诉求走向创意的特定历史阶段，广告的科学与艺术之争尚有其存在的理由与价值，而当广告走上高度专业化科学化的今天，再讨论广告是科学还是艺术，那就是一个天大的笑话。

广告本应是科学的。宇宁先生在科学的基础上来讨论广告创意的问题，此一立场我是尤为认同和称道的。

宇宁先生与我相交有年。他原在湖南商学院工作，在广告创意的教学与研究领域颇有点名气。近年又高迁至重庆工商大学，依就从事他所擅长、所钟爱的旧行当。经验需要积累，学术尤需坚守。宇宁先生长年矢志于此，为我所钦佩。

上月，邦清兄应邀来我校讲学，选讲的也正好是“创意”。邦清兄说：“创意真美丽。”我说：“邦清先生的演讲真美丽。”在创意领域，业界有邦清兄为友，学界有宇宁先生为邻，实在是人世一大幸事。

做实际的广告创意难，撰写广告创意的教材更难。宇宁先生力图建构一个较为合理、完善的广告创意的理论框架，其努力是十分难能可贵的。其内容之丰富，涵盖之广泛，既有理论之系统清理，也有经验之具体呈现，是为本教材之种种亮点。

由宇宁先生的《广告创意》，我思考到也许是在创意之外亦或许又是在创意之中的一个问题：创意的着眼点与出发点。创意是为了强化与张大广告的销售功能，这是创意赖以生存发展的理由。但是，如果我们将创意的重心，一味安放在说服甚至诱导消费者上，创意者是难逃“助纣为虐”、“为虎作伥”的嫌疑的。我以为，好的创意应是真实信息的艺术化呈现，在艺术呈现上，我尤为主张创意的戏剧化与游戏化，而反对以诱导为目的的，以消解信息的真实性为手段的创意取向。

守住创意，守住创意者的良知，守住广告人的一片独有天地。

谨为序。

武汉大学新闻与传播学院教授、博士生导师
武汉大学媒体发展研究中心主任
中国高校广告教育研究会主任

张金海

于武昌珞珈山

2008.12.4

目 录

第一章 导 论

广告活动的灵魂是创意，没有灵魂的广告当然也就没有生命力。但是，广告创意又绝对不是孤立的活动，它仅仅是广告活动中的一个环节。为使我们对广告创意有更全面和深入的理解，本章将从广告活动的基本概念开始，对广告活动、广告策划及广告创意之间的关系予以阐述，并对广告创意提出作者原创的界定。

本章的学习目标

- 认识 广告活动的构成要素及基本界定
- 掌握 广告策划与广告创意的关系
- 掌握 广告创意理论的基本定义及其特征
- 理解 广告创意的基本作用

第一节 广告创意的界定

广告创意，对于广告人来说是最具挑战、最兴奋，也是最刺激的事情。但是，虽然许多人都认为广告创意是广告活动中最引人注目的环节，是“将广告赋予精神和生命”[①]的活动，但却很少有人能对广告创意下一个明确的定义。本节所要讨论的重点就是广告创意的基本概念。

一、广告活动的概念

20世纪初，广告活动在西方工业发达国家尤其是美国才开始逐渐演变并发展成为一个相对独立的行业。当时，人们对广告活动的理解是不甚了了的，美国早期著名的劳德暨托马斯广告公司的创意总监约翰·E.肯尼迪于1905年对广告活动的本质做了一个基本的解释：“广告是印在纸上的推销术。”[②]应该说，这个解释或者说是定义对当时广告事业的发展产生了巨大的影响。一个世纪以后，我们这个星球发生的变化足以使工商业的本质和需求发生相应的变化，而广告活动的概念与操作当然也就同样会发生变化。

今天，有关广告的内涵已经大大延伸和扩展，不同的专家、学者由于各自的学术背景不同，并站在不同的观察角度对广告进行研究，往往得出不同的结论。例如，新闻传播界可能会认为广告活动是一种传播、公关或劝服过程；工商人士则认为广告活动仅仅是营销的手段之一；而经济学家和社会学家却又把广告活动当作一种经济、社会或伦理的表象；有些消费者则干脆把广告当作是污染视听的垃圾。如果将上述看法综合起来，则可以给广告下一个基本定义：

广告是由可识别的出资人通过各种媒介向目标受众进行的有关产品(商品、服务和观点)的、有偿的、有组织的、劝服性的、非人员的，并以求达成商业目的的信息传播活动。[③]

这个定义可能有些复杂，下面笔者将对各部分内容逐一分析，以利初学者理解。

第一，广告是一种信息传播活动，是一种非常有组织的商业应用传播形式，是由广告专业人员事先对有关产品及其目标消费者的信息进行采集、加工，然后再由语言和非语言符号元素所构成的广告创意作品用以填充由出资人所控制的预定时间(电波媒体时段)和空间(平面媒体版面)。

第二，由于广告活动的终极目标是为了达成销售，因此，其有关产品的信息接受者就必须是事先预定的那些对某种产品有需求并且有购买能力的目标消费群体。这类消费

①伯恩巴克语。摘自程宇宁，广告创意〔M〕.广州，广东旅游出版社，1997：1.

②拉斯克尔.拉斯科尔的广告历程〔M〕.焦向军，韩骏，译.北京：新华出版社，1998：20.

③阿伦斯.当代广告学〔M〕.7版.丁俊杰，等，译.北京：华夏出版社，2000：7.

群体既非个体，也不是新闻传播的大众群体。因此，在很大程度上说，广告活动实际上是一种分众化的传播形式。（图1–1）

图1–1　邦迪创可贴广告作品《成长难免有创伤》，其诉求的目标对象均为青少年。因为青少年精力充沛、活泼好动，皮肤就比较容易受伤。所以，该系列广告创意作品就以“成长难免有创伤”为主题，向青少年这个目标受众进行有针对性的诉求。

第三，广告活动的对象既然是经过事先策划并预定的潜在目标消费者，那有关产品的广告诉求内容自然就必须针对目标消费者的消费心理、消费行为、需求利益点、价值取向和审美偏好来进行精心加工。否则，就谈不上广告传播的效果。

第四，从总体来说，广告都是有偿的。像格力空调、联想电脑、中国移动等企业都是先付费用给广告代理公司或广告媒介，然后才能通过各种视听媒介将广告信息传达给目标受众。当然，也有一些关于安全、健康、环保、公益等内容的广告是无须付费的，甚至媒介免费发布。这种广告被称之为非商业广告、公益广告。

第五，广告既可以帮助广告主销售有形的商品，如服装、牛奶、牙膏等，也可以宣传无形的服务，如银行、通讯、旅游、教育等，现在已经有更多的广告主利用广告来倡导和推行各种各样的观点。因此，在本书里，我们用产品一词来涵盖商品、服务和观点三层意思。

大多数广告都试图通过各种各样的方式来劝服潜在目标消费对象继续使用或改用某种产品，这就说明广告绝不仅仅是将某种产品的信息告知给目标受众就算完事。

第六，广告是通过媒介向目标受众传递有关产品信息。在广告活动中，媒介是现代广告赖以生存和发展的首要因素，更是广告信息得以发布的载体。因此，有关媒介空间和时间的策划、组合、排期以及购买，对广告效果有着极为重要的意义。

第七，广告是一项综合的、有组织的专业行为。这种综合既包括广告活动在内容上的综合，如广告调查、广告策划、广告创意、广告文案创作及广告设计、广告媒介的组合与发布、广告效果评估等；也包括各种学科知识的相互综合，如经济学、市场学、传播学、社会学、文化学、消费者行为学、心理学、文学、美学、艺术等多学科的相互交叉与渗透。

第八，广告是一种动态的过程，这一过程涉及多个相互之间具有前后因果关系的环节，而统领这些环节的无疑就是广告策划。因此，从策划的角度而言，我们又可以说**广告活动是广告专业人员在对市场、产品和目标消费者充分调查分析的基础上，根据广告客户的营销目标，对广告讯息所要达成的目标进行全面的、科学的、富有创见性的规划与执行过程。**①

以上是笔者对广告活动的定义所做的解说，这种解说只是我们根据广告活动发展到今天的现象的一种归纳。随着市场的迅速发展和媒介形态的突飞猛进，广告活动的内涵与外延必将不断发生变化。从这个意义上说，与时俱进确实是广告学科的一大特点。因此，

①程宇宁.广告策划教程[M].长沙：中南工业大学出版社，2000：4.

学习和研究广告学科的有识之士切不可把广告知识当作教条和模式来学习，务必随机应变，与时俱进。

二、广告创意的界定

对于广告创意的界定，学界还没有一致的看法。虽然詹姆斯·韦伯·扬曾经对产生广告创意的原则做过十分精辟的归纳，即所谓"旧的元素、新的组合"[①]，在广告界无人不认同。但这仅仅是对创意元素的归纳总结，并没有对广告创意的过程做更深入的阐述。

1.广告策划与广告创意的比较

广告创意到底是什么呢？为了能够清楚地解答这个问题，我们先将广告策划与广告创意作一个比较。

第一，广告活动是动态的运作过程，在这个运作过程中，包含调查、策划、创意、设计表现、发布及效果测定等诸多环节。广告策划和广告创意均属广告活动的要素之一，而广告创意只是广告表现的核心要素之一。

第二，广告活动从整体上说是科学的，因为广告活动是帮助广告主实现其销售目标的商业信息传播活动，所以在广告活动的策划环节中所要解决的是广告活动的方向**对与错**的问题；而广告活动在其创意环节中所要解决的是如何通过对产品讯息的加工处理从而让目标受众**喜欢**或**不喜欢**某个产品的问题，这就使广告创意带有明显的艺术属性。

第三，广告活动的基础是策划，广告表现的核心是创意；策划是明确方向，创意是动力加速。如果把广告策划比作是一辆汽车的方向盘，而把广告创意比作是一辆汽车的发动机，则可以非常清楚地明白两者之间的关系：如果方向正确再加上动力强劲，汽车自然可以到达甚至提前到达预定目的地；如果方向正确而动力不足，汽车也能到达预定目的地，只是得花更多的时间；如果方向不正确而动力却十分强劲，那么汽车就可能离预定目的地越来越远。

广告创意固然是创造性的思维活动，但与一般意义上的创造性思维活动有所不同。最大的不同(也就是广告创意的本质特征)在于广告创意在思维方式上并不是寻找解决某个问题的方法或路径，而是寻求如何用形象生动的表现形式来说明某个事物(品牌)的概念，关键之处在于思维的转换性：将抽象的诉求概念转换为具体的形象；将科学的策略转换为艺术的表现。

①扬.广告传奇与创意妙招〔M〕.林以德等，译.呼和浩特：内蒙古人民出版社，1998：123.

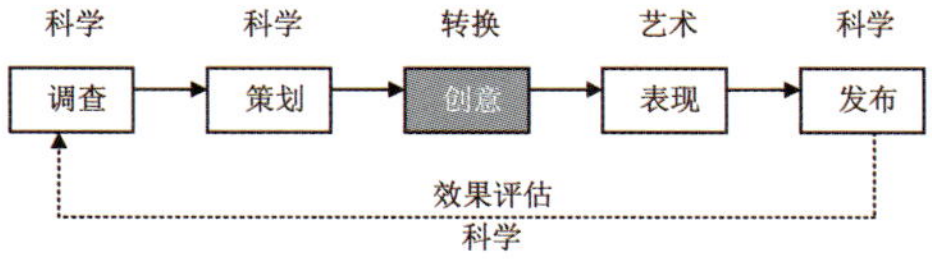

图1-2 广告活动的模式

2.广告创意的定义

根据笔者上述对广告策划与广告创意在本质属性上的比较分析，我们可以为广告创意作出一个基本界定：

广告创意是广告人员在已经确定的广告传播策略的指导下，对商品(品牌)的诉求概念提炼为抽象的物质层面的功能特征或精神层面的价值观念，并将之转换为具象的视觉符号，以求达成理想的传播效果的创造性的形象思维活动。

我们可以从以下几个方面对该定义加以理解。

第一，广告创意是创造性的思维活动

广告创意，关键就在一个"创"字。创造意味着产生、构想过去不曾有过的事物或观念；或者，将过去毫不相干的两件或更多的事物或观念组合成新的事物或观念。

广告活动是否能完成其告知和劝服的职责，在很大程度上依赖于广告作品是否具有创造性。精彩的广告创意作品使广告诉求讯息更形象、更生动、更有劝服力。(图1–3)

图1-3　百事瘦身饮料平面广告创意作品。该广告创意通过一只肥胖的猫添了几滴残存的百事瘦身，便可以轻松自如地钻入鼠洞，非常形象地向受众展示了百事瘦身饮料的出众的瘦身效果。

第二，广告创意的前提是调查分析

广告创意策略的实施必须符合广告产品的整体营销目标，为此，广告创意人员必须充分掌握产品、市场竞争对手以及目标消费者的消费心理等各类信息，以期从中发现能够有效地达成营销目标的创意主题。当年P & G向市场推出“尿不湿”儿童用品时，广告人员想当然地以“方便”作为创意诉求主题，以为凭此必能大受年轻母亲们的青睐。然而事实却大大出乎P & G的意料之外，十余年的销售竟然使“尿不湿”占不到市场份额的10%。后来广告创意人员经过深入细致的调查，发现频繁地使用纸尿布使年轻的母亲们在潜意识里产生一种由于太方便而没有恪尽母爱的负疚心理，从而直接影响了年轻母亲们的购买行为。即使有的母亲偶尔使用，一旦发现婆婆来看望孙儿时，也会手忙脚乱地把“尿不湿”藏起来。找到了问题的症结，广告创意的诉求点当然就由原先的“方便”转为“关爱”——保护婴儿皮肤干爽、防止尿布湿疹。果然，“尿不湿”立刻大受年轻母亲们的欢迎，销售状况为之一变。

第三，广告创意就是要善于将抽象的诉求概念转换为具象而艺术的表现形式

广告创意是创造性的思维活动，但与一般意义的创造性的思维活动不同。这其中最大的不同就是广告创意在思维方式上并不是寻找解决某个问题的方法，而是寻求一种具有独创性并且容易让目标受众产生品牌联想的诉求概念，并且用直观、形象、生动的诉求方式来说明和表现该诉求概念。这里的关键之处在于转换，将抽象的概念转换为具体的形象，将传播的策略转换为视觉的符号。比如，大众Polo轿车的广告诉求概念是“小，但是结实”，其广告创意的构思与表现就只能围绕其诉求概念展开，将此抽象的概念转化为具象的视觉符号。（图1-4）

图1-4　大众Polo轿车平面广告创意作品《小，但是结实》。广告创意免不了自卖自夸，但是，一则优秀的广告创意作品却能够做到通过形象而直观的视觉形象和生活情节使受众对广告所代理的产品产生良好印象。该广告创意作品就是如此。它通过一个生活情节，即当警察接到报警即刻赶到歹徒打劫的场所之后，人们纷纷躲在Polo轿车的后面向歹徒喊话。这种将Polo轿车当作掩体的画面，虽有几分夸张，但却十分形象、直观和生动地表现了Polo轿车的诉求主题：小，但是结实。

第二节　广告创意的作用

广告创意属于广告活动诸多要素当中的一个核心要素，这就自然要求广告创意必须通过整体的广告活动而体现其作用，这些作用可以从以下几个方面加以体现。

一、广告创意有助于广告活动达成预定目标

广告活动作为一种经济领域的商业活动，最终自然是以营利为目的。因此，广告创

意必须有助于广告活动达成其营销与传播的预定目标，这也是衡量广告创意优秀与否的重要标准。

比如TBWA广告公司为瑞典生产的“绝对牌伏特加酒”所做的精彩绝伦的广告创意，就为绝对牌伏特加在国际市场的销售起到了至关重要的作用。这种酒刚进入美国市场时，消费者对该品牌几乎没有兴趣，市场销售一直不景气。后来，该品牌找到TBWA广告公司并与其长期合作，由TBWA广告公司的创意人员对产品进行了重新定位与主题确认，以“绝对”作为主题概念，以生活百态及各地区的地域或文化特征为辅助元素，以绝对牌伏特加的包装瓶形为主要视觉符号，并将上述三个元素加以巧妙组合，从而诞生了一个取之不尽、用之不竭的大创意。可以说，正是凭着这样一个堪称广告经典之作的创意，绝对牌伏特加才会拥有如此多的消费对象，才会在俄罗斯正宗伏特加酒的挤压下异军突起，并在全球伏特加酒市场上跻身三甲之列。（图1-5）

二、广告创意有助于广告进行告知活动

广告在其传播过程中是否能够完成其有关产品信息的告知与诉求的职责，很大程度上取决于广告作品是否具有创意。优秀的创意使广告作品更形象、更生动、更有可能使目标消费者对广告所诉求的品牌产生深刻的记忆。大量的研究数据表明，生动的信息传播能更好地吸引受众的注意力、维持受众的兴趣持久性及启发受众的活跃思维。（图1-6）

三、广告创意有助于广告进行劝服活动

广告的传播活动实际上就是一种与消费者的沟通活动，在沟通的过程中，广告的传

图1-5A 绝对牌伏特加酒系列广告之《绝对的吸引》

图1-5B 绝对牌伏特加酒系列广告之《绝对的自由》

绝对牌伏特加酒的平面广告创意系列作品在国际广告界被公认为经典创意作品，该系列的广告创意主题以独特的包装（瓶型）、一语双关的“绝对”（品牌）和某一概念这三个内容作为诉求对象，构思精巧，内涵丰富，表现简洁大气，富于智慧，令人印象深刻。

图1-6　瑞士美度手表平面广告创意作品

手表的广告诉求主题还能是什么？当然只能是时间。美度手表的系列广告创意作品就是以时间为诉求主题的。该系列广告的创意以非常大胆和夸张的极富想象力的构思，以运动员的训练为视觉画面，十分形象而生动地表现了时间是多么的重要。

播者绝不仅仅只是满足于使消费者知晓广告中的产品信息，而是在此基础上努力劝服目标消费者对本产品的相关信息产生信任，并形成有利于本产品的态度甚至行为。为了使广告的传播活动尽可能地达成上述的劝服效果，广告人员在创作广告作品时尤其应该重视并追求精彩的创意表现。

调查表明，广告要想有更强的劝服力，就必须创造性地使用非文字讯息元素来强化其诉求主题。如在印刷媒介的广告作品中使用信息性图表(彩色示意图、表格等)可以提高认知质量。色彩及空间的运用往往可以促使受众根据自身的文化背景和个人经历采取消费行为。(图1-7)

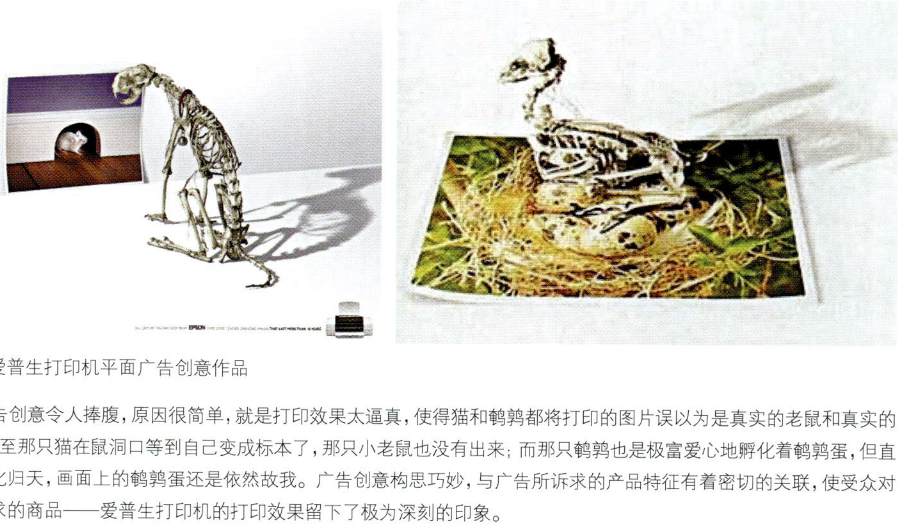

图1-7　爱普生打印机平面广告创意作品

此系列广告创意令人捧腹，原因很简单，就是打印效果太逼真，使得猫和鹌鹑都将打印的图片误以为是真实的老鼠和真实的鹌鹑蛋，以至那只猫在鼠洞口等到自己变成标本了，那只小老鼠也没有出来；而那只鹌鹑也是极富爱心地孵化着鹌鹑蛋，但直到自己羽化归天，画面上的鹌鹑蛋还是依然故我。广告创意构思巧妙，与广告所诉求的产品特征有着密切的关联，使受众对广告所诉求的商品——爱普生打印机的打印效果留下了极为深刻的印象。

四、广告创意有助于提升产品在消费者心目中的品牌形象

广告创意所体现出来的视觉表象当然是诉求有关产品的信息，但一则真正优秀的广告创意还应该表达其深刻的文化内涵和意识形态的思考与见解，从而使广告作品更隽永、更富品味、更耐人寻味。

意大利著名服装品牌贝纳通的诸多广告作品就是以有关反对战争、彰显人性、种族平等、重视环保等人们普遍关心的题材作为其产品的创意主题，向人们表明贝纳通品牌的文化魅力。这些广告作品以其深邃的文化理念和简洁的表现方式给人们留下了深刻的印象，当这种印象在市场口口相传时，贝纳通品牌在消费者心目中的心理价值在不知不觉间便得到了提升。(图1-8)

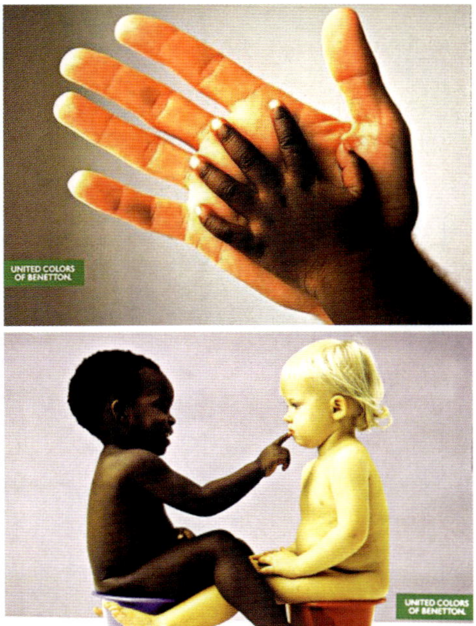

图1-8 贝纳通平面广告创意作品

贝纳通的广告诉求主题往往都是较为宏大的带有浓厚意识形态色彩的普适价值观。这两幅广告所要表达的是同样的诉求主题：反对种族歧视。广告的画面使用对比鲜明的色彩和两小无猜的纯真儿童，十分形象生动地向受众展示了不同肤色的人们生活在同一片蓝天下是那么的自然和美好。如果受众认同贝纳通所传递的价值观，受众自然就会认同贝纳通这个品牌，并有可能在心目中提升贝纳通的品牌形象。

五、广告创意有助于广告进行提示活动

设想一下，年复一年，一则广告如果是一成不变地用毫无变化、毫无创新的广告口号或方式邀请受众尝试广告产品，那么其诉求效果只能使人们对广告产品产生厌烦的拒绝心理。因此，在广告的传播过程中，只有不断地运用极富智慧和饶有趣味的创意，才会使乏味的广告诉求变成新颖有趣并耐人寻味的广告作品。耐克广告的创作案例便是最好的明证。纵观耐克的广告作品，没有几条提到过公司名称，甚至根本没有在广告作品上打出公司的名称，只讲述一个个故事，在画面上唯一可找到的广告主线索便是那个单纯的、拉长的“钩”。耐克的发言人说：耐克的广告不必去冒“长篇大论”的风险，因为“耐克的标志已经够出名的了”。我们每天所要思考的问题就是如何通过广告创意来反复不断地提示顾客一次又一次地购买我们的产品。(图1-9)

图1-9 耐克品牌平面广告创意作品《活出你的伟大》

第三节 广告创意的特征

广告创意是整个广告活动的灵魂。缺乏创意的广告活动就好比是人缺少了灵魂，了无生气，自然也就不可能达成预先设想的广告传播效果。那么，广告创意到底具有哪些特征呢？学界迄今仍然没有统一的说法。笔者认为，广告创意的特征至少应该包括四个方面的内容：思维的转换性、策略的指导性、诉求的艺术性和创意的限制性。

一、思维的转换性

广告创意从本质上说就是一种创造性的形象思维活动。不过，这种创造性的形象思维活动与一般意义的创造性思维活动有所不同，这种不同就在于广告创意的思维活动除了具有一般意义的创造性思维的基本特点之外(诸如思维的自主性、求异性、联动性、多向性、跨越性、顿悟性和辩证综合性等)，还具有思维的转换性这一本质特征。

所谓思维的转换性，就是指从逻辑思维转换到形象思维的能力，或者是将概念的抽象思维转换到具象事物的形象思维的能力。这就需要创意人员以丰富的想象力及时转换思维跨度，善于及时捕捉、发现、连接生活中各种事物间的看似风马牛不相及的内在关系，从而使广告创意具有情理之中、意料之外的传播效果。

比如图1-10奔驰SLK的这幅平面广告作品，在创意思维上就经过了数次的转换。首先，广告创意的核心是奔驰SLK型轿车的舒适精美、万人瞩目这一抽象概念；其次，就要思考如何用具象的元素来加以表现、转换上述抽象概念；最后，将“刹车痕”这个看似与奔驰SLK轿车毫不相干的东西硬是与之相连接、组合，从而产生令人拍案叫绝的广告创意。

图1-10 奔驰SLK平面广告创意作品《刹车痕》

此广告创意作品荣获1998年戛纳国际广告节的全场大奖。广告画面构图精巧，蕴含丰富，受众初看不知所云，再看恍然大悟：原来，处于画面中心对应位置的轿车与刹车痕有着内在的因果关系——刹车痕是结果，而肇事者则是奔驰轿车，这当然也就是原因，即众多车手经过此一路段时都会忍不住降低车速，以便多看几眼自己心向往之的奔驰轿车。广告没有多余的文字，画面的情节足以说明奔驰轿车在人们心目中的地位。

二、策略的指导性

策略的指导性，就是指在广告创意的过程中，始终围绕一个明确的传播概念进行思维的能力。广告创意不是纯主观的艺术创作，不能信马由缰，它必须在广告策略的指导下，在事先确定好的主题概念的规范下进行创造性的思维活动，并通过创意的物化形式——广告作品将广告信息准确地传达给目标受众。这一特征也是广告创意与艺术创作之间最大的区别。

艺术家在进行艺术创作之前，往往只是根据自身对生活、对事物的观察，通过艺术作品表达出创作者个人的主观愿望、情绪或感受，有着比较明确的随意性和主观性。而广告创意则必须在广告策略的指导和规范下去进行思维和表现，通过广告作品所表达的主要是客观事物(广告产品)的本质特征或者是目标消费者的主观感受、情绪和愿望，而非创意者个人的主观情绪。

比如图1–11百事可乐的广告创意，就是在其整体广告策略的规范下进行的。由于其始终有一个明确的创作主题，所以，虽然百事可乐的广告创意作品在表现形式上有所不同，但众多的广告创意作品却都围绕一个核心的主题概念，即百事可乐的品牌核心概念：精彩无限、活力无限。俗话说，万变不离其宗，对广告创意来说，这个宗就是广告策略。

图1–11 百事可乐最新平面广告创意作品:《自然纯粹的生活》。

三、诉求的艺术性

广告创意的目的之一就是如何将一个产品的有关讯息以艺术的方式予以表现。因此，向目标受众进行艺术诉求从而将产品的讯息准确而有效地传播出去，是广告创意相当重要的一个特征。

广告作品的创意不同于文学艺术作品的创作之处，就在于广告作品的诉求性，虽然两者都具备艺术性。广告创意所追求的目标就是要千方百计地、主动地让目标受众接受某种观点、概念或产品的讯息，并对之产生兴趣和记忆；文学艺术作品所追求的目标只是被动地让读者或受众对作品中所表现的内容引起情感上的共鸣。至于有多少读者(受众)能够接受文学艺术作品创作者的观点，并不是作者所追求的目标。

广告作品的创意也不同于新闻报道的创作，虽然两者的真实性和其所附载的媒体是大同小异的，但两者的最大区别则又恰恰表现在艺术性这一点上。新闻报道的创作绝不允许有所谓的艺术性表现，而广告作品则要借助于各种各样的艺术表现形式从而使广告讯息达到理想的效果。(图1–12)

图1–12 沃尔沃汽车平面广告创意作品

该广告创意以比喻的手法形象而生动地向受众诉求了沃尔沃汽车具有与众不同的安全性这一突出优点。

四、创意的限制性

从总体上说，任何创新思维活动都忌讳条条框框的限制，但广告创意却偏偏就有许多的限制。有人曾说广告创意是“带着镣铐跳舞”，即在种种限制的条件下，却还要构思出精彩的创意，这对于广告人而言实在不是一件容易的事。

1、广告主的限制

一般而言，所有的广告主都会对广告创意活动有着这样或那样的限制要求，只是程度不同而已。有的广告主对广告创意的表现方式可能会宽容一些，给广告创意人员以更多的创意空间；而有的广告主则可能会对广告创意的表现方式有着更为具体而明确的要求，这就迫使广告创意人员不得不在广告主的限制要求下来进行广告创意活动。

2、广告媒介的限制

不同广告媒介有着各自不同的特性，这种特性决定了广告创意必须根据广告媒介的本质特征进行有针对性的创新思维。最起码，电波媒体的广告创作就要求广告创意在以时间为结构，以情节为线索的前提下将广告信息用连续移动的视觉语言(画面)或听觉语言进行构思及表现；而平面媒体则要求广告创意在以空间为结构的前提下将广告信息用静态的视觉语言进行构思及表现。(图1–13)

图1–13 阿迪达斯平面广告作品《没有不可能》

该广告创意十分巧妙地利用杂志媒介的特点，当读者将杂志的页面翻过去时，杂志上的广告模特也就必然会做一次相应的运动，于是，一幅静态的平面广告在读者的互动下竟然成为动态的广告，其结果，当然是给读者留下难以忘却的印象。

3、广告信息本身的限制

不同的广告信息内容本身往往就限定了广告创意的构思方向。如感性商品的广告创意就应考虑从诗情画意、浪漫煽情的方向去进行构思表现；而理性商品的广告创意则多从沉稳实在、以理服人的方向去构思。

第四节　广告创意的分类

广告创意的本质是一种创造性的思维活动，其目的当然是通过有创意的构思取得理想的传播效果，进而帮助广告产品达成预定的营销目标。因此，从广告创意的本质和目的来看，此广告创意与彼广告创意并无多大的差异可言。但在实际的创意过程中，由于广告作品所负载的媒介的性质和特征不同，就要求广告创意根据广告媒介的性质和特征在构思上有所不同，这就自然产生了广告创意上的分类。

一、平面(印刷)广告创意

广告在平面印刷媒体上主要运用的信息负载形式就是报纸和杂志。虽然就媒介本身的特质而言，报纸和杂志仍然有着诸多的区别，但两者在总的方面来说大体一致。因此，我们把两者统称为平面印刷媒体。平面印刷媒体与电波媒体相比具有如下特点：

1、平面媒体是以空间的结构形式，以静态的视觉和语言符号的表现方式进行讯息的传播与诉求

这是平面印刷媒体与电波媒体的本质区别所在。作为广告创意人员，在利用平面印刷媒体进行广告创作时，就只能在平面印刷媒体的有限的版面空间构思广告创意。当然，平面印刷媒体版面的空间大小是有区别的，一般而言，版面空间越大，其广告创意的空间也就越大；反之就越小。但无论平面印刷媒体的版面空间有多大，广告创意人员在进行广告创意的过程中，只能而且必须在有限的版面空间内通过静态的视觉和语言符号的创意组合将各种具象的元素与广告产品产生关联性，以期达到较为理想的信息传播与诉求效果。这种内在的关联性越巧妙，其创意就越精彩。(图1–14)

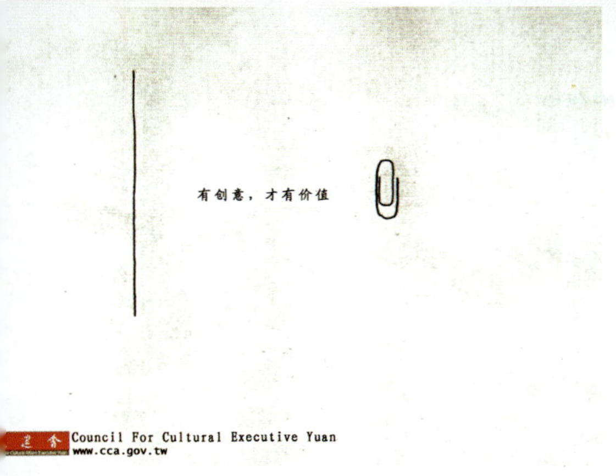

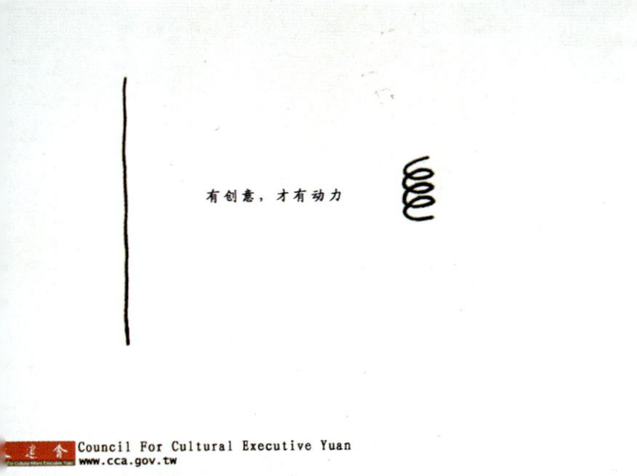

图1-14 台湾文建会平面公益广告创意作品

此广告创意作品曾获第12届台湾“中国时报”金犊奖的银奖。此作品是当年台湾在校大学生的创意，构思巧妙，诉求主题明确，将非常抽象而复杂的概念用简单的视觉画面予以表现，形象而生动地向受众诠释了“创意”的真谛。

2、平面印刷媒体多是以近距离一对一的传播方式进行广告讯息的诉求，且更适合为理性产品做理性诉求

一般而言，读者阅读报纸或杂志媒体时大多是在一个相对安静的场合，受外界干扰的程度相对较小，读者在接受平面媒体的讯息时也会更投入一些。因此，该类广告创意大都是以文案(语言符号)为核心，以图形画面(视觉符号)为配合，以便向目标受众传递尽可能清晰明确的产品讯息，以利于受众对产品形成正确的理解并产生购买欲望。

3、阅读平面印刷媒体的受众具有大致相同的兴趣和偏好，且他们在阅读时拥有绝对的主动性和选择性

基于上述特征，平面印刷媒体的广告创意就必须准确地把握有关广告发布平面媒体的读者共性，以便有针对性地对该平面媒体的受众进行诉求；同时，由于平面印刷媒体的读者在阅读信息时拥有绝对的主动性和选择性，这就要求该类媒体的广告创意具有更强的可读性、趣味性和新颖性。

二、影视广告创意

学者大都喜欢把影视和广播媒体这两者统称为“电波广告”，但笔者认为影视媒体与广播媒体在本质上仍然有着较大的区别。比如广播媒体仅仅通过人的听觉器官感受广告讯息；而影视则通过人的听觉和视觉的综合作用来感受讯息，这就必然使得两者的广告创意有着不尽相同的思维方式。不过，由于影视与广播媒介都是以其时间性这一共同的要素作为创意的特质，因此，将两者合为一类也是可以理解的。

1.影视媒体以时间为结构形式承载并传播讯息

这是影视媒体区别于平面媒体的最大特征。影视媒体的空间形态相对固定，广告主和广告创意人员都不可能对其空间形态予以改变，而只能在以时间为结构的形态中去构思广告创意。一般而言，利用影视媒体发布讯息的广告只能在以秒为单位的时间结构内(60秒、30秒、15秒或5秒)完成一次诉求。因此，广告创意人员就只能而且必须善于运用以时间为结构的表现形态进行创意思维。由于影视媒体的时间逻辑结构特征，影视媒体的广告作品在创意的构思中更强调产品诉求信息的故事性、情节性和前后情节的逻辑性。

2. 影视媒体是以直观、形象、逼真的动态画面综合作用于人体的视听觉器官，其传播的信息易使受众产生兴趣，但由于时间短暂，又很难使受众对讯息产生较深的理解

诉诸受众视听觉器官，接受影像讯息，是影视媒体相对于其他媒体的最大优势。影视广告画面切换快速，时间短暂，相关元素众多，信息量大，受众难以完整接受并理解一条广告的所有讯息。但是，由于影视媒体引人入胜的逼真画面和动感十足的丰富音效，又很容易引起受众的兴趣并进而使受众对某条产品的广告产生感性的印象判断。因此，影视广告的创意在目的上并不是要刻意让受众对某产品广告信息有多深入的理解，而是应想方设法引起受众对某产品(品牌)产生正面的感性判断。总体而言，平面印刷媒体的广告创意所要解决的问题是如何让受众理解并相信广告所传播的信息，而影视媒体的广告创意所要解决的问题则是如何让受众感知并喜欢广告所演绎的信息。

3. 由于影视媒体(广播媒体)的受众群体分散而杂乱，这就使得影视(广播)媒体的广告诉求难以针对某一目标群体进行构思和创意

影视(广播)媒体受众的分散性和杂乱性，使广告创意难以根据某类媒体受众群体的共性特征进行构思，其传播效果往往并不理想。另外，对于受众而言，影视(广播)媒体的信息传播方式具有强制性和不可复制性的特点，一方面可以使广告信息强行向受众撒播，但另一方面则又可能导致受众的逆反心理而对广告信息一概持怀疑态度。这就要求广告创意人员充分利用这一特点创作出能够在瞬间吸引受众兴趣并富有艺术品位的广告作品，从而达成较为理想的传播效果。(图1-15)

三、广播广告创意

广播媒体与电视媒体一样，也是通过以时间为单元的结构形式来传播信息的。但广

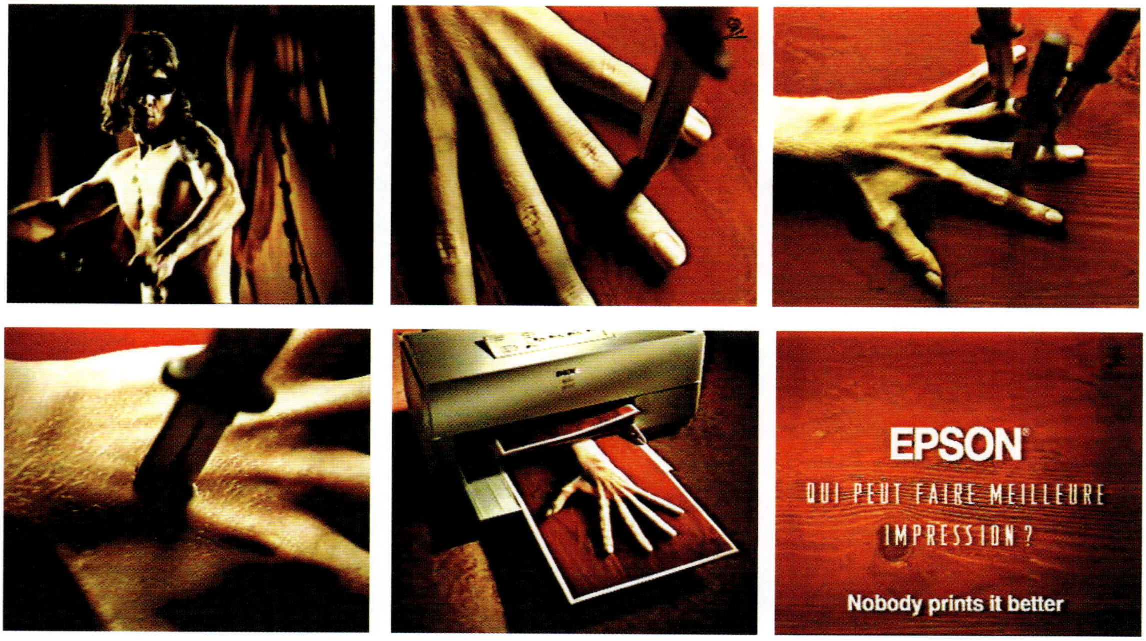

图1-15 爱普生打印机影视广告作品《遮眼飞镖手》(截图)

此影视广告创意作品曾获1996年戛纳国际广告节金奖。此影视广告短小精悍，在15秒之内使用了一个颇为吸引受众的故事，表现了一位遮眼飞镖手训练的过程，情节紧凑，扣人心弦。当飞镖手连续飞出三个飞镖之后，一个飞镖不幸扎在一个人的手背上，当受众无不为飞镖手的失误感到惋惜并为陪练者感到心疼时，才发现原来没有所谓的陪练，只不过是一张非常逼真的打印纸。这样，还有谁会怀疑爱普生打印机的打印效果呢？

播媒体却缺少视觉的画面，只能以听觉的口头语言和音效来传播广告讯息。

广播媒体的这一特征一方面直接增加了人们接受广播广告的几率，却又导致了其渗透率不高。广播广告要想做得精彩，就需要广告创意人员付出更多的心血。

广播广告的唯一手段是声音，但广播广告的创意绝不应该仅仅以声音作为唯一的创意要素，而应该用情境这个元素去进行创意思维。用音源塑造情境，以吸引听众的大脑对音源产生兴趣，让音源顺利通过听众的神经，从而刺激听众脑细胞的想象能力。于是，受众便可以“看”到你所希望展现的景象，并进而产生深刻的印象。

创意人员可以从中国传统说书人身上学到许多口头语言传播的技巧。功夫高的说书人，听众虽然只是闭着眼在听，但其脑海却一样可以随着故事的情节展开自己的想象，时而风花雪月，时而阴风怒号；时而紧张，时而舒缓……而说书人的表情、服装，道具等都可有可无，个中诀窍便是“情境”二字。

四、户外广告创意

户外媒体是典型的远距离视觉媒体，受众一般不可能站在马路上对着某一户外广告驻足观望，反复揣摩。因此，户外广告的讯息诉求在文字上力求精简，在画面上力求单纯，使处于移动状态中的受众能够在瞬间便可以捕捉到广告的关键讯息。

户外广告创意的表现特色有以下两类：

1.诉求讯息简洁明了，一望即知

由于受众在接受户外广告讯息时处于移动状态，且易受干扰，如车流、建筑物、光线、树叶等对受众视线的阻碍，拥挤的交通和嘈杂的声响对受众注意力的分散等。因此，户外广告的创意一定要做到简洁明了，一望即知。一般只需传达品牌名称或广告语即可，无需传达过多广告讯息。(图1–16)

图1–16 Jeep汽车户外广告作品

此广告创意作品构思非常精彩，十分巧妙地利用户外广告的特点，将Jeep汽车垂直地挂在户外广告墙上，形象而直观地突出了Jeep汽车非同一般的越野功能。

2.充分考虑各户外媒体的差异

户外广告创意所要考虑的因素比一般媒体要多。诸如人潮流动线、大楼天际线、日照状况、路边树木的高度、政府法规等等，都或多或少地会对创意产生影响，有的甚至是致命的影响。比如，你打算在某一人潮汇聚的

十字路口大楼正面租一块电子看板，鉴于十字路口宽广，你在计算看板至对面距离、看板大小比例后，很有信心地计算出在看板中放入多少字符与画面。但事后的效果评估却远远低于当初的预期值，究其原因，发现原来忽略了当地日照问题：该大楼正面朝西，中午以前日照不直射看板，中午过后，强烈的日光直射看板，偏偏该路口午后才涌现大量的人流，自然使电子看板的广告效果大打折扣。

重要术语

广告　广告活动　广告创意　受众　思维的转换　平面广告　电视广告　广播广告　户外广告

推荐书目

1. 阿伦斯.当代广告学[M].7版.丁俊杰，等，译.北京：华夏出版社，2000.
2. 丁俊杰，康瑾.现代广告通论[M].2版.北京：中国传媒大学出版社，2007.
3. 奥吉恩，艾伦，塞梅尼克.广告学[M].2版.丁俊杰，程坪，译.北京：机械工业出版社，2002.
4. 拉塞尔，莱恩合.克莱普纳广告教程[M].15版.王宇田，王颖，钟莉，译.北京：中国人民大学出版社，2005.

思考练习

1. 对某一具体产品而言，广告创意的作用在整个广告活动中所占据的比重是一样的吗？（请分别以百事可乐和联想电脑为例）
2. 广告具有什么样的特征？请根据互联网广告的特征总结出互联网广告创意的表现特色。

第二章　广告创意理论的嬗变

随着现代广告活动的逐步发展，广告创意在大量的实践过程中也在逐步形成自己的理论体系。在这个过程中，许多杰出的广告专家和学者根据自己多年的创意经验和体会，总结了诸多有益于后来者学习和借鉴的广告创意观点和理论。

本章拟对这些理论的形成脉络做一个全面的归纳和分析。

本章的学习目标

- ■ 了解　诸多不同观点的广告创意理论
- ■ 认识　广告创意理论应该如何指导广告创作实践
- ■ 理解　广告创意理论随着时代的变迁其本身也在不断发展
- ■ 掌握　从不同的角度对广告创意进行分析的思维方式

第一节　早期的广告创意理论（20世纪初至40年代初）

早期的广告创作观源自20世纪20年代在英美等国市场上广为流行的“产品观念”。产品观念认为：消费者喜欢高质量、多功能和具有某些特色的产品。因此，广告创意的工作重心就应该集中在产品的质量上，只要产品的质量上乘，消费者自然就会掏钱购买。[①]在这一观念的影响下，产生了以霍普金斯为代表的硬性推销派和以西奥多·麦克马纳斯为代表的软性推销派。这两派的理论观点为后来的两种广告理论流派（科学派和艺术派）的形成产生了相当深刻的影响。

一、硬性推销的广告创作观

1.约翰·肯尼迪的原因追究法

20世纪初期，全美著名的劳德暨托马斯广告公司三位代表人物约翰·肯尼迪、阿尔伯特·拉斯科尔和克劳德·霍普金斯一致主张“广告是印在纸上的推销术”，认为广告必须提供一个切实的销售说辞，讲清为什么消费者愿意花钱购买广告所诉求产品的理由。他们这种在广告创意中强调说明销售理由和购买原因的广告理论，在当时形成了一个极有影响的广告流派。

约翰·肯尼迪没有撰写过有关广告的著述，其关于广告的观点散见于霍普金斯的《我的广告生涯/科学的广告》和拉斯科尔的《拉斯科尔的广告历程》两部广告经典著作中。约翰·肯尼迪最早提出了关于“广告是印在纸上的推销术”的基本定义，这一定义揭示了广告活动的本质特征，否定了当时广告创作颇为流行的为艺术而艺术的错误倾向，赋予启迪和指导意义，被广告界广为推崇。

在具体的广告创意方面，约翰·肯尼迪发明了一种叫作**“原因追究法”的创意模式，即把广告诉求的焦点转移到努力征服受众对广告的抵制情绪的销售理由及其创意方面**。肯尼迪在1903年为专卖药品舒普博士的康复剂所创意的经典广告里，充分体现了其“刻意征服来自消费者的抵制情绪”的创意理念。这条广告诉求了一个十分简单的信息：

试试我们的产品，您什么也不会损失

我的书免费，
我的治疗也免费——如果无效的话，
要是它有效——要是它成功了，
要是您又恢复了健康，

①科特勒.营销管理〔M〕.梅汝和，等，译.上海：上海人民出版社，1990：23.

我请您付费——5.50美元……

我下一步会寄给您附近的药品商的名字，他会让您取去六瓶我处方的药品，药用一个月。如果有效，才花费您5.50美元；如果无效，药品商就把账算在我身上。[①]

2. 克劳德·霍普金斯的预先占有权理论

在约翰·肯尼迪之后，克劳德·霍普金斯全盘继承了肯尼迪的“广告推销术”理论，并将之发扬光大。他认为：“广告的唯一目的是实现销售。广告是否赢利，取决于广告所引起的实际销售”。“广告是建立在固定的原则基础上，是根据基本规律进行运作的”。作为“推销术”的忠实实践者，他还首创了产品试销策略，发展了赠送样品促销方式。

霍普金斯在他所撰写的《我的广告生涯/科学的广告》一书中，重点讲述其津津乐道的直邮广告的实验效果，还提出了许多至今仍然适用的广告创意原则，其中最有价值的是其提炼的**预先占有权**理论。该理论认为，如果有谁提出一个可能是该行业非常普遍的产品生产工艺并声称首先拥有它，那么谁就占有了它。简单地说，所谓“预先占有权”，就是一条广告只应该围绕唯一的销售要点来创作。该创意理论在其为喜立滋啤酒所作的经典广告中予以充分地体现：

喜立滋啤酒的每一个瓶子都是经过蒸汽高温消毒的。

当时美国的啤酒市场竞争十分激烈，关于啤酒的原料、工艺、品质等相关信息的诉求已经比比皆是，霍普金斯在参观喜立滋啤酒厂时，对该厂使用蒸汽高温消毒这一行业内普遍的做法颇有兴趣，虽然喜立滋啤酒厂的老板对霍普金斯的兴趣不以为然，但霍普金斯坚持将“蒸汽高温消毒”这一普遍做法“预先占有”，成功地使消费者将清洁卫生与喜立滋产生了联想，从而使喜立滋的啤酒销售取得了极大的成功。[②]（图2-1）

图2-1 早期新奇士广告创意作品

该广告由霍普金斯所在的劳德暨托马斯广告代理公司创作，于1908年3月2日在美国《得梅因名簿》上发布。广告首次采用三种颜色进行印刷，这在当年是一个闻所未闻的创举；而该广告所诉求的是经由铁路把新奇士水果运到爱荷华州来庆祝“橘子周”活动，这在当时来说又是一项闻所未闻的创举。

①西沃卡.肥皂剧、性和香烟——美国广告200年经典范例〔M〕.周向民，田力男，译.北京：光明日报出版社，1999：51.

②霍普金斯.我的广告生涯/科学的广告〔M〕.焦向军，韩骏，译.北京：新华出版社，1998：180，148，149.

二、软性销售的广告创作观

与硬性推销的广告创作观不同，软性销售的广告创作观是朱丽安·西沃卡在其所著的《肥皂剧、性和香烟》一书中对采用软性销售的广告创作方法的归纳，其代表人物是西奥多·麦克马纳斯和雷蒙·罗比凯。不过，此二人并没有将他们的创意观念诉诸文字，但他们所创作的众多优秀的广告作品及其形成的风格，在当时的广告界产生了重要影响。

软性销售派的广告创意大多围绕对于消费者的暗示和联想展开，努力营造和传播一种诱使受众产生美妙的身临其境的感觉，从而使受众形成对广告产品完美程度、品质和声誉的印象。当时的心理学家司各特在其《广告心理学》(1908)中就论证了这种促使消费者产生虚幻印象的暗示心理的广告创作方法是正确的，同时，司各特还对肯尼迪等人所提倡的硬性推销法的广告创作观念提出了怀疑：它描写的是产品本身，而不是赞美它将提供给消费者的那种喜悦。司各特对当时许多广告商只见物而不见人、只对商品的属性和品质进行诉求而忽略对商品使用者的主观感受的广告诉求方法表示了极大的质疑：

> 有多少广告商能把钢琴描绘得生动无比，引得读者去听？有多少食品产品被描写得竟然令读者能够品尝到它的滋味？有多少广告把香水描绘得竟然能使读者闻到它？有多少人能把一件睡衣描绘得能令读者感到它与身体接触时的那种快感？①

1.麦克马纳斯

软性销售派的代表人物是麦克马纳斯。他在1915年为通用汽车公司V-8型卡迪拉克轿车所创作的广告？《对领导者的惩罚》，是广告史上最为经典的作品之一。

以下是该广告作品的文案：

对领导者的惩罚

> 在人类进行努力的每一个领域中，处于领先地位的人和事，必定永远置于众目睽睽之下。不论是归属于一个人的领导权，还是一种已经生产出来的商品的领先地位，模仿赶超和羡慕嫉妒总是在起作用……当一个人的工作规范成为全世界的标准时，他也就成为那少数几个嫉贤妒能者的箭靶。

该广告就是以暗示和联想的创意方法，间接地向消费者诉求了卡迪拉克轿车在汽车行业的翘楚地位，并由此而引来众多同行的羡慕、妒忌和模仿，卡迪拉克则以其更优异的品质、更完美的形象回应那些嫉妒者的诋毁，长存在人们的美好回忆之中。该则广告只刊印了一次，但却引起强烈的反响，因为这种散文风格的批判性观点与广大受众产生了情绪上的沟通和共鸣。自那以后的许多年里，卡迪拉克和它的广告代理公司应许多消费者的要求多次重印过这则广告作品。

2.雷蒙德·罗比凯

软性销售派的另一位代表人物是雷蒙德·罗比凯。罗比凯早年供职于当时美国最好的广告公司之一的艾耶父子广告公司。20世纪20年代初，他用暗示销售的广告创意方法并辅以华美的艺术设计，为斯坦威钢琴创作了洋溢着优雅感觉的《不朽的钢琴》广告作品，该广告为他赢得了巨大的声誉。1923年，他和挚友约翰·奥尔·扬合作创办扬·罗比凯广告公司。20年代末，美国出现了严重的经济危机，市场一片萧条，广告创作水平普遍下降。但雷蒙·罗比凯却坚持其软性销售的创意理念，极力倡导高雅的诉求风格，用间接暗示和委婉的创意手法发挥着广告传播的说服力。

上述两大流派的广告创意理念和广告创作实践，持续到20世纪30年代，随着麦克马

①西沃卡.肥皂剧、性和香烟——美国广告200年经典范例〔M〕.周向民，田力男，译.北京：光明日报出版社，1999：158.

纳斯和雷蒙·罗比凯的隐退，他们在广告业的影响力就逐渐消减。不过，无论是硬性推销理论还是软性销售实践，两种主张虽水火不容，各自采用不同的创作模式，却都能够帮助企业的产品扩大销售，从这一点看，两者又是高度一致的。事实上，20世纪早期的硬性推销理论和软性销售理论，为今后广告创意理论的研究和实践奠定了基础，并形成目前广告创意理论和实践的两种基本模式，即理性(科学)诉求和感性(艺术)诉求。理性诉求强调“产品的物理层面的属性”，而感性诉求则强调“消费者精神层面的属性”。

第二节　转型期的广告创意理论（20世纪40年代中至70年代初）

二战结束后，全球经济尤其是西方资本主义国家的经济飞速增长，使真正意义上的买方市场得以形成。供大于求的需求关系使产品的竞争日趋激烈，而科技的发展又使产品的同质化现象日益严重。此时，企业大都奉行市场的推销观念。该观念认为，消费者通常具有一种购买惰性或者抗拒心理，企业如果试图让消费者购买自己的产品，就必须对消费者进行劝说，或者运用一系列促销行为诱使其购买。反映这一观念的广告创意理论分别是瑞夫斯的USP理论、大卫·奥格威的品牌形象理论、李奥·贝纳的“与生俱来的戏剧性”理论和伯恩巴克的ROI理论。

一、瑞夫斯的USP理论

USP(Unique Selling Proposition 独特销售主张)是罗瑟·瑞夫斯(Rosser Reeves)在20世纪50年代提出的影响深远的广告创意理论，该理论至今仍然被许多广告公司奉为经典，并用其指导具体的创意实践。

罗瑟·瑞夫斯是极具传奇色彩的广告大师，也是20世纪50年代著名的达彼思广告公司的董事长，以及美国“杰出文案撰文家”称号的第一位得主、USP广告创意理论的提出者和实践者，在国际广告界享有崇高的地位。他于1961年出版了《实效的广告》一书，在书中他对USP理论进行了详细的阐述。同时，他在书中号称自己是硬性推销派先驱克劳德·霍普金斯等人的忠实信徒，并对硬性推销派的几位先驱给予了极高的评价和推崇。

USP理论的核心可以概括为：明确的概念、独特的主张和实效的销售。

1.明确的概念

所谓明确的概念，是指在广告创意过程中，创意人员必须努力寻找出产品本身可以给消费者带来的特定的益处，并提炼出一种容易让消费者理解和记忆的概念。

罗瑟·瑞夫斯认为，广告的主要目的是为了取得大众的信任，而并非仅限于取悦潜在的消费者。并且，他也不过高地估价消费者的注意力和判断力。他只是反复地重复一个简单的主题：“消费者只从一则广告中记取一件东西——一个强有力的许诺，或是一个强有力的概念。”[①]这些概念必须是科学证明的事实，并且用清晰准确的语言予以表述。以下便是达彼思广告公司运用USP创意理论创作的成功例子：

吉列刀片

每次剃须时都如此锋利，锋利而又快捷，要锋利，用吉列蓝色刀片，它让胡须丝毫不留。

2.独特的主张

所谓独特的主张，就是该主张是竞争者所不能或不会提出的一种全新的诉求。独特，意味着与众不同；独特，才有可能使受众产生印象。独特，是从产品的功能和内在品质出发，在产品同质化现象尚不突出的情况下来

①瑞夫斯.实效的广告〔M〕.张冰梅，译.呼和浩特：内蒙古人民出版社，1999:81.

寻求其差异性。

例如，高露洁当初的广告创意为缎带式牙膏——它挤出来像条丝带，平躺在牙刷上。虽然，这种创意也算是一种主张，但是却没有特点，难以激起消费者的购买欲望。

当达彼思广告公司代理高露洁产品后，瑞夫斯立刻对其广告诉求进行了重新创意：高露洁清洁您的牙齿，也清新您的口气。虽然，许多牙膏都可以使人口气清新并清洁牙齿，但是之前却从没有人提出过这个概念(主张)，而高露洁则最先提出来了，当然就有其独特性。至于高露洁牙膏的销售实效，我们从该USP直到现在仍在使用这一事实便足以看到一切问题。

3. 实效的销售

实效的销售是指通过广告诉求在短时间内所实现的产品销售业绩，这也是瑞夫斯判断一则广告创意是否成功的最重要的依据。"实效"不等于"有效"。只要广告信息被受众看到或听到并引起受众的注意，就可以判定其为"有效"。但是，只有最终能够吸引受众掏钱来购买广告商品，才算有"实效"。广告创意的成功与否，"实效"是判断的基础。因此，怎样创作有"实效"的广告以及如何评估"实效"的有无和大小，就成了瑞夫斯USP理论的问题域，与它相对应的问题群落和逻辑空间，是事实、数据、原则和法则；它的方法是测试、审核与调查；它的工具是统计、图表及数字；它的标准是量化的指标，诸如"广告渗透率""吸引使用率"等等。

USP在应用上其实并不复杂，它是由分析产品以及能为其提供何种使用功能而产生的。分析的结果只是一个事实，并且必须一再重复性使用，如总督牌香烟有2万个滤嘴、棕榄香皂使肌肤更美好、M&M巧克力只融在口不溶在手等均是经过实证的事实。(图2-2)

图2-2 瑞夫斯在不同年代为M & M巧克力创作的两幅广告作品。下图为当代M & M巧克力的广告创意作品，过了半个多世纪，M & M巧克力的广告诉求点仍然不变。

达彼思广告公司一旦为客户找到了USP诉求点，他们就会紧紧抓住而不轻易改变。瑞夫斯曾经说过这么一件事："在加勒比海那边我有一位客户与我一起泛舟。他开玩笑地对我说：'你的办公室有700人，而你在过去的17年里一直为我刊登同样的一则广告，我想要知道，那700人在做些什么？'我告诉他：'他们正在全力防堵你的广告部更换广告。'"

达彼思广告公司曾经在25年的时间里只丢失了一个客户，足以说明其USP理论所产生的实效性。要知道，这些客户都是世界上最大也是最精明的公司。更为重要的是，USP理论直到当代还产生着巨大的作用，仍然被广告界的有识之士视为广告策略中的瑰宝。我们只要看一下中国的广告市场，就可以发现，日本家电进军中国市场时，它们的多数广告所使用的都是USP策略；而美国宝洁公司的"海飞丝""潘婷""碧浪"等众多品牌也无一例外地沿用USP之剑。而由瑞夫斯本人创作的M&M巧克力糖果广告几十年之后进入中国市场，除了广告模特改成了中国女孩之外，其广告诉求和标题文案根本就一字未改。

二、大卫·奥格威的品牌形象理论

大卫·奥格威1911年出生于英国，毕业于牛津大学。毕业后曾在法国当过见习厨师、推销员，甚至做过农夫，后来加入他哥哥在英国开办的马瑟—克劳瑟广告公司，任业务经理。其间他曾到美国学习过广告经营管理。二战期间，奥格威在美国情报机关任职。二战后，他与安德森·休伊特创办休伊特—奥格威—本森—马瑟广告公司。1947年，在美国创办了奥美广告公司(O&M)，并创作出了大量成功的广告作品，使奥美公司在不长的时间里成为全球著名的跨国广告公司，为其在国际广告界赢得了极高的声誉。

品牌形象理论是对瑞夫斯USP理论的发展。奥格威认为，随着产品竞争的加剧，仅仅从产品本身的物理层面去寻求独特因素并不足以为品牌建立起个性形象。广告创意最大的威胁是大量的同质化产品充斥市场，直接导致广告所诉求的产品很难从自身找到差异性了。因此，必须建立一种产品自身的个性形象。

以下，我们从四个方面来阐述品牌形象理论的基本要点。

1.品牌形象的个性特征

奥格威认为，产品就像人一样，也有自己的个性。必如严谨、开朗、贵族气质等。个性是品牌形象的核心，没有了个性，鲜明的品牌形象就很难建立。不同的产品其个性当然也就不一样，许多同类别的产品有的能在市场上长盛不衰，有的则如过眼烟云，究其原因，并不完全是产品品质本身的差别，而是产品个性的不同使然。

产品的个性是由许多因素混合而成的，包括产品的名称、包装、价格和广告的风格。因此，每一次广告活动都应该认真考虑广告创意是否对产品的形象有利。也就是说，广告活动所表现的广告作品必须保持一以贯之的形象风格。但是在实际的广告创作中很难做到这一点。因为在广告的具体创作中时常会有不可控的因素干扰广告创作的方向。诸如，新换的广告主负责人、新任的广告公司的创作总监想要“新官上任三把火”等。

奥格威有一次在美国广告代理公司协会(即4A'S)午餐会演讲终了的时候说：“往往是一个品牌的整体性格，而不是琐碎的产品差异决定了它在市场中的终极地位。”(图2-3)

图2-3 奥格威创作的海参崴衬衫平面广告经典作品

该作品据说是奥格威创办自己的广告公司之后接到的第一单广告，客户所承诺的广告费用似乎只有5000美元。奥格威深知即使没有钱赚也要把这个项目做好，这是他实践自己的品牌形象理论的绝佳机会。果然，奥格威最后选定的这个有着俄罗斯贵族后裔血统的戴着眼罩的模特，成了广告史上最著名的人物形象。销售了几十年却默默无闻的海参崴衬衫，迅速成为全美家喻户晓的知名品牌。

2.任何一个广告创意作品都是对品牌的长程投资

从长远的观点看，广告必须去维护一个

好的品牌形象，甚至应该以牺牲短期利益来获取品牌的长远利益。

奥格威认为，努力塑造产品的品质形象是极其有效的方法，这种方法一旦得以贯彻执行，就等于领到了一张通往高档品牌的通行证。尤其是那些感性色彩较浓厚的产品更是如此。例如，啤酒、饮料和汽车等。如果你的广告看起来低俗而恶劣，便会大大地影响产品的销售，因为没有消费者会愿意使用低格调的产品。

对于客户而言，其高瞻远瞩的目光是实现其品牌形象塑造并传播的首要条件。当然，广告公司的有关人员就更加应该具有这种长远眼光，不应该只是一味地满足许多客户只重视眼前利益而不惜以损害品牌形象做代价的杀鸡取卵式的小农经济意识。如果能够让客户明白品牌形象的塑造与维护其实也是一种长期投资，而且这种投资在不远的将来必定有所回报的话，相信更多的客户会采纳品牌形象理论。

3.塑造并传播品牌形象比单纯强调产品的具体功能特征重要得多

随着同类产品的差异性减小，品牌之间的产品品质的同质性越来越大，消费者选择品牌的难度就愈来愈大。因此，在广告创作过程中，塑造并传播品牌形象就远比只是单纯强调产品的具体功能特征重要得多。

拿啤酒来说，为什么有人愿意买百威，而有人则愿意买嘉士伯或蓝带？其实，这三种啤酒在品质及口味上并没有天壤之别，只不过是由于这三种品牌各自塑造并长期维护了一种一以贯之的品牌个性形象，并将之诉求于不同种类的消费者群体。所以，消费者所选择的并不是啤酒本身，而是选择他们在心目中与之相对应的品牌形象。啤酒厂所要出售的，有90%是经过广告创作人员精心塑造并加以维护的品牌形象。(图2–4)

图2–4 奥格威为劳斯莱斯轿车创作的平面经典广告作品

劳斯莱斯轿车的广告诉求点当然是高品质，但是，高品质又该如何表现呢？奥格威在这则广告中用一句较长的广告标题加以提炼：当这辆劳斯莱斯轿车的速度达到每小时60英里时，最大的噪声来自于车内的钟表声。接着，奥格威用较长的文字对劳斯莱斯轿车的性能、工艺等做了详细的描述，全方位地表现了劳斯莱斯轿车的高品质。任何一位读者看完这则广告后都会印象深刻。

4.广告创意应该重视运用形象来满足消费者的心理需求

根据马斯洛的人的需求理论，消费者的生活需求应该是随着生活水平的提高而不断变化的，这种变化的趋势大致为：实质利益的需求——以实质利益为主、心理利益为辅的需求——以心理利益为主、实质利益为辅的需求——心理利益的需求。奥格威敏锐地发觉并把握了消费者的这种需求变化，认为消费者购买产品所追求的是“实质利益+心理利益”。因此，对某些产品和某些消费者而言，运用广告创意的形象来满足消费者的心理需求，是广告活动走向成功的关键因素。

比如，在20世纪60年代，中国的消费者购买服装时所要考虑的就是产品品质的结实程度，也就是说，消费者唯一追求的利益就是产品的实质利益，因此才会有“新三年，旧三年，缝缝补补又三年”之说。可见，对于尚处于生活水平比较落后的年代的消费者来说，其生活需求只能是马斯洛所说的生理需求(物质性)。但是，仅仅过了30年，随着生活水平的迅速上升，今天的消费者在选择购买服装时就与以往大不相同了，他们所追求的已经不完全是产品的品质，而是产品品牌的形象是否能够满足自己的内在心理需求。于是，“贝纳通”“范思哲”“阿玛尼”“爱玛士”等名牌商品成为许多消费者心向往之的首选品牌。

今天，越来越多的广告公司正是以满足目标消费者的心理需求为前提进行构思与创意的，并已创作出大量的、优秀而极具销售效果的广告作品。

应该说，从瑞夫斯到奥格威，他们所确定的广告创意传播理论，代表了一种早期的传播思想，两者之间有着重大的区别。前者着眼于产品的功能诉求和事实陈述，后者则着眼于品牌形象的塑造和情绪意向的营造；前者致力于树立独特的产品功能，后者则致力于树立鲜明的品牌个性；前者重视消费者实际利益的获得，后者则重视消费者心理感受的满足。虽然，两种理论本身有着种种差异，但在本质上，仍然有许多共同之处，即都要为产品寻找一种独特诉求概念。只不过瑞夫斯认为这种独特诉求概念是建立在产品的物理层面之上的，只要努力对产品自身的属性进行挖掘就可以找到；而奥格威则将这种独特性的外延加以扩大，认为这种独特性可以通过创意主体或消费主体附加给产品，在某种意义上说这种独特性是可以超越产品的具象而抽象存在的。所以，从创意的思考出发点而言，无论是瑞夫斯还是奥格威，他们的思考原点都是产品，把产品作为第一要素。显然，这种认识深深地带有产品时代的烙印。[①]

三、李奥·贝纳的“与生俱来的戏剧性”理论

李奥·贝纳从事广告工作长达半个多世纪，被誉为美国60年代广告创意革命的代表人物之一，芝加哥广告学派的创始人及领袖，著有《写广告的艺术》一书。李奥·贝纳所代表的芝加哥学派在广告创意上的特点是强调产品“与生俱来的戏剧性”，即“商品能够使人们产生兴趣的魔力”，广告创意“最重要的任务是把它发掘出来并加以利用，而不是投机取巧，或依靠雕琢的技巧及牵强的联想”，突出商品的这种内在的戏剧性，并使它引人注目。他说：“每件商品都有其内在的戏剧化的一面。我们的当务之急，就是要替商品发掘出特征，然后令商品戏剧化地成为广告里的英雄。”[②]

尽管李奥·贝纳有“万宝路”香烟、“绿巨人”罐装豌豆等广告创意的惊世之作，但其本人却将其所创意的红色背景上的“肉”的广告，视为其“与生俱来的戏剧性”广告创意理论的典型之作。这是一幅报纸全版广告：红色的背景上两块鲜嫩的猪排占据了画面的主要部分。画面上方由一个单词——肉(MEAT)构成广告主标题，副标题为“使你吸收所需的蛋白质成为一种乐趣”。正文是：“你能不能听到它们在锅里嗞嗞地响？……是那么好吃，那么丰富的B1，那么合适的蛋白质。这类蛋白质对正在成长的孩子会帮助其发育，对成年人则能再造你的健康。像一切肉

①卫军英.整合营销传播〔M〕.北京：首都经济贸易大学出版社，2006：6.

②狄龙.怎样创作广告〔M〕.刘毅志，译.北京：中国友谊出版公司，1991：80.

的蛋白质一样，它们都合乎每一种蛋白质所需的标准。”广告语也很响亮——美国最高级猪排！

一般而言，红色的肉给人一种没有烧熟的感觉，令人厌恶。但是奇迹却发生了，红色渲染了气氛，也制造了欲望。红色背景把鲜肉衬托得更加鲜嫩，并突出了红色的概念、活力以及创意者想要表达的有关肉的一切内容。广告的效果是：“每个人都喝彩并说‘给我们那个’”。李奥·贝纳骄傲地认为这就是与生俱来的戏剧性。

真诚、自然、温情，是李奥·贝纳挖掘“商品内在的与生俱来的戏剧性”的主要表现手法，也是以他为代表的芝加哥广告学派的信条——“我们力求更为坦诚而不武断；我们力求热情而不感情用事”。(图2-5)

图2-5　李奥·贝纳为万宝路香烟创作的经典平面广告作品

万宝路的故事众所周知。当年，李奥·贝纳接手万宝路的广告项目时，万宝路在摩尔斯·莫里斯旗下还只是一个名不见经传的小品牌，而且还只是针对女性市场的边缘品牌。令人惊叹的是，当李奥·贝纳建议万宝路重新定位于男性市场，且创意了自由奔放、豪迈不羁的牛仔形象的广告之后，万宝路从此便迅速走向辉煌。直至今天，万宝路仍然是世界排名前五位的著名烟草品牌。

当李奥·贝纳被问及广告创意是否有特殊的方法时说：“如果说我真有一个的话，就是把我自己浸透在商品的知识中。我深信，我应该去面对现实，我要与商品的购买者——消费者做极有深度的访问。我设法在我的心目中把他们是哪一类的人构成一幅图画——他们怎样使用这种商品，以及这种商品是什么——他们虽然不常常告诉你这么多的话，但要查出实际上启发他们购买某种商品或者对哪一类事情发生兴趣的动机与底蕴”。①

总体而言，李奥·贝纳的创意理论是对早期以西奥多·麦克马纳斯和雷蒙·罗比凯为代表的“软性销售派”在新时期的继承与发展，其关注的焦点仍然是产品，只不过是将产品的特征(与生俱来的戏剧性)通过视觉符号的刺激、环境氛围的营造来影响消费者对商品的主观感受，从而达成销售的目的。

四、伯恩巴克的ROI理论

ROI理论是60年代由广告大师威廉·伯恩巴克根据自身的创作积累总结出来的一套创意指南。该理论主张在了解广告商品的基础上充分发挥创意人员的想象力和创造力，突出强调广告创意的新奇性和独创性。应该指出的是，不少人认为李奥·贝纳的创意理论在实质上属于艺术派，但其本人却始终没有明确宣称自己的观点是属于科学派还是艺术派；而伯恩巴克却公开宣称自己是广告艺术派的拥护者：“怎样找出关于商品能够使人们产生兴趣的魔力，以引起他们的注意，并能继续迅速地引导他们得出应该买哪种商品的结论，实在是一门艺术”。②

ROI理论的核心内容是：优秀的广告必须具备三个基本特征：关联性、原创性、震撼性。

①海金司.广告写作艺术〔M〕.刘毅志，译.中国友谊出版公司，1991：36.

②海金司.广告写作艺术〔M〕.刘毅志，译.中国友谊出版公司，1991：27.

1.关联性

所谓关联性(Relevance)，即广告创意的主题必须与商品、消费者、竞争者具有本质的或内在逻辑的直接关系，能够使受众在第一时间即充分理解广告创意所要表达的主旨。伯恩巴克曾经说过：“如果我要给谁忠告的话，那就是在他开始工作之前就要彻底地了解广告代理的商品”。“无论你怎样有技巧，也不能够发明一个根本不存在的优点。假如你做了，那它最多也只是一个噱头，早晚都会崩溃的。”“你一定要了解消费者的需要，千万别以为有想象力的作品就是聪明的创作了。”

比如润喉片广告，同是用名人推荐，“草珊瑚含片”使用歌星做代言人，而“健民咽喉片”则启用影星做代言人。显然，歌星靠嗓音作为立身之本，当然就与润喉片有着直接的关联性；而影星则更多的是靠脸蛋和演技为立身之本，其与润喉片的关联性几乎等于零。所以，同为润喉片产品，两者的广告代言人由于关联度的差异直接导致广告效果的不同。据北京地区市场调查的统计数字表明，“草珊瑚”位居北京润喉片市场销售额第一，而“健民”则位居第三。由此可见，分析、发现、判断广告创意与广告产品之间的关联性，的确是关乎广告传播效果的首要因素。

2.原创性

所谓原创性(Originality)，即是指广告创意具有突破常规的构思和出人意料的表现，并且是他人所不曾使用过的，具有真正意义上的新颖性、独创性的特征。广告创意思维的特征就是要刻意“求异”，想人之所未想，发人之所未发。然而，要做到与众不同，就得先了解别人说过什么，做过什么，也就是说，求异思维是有“参照系”的思维，绝非信口开河“异”得没谱。

且看伯恩巴克当年为大众金龟车所创作的广告作品：

柠　檬

这辆甲壳虫没赶上装船启运，因为仪器板上放置杂物处的镀铬有些损伤，这是一定要更换的。你或许难以注意到，但是检查员克朗诺注意到了。在我们设在沃尔夫斯堡的工厂中有3389名工作人员，其唯一的任务就是：在生产过程中的每一阶段都去检查甲壳虫(每天生产3000辆甲壳虫，而检查员比生产的车还要多)。每辆车的避震器都要测验(绝不做抽查)，每辆车的挡风玻璃也经过详细的检查，大众汽车经常会因肉眼看不出的表面擦痕而无法通过。最后的检查实在了不起！大众的检查员们把每辆车送上车辆检查台，通过总计189个查验点，再飞快地直接开到自动刹车台，在这一过程中，50辆车总有一辆被卡下不予通过。对一切细节如此全神贯注的结果是，大体讲大众车比其他车耐用而不大需要维护(其结果也使大众车的折旧率较其他车子要少)。

我们剔除了柠檬，而你们得到了李子。

在这条广告作品中，伯恩巴克并没有正面说这是一部多么优秀的车，而是出人意料地说这是一辆“不合格的车”，因为其标题是柠檬，而柠檬在美国的俚语中有不合格、次品、冒牌货之意，这就反而诱使读者不由自主地要看个究竟。广告的原创性就在这里，当受众怀着好奇心把文案看完之后，“诚实”的文案就在不经意间钻进了我们的大脑。原来，这辆车之所以不合格，是因为六亲不认的安全质检员发现了该车某处肉眼不易察觉的微小损伤。(图2-6)

图2-6 伯恩巴克为大众金龟车创作的经典平面广告作品

即使在今天看来，这则广告创意仍然具有难以抵挡的魅力。事实上，大众金龟车能在崇尚宽敞大车的美国市场占据相当大的份额，与伯恩巴克为大众金龟车创作的系列广告的精彩出众是息息相关的。

3.震撼性

所谓震撼性(Impact)，就是指广告作品在瞬间引起受众注意并在心灵深处产生震动的能力。一条广告作品就是要具备在视觉和听觉以至心理上对受众产生强大的震撼力，才能达到预期的目标。

从ROI的理论来看，关联性，原创性和震撼性在逻辑上确实有先后，但各有各的作用，不能相互取代。

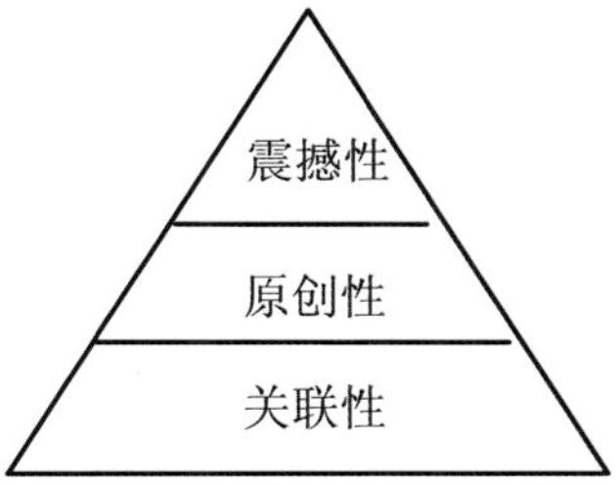

图2-7 ROI三者之间的先后关系

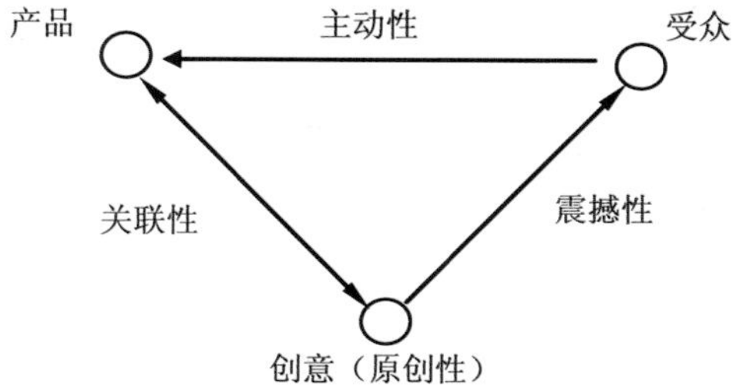

图2-8 ROI三者之间的关系及各自的作用

Wallis服装品牌的平面广告创意之所以会让阳春白雪的评委和下里巴人的普通消费者一致称赞，因为该创意完全符合ROI的创意理论，即创意与产品之间高度的关联，创意本身精彩的原创性和极富磁力的震撼性。(图2-9)

ROI创意理论认为，广告创意如果与商品之间缺乏关联性，就失去了创意的意义；而广告创意本身如果没有原创性可言的话，就缺乏广告作品的吸引力和生命力；最后，广告创意如果没有震撼性的话，则又谈不上传播效果。当然，一个广告创意要同时具备“关联性”、“原创性”和“震撼性”三个要素也的确不是一件轻而易举的事情。必须具体而明确地解决以下五个基本问题。

· 广告的目的是什么？
· 广告做给谁看？
· 有什么竞争利益点可以做广告承诺？它的支持点是什么？
· 品牌有什么特别的个性？
· 什么媒体适合登载该广告，受众的突破口在哪里？

ROI理论虽是DDB广告公司所原创，但其实质和内涵已被各大跨国广告公司所认可，并成为许多广告公司检测其创意作品的基本标尺。有些公司在此之上还加上了延续性、单一性等创意要素。

图2-9 Wallis品牌服装系列平面广告创意作品《服装杀手》

此套广告创意非常精彩，每幅广告的视觉画面都很好地诠释了Wallis品牌的诉求概念“服装杀手”。每幅作品的画面都极具动感，观众虽然看到的只是一幅幅静止的画面，却能够想象出画面之间的关联性。这种带动观者想象力的传播自然使受众对品牌产生深刻的印象。

第三节　整合期的广告传播理论（20世纪70年代初至今）

从20世纪70年代开始，广告传播及其理论研究进入了一个新的历史阶段。这一时期的广告传播理论具有以下鲜明的特征：从广告传播及其理论研究的视点来看——由以产品和生产者为中心向以消费者为中心转移；由着眼产品功能，以满足消费者的单一需求向着眼品牌形象以满足消费者的多层次需求转移；由以传者为中心的单向传播向以受众为中心的双向传播与沟通转移；由偏重广告的推销功能向广告的营销与传播的整合功能转移。从具体的理论形态来看——广告的理论由过去的以经验为主的单一性创意理论逐渐向现在的以学理为主的营销与传播的系统性和整合性理论发展。[①]其代表性的理论分别是：20世纪70年代的定位理论、80年代的共鸣理论和CIS理论、90年代的不断发展完善的品牌理论及整合营销传播理论。

①张金海.20世纪广告传播理论研究〔M〕.武汉：武汉大学出版社，2002：62.

一、定位理论

定位理论是20世纪70年代继罗瑟·瑞夫斯提出的USP理论和大卫·奥格威提出的品牌形象理论之后最具划时代意义的广告创意传播理论。

1969年，美国两位年轻人J.楚劳特和A.里斯首次在《工业营销》杂志上提出了定位理论，在当时即引起轰动。国际著名的营销大师菲利普·科特勒教授在总结当代营销的基本概念的发展时，将“定位理论”列为70年代兴起的最为重要的营销概念。定位理论不仅适用于营销活动，而且也适用于政治的、宗教的、组织的或个人的等各方面的活动。因此，“定位”的观念在某种程度上说也改变了广告传播的本质。

定位理论的核心就是主张在广告策略中运用一种新的沟通方法，从而创造更有效的传播效果。其基本要点有以下三点：

1.广告活动的目标是在目标受众的心目中占据一席之地

所谓定位，并不是要去创作某种新奇或与众不同的事情，而是去明晰那些已经存在于人们心目中的对某种品牌早已有之的对应关系。

定位虽然是针对产品，也可以针对某项服务、某家公司、某个组织甚或某个个人，但定位并不是要求对产品本身做什么改变。实际上，定位是对那些有可能成为某个品牌的消费者或潜在消费者的心目中对该品牌的看法予以改善或予以强化。因此，定位的目的是在潜在消费者心目中为品牌建立一个有利的位置。

A.里斯和J.楚劳特认为，在资讯日益膨胀的今天，仅仅凭借所谓的广告冲击力就想达成传播效果，实在是一厢情愿的事情。广告并不是一个长柄大铁锤，广告更像一层薄薄的雾，经过日积月累从而潜移默化地笼罩并影响着潜在消费者。

事实上，面对日益过剩的大量的传播资讯，人们只能从中选择接受与其知识、经验、兴趣、爱好等相吻合的资讯，而过滤、排斥大部分的与其知识、经验、兴趣、爱好不相吻合的资讯。所以，成百上千万的广告费绝大部分都浪费在广告人一厢情愿地通过广告而改变人们的判断的企图上。也因此，在传播资讯过度的社会里，唯一能够取得效果的方法，就是集中火力于准确的目标市场，也就是“定位”。

广告创意所要解决的问题并不全在产品之内，也不在创作者的主观认识上，而是我们如何以尽可能简洁明确的信息向潜在消费者传播他们所希望接受的资讯。唯其如此，我们才能使广告品牌的有关资讯占据潜在消费者大脑中的一个位置，从而达到理想的传播目标。（图2–10）

图2–10　七喜饮料平面广告创意作品《七喜，非可乐》

七喜的广告主张是“非可乐”，一下子就把所有的可乐都划归到一类，而自己却似乎想独占另一类市场：非可乐市场。从理论上说，有人喜欢可乐型饮料，必然就有人不喜欢可乐型饮料。七喜就是希望抓住那部分不喜欢可乐型饮料的消费者，并力图向他们诉求七喜的清纯、透明来刺激他们的消费欲望。

2.通过广告创造出有关品牌资讯的“第一事件、第一说法、第一位置”

广告创意要尽力表达“第一”的概念，是因为人们大都只对第一的事物产生兴趣，容易记忆。

比如，全球第一高峰是喜马拉雅山的珠穆朗玛峰，第一位在月球漫步的地球人是阿姆斯特朗，第一位华人获诺贝尔文学奖的是高行健，这些事实相信多数人都能够脱口而出。但是，全球第二高峰叫什么？第二位在月球漫步的是谁？第二位华人获诺贝尔和平奖的是谁？恐怕就没有多少人能够记得清楚了。为什么呢？这是因为：“第一事件、第一说法、第一位置”，能够对人产生较深的记忆效果。

在广告创意的规划过程中，如果能够为产品建立第一的位置无疑具有巨大的市场优势。

3.广告创意不必刻意表现产品的功能差异，但必须表现品牌之间的类的区别

定位理论认为，从传播者一方而言，由于大机器生产及电子化生产，导致现代产品同质化趋势日益严重，广告在创作思路上如果仅仅悉心去挖掘、分析出产品与产品之间在功能上的差异，就显得极为困难；而从被传播者一方而言，由于消费者每天都要接触大量的广告资讯，同类产品的广告资讯彼此干扰，使广告效果大打折扣。因此，广告创意策略必须另辟路径，避免在同类产品中做资讯内容重复的广告，努力表现出广告品牌与同类其他品牌在类别上的差别。例如，七喜通过其所提出的“非可乐”概念一举切入市场，获得极大的成功；而大众金龟车“想想小的好处”的广告词，使其与其同类其他汽车品牌相区别，一举成名。(图2-11)

图2-11 大众Polo汽车平面广告作品《小，但是更结实》

该广告的诉求主题非常明确，就是大众Polo虽然小，但是结实。广告创意围绕这一诉求点进行表现。当然，类似场景相信许多人见过，只不过坦克面前的人换成了大众Polo而已。画面夸张，但不让人反感，而且还会会心地一笑：连坦克都不能推动，还有谁能比Polo更结实呢？

二、共鸣理论

共鸣理论是于20世纪80年代在美国广告界出现并广为运用的广告创意理论，共鸣理论主张在广告创意中针对目标群体，通过珍贵的、难以忘怀的生活经历及人生的美好、温馨的体验和感受等诉求内容唤起并激发目标受众内心深处的情感共鸣，并以此赋予品牌特定的内涵和象征意义，建立起目标对象的移情联想，从而产生互动沟通的品牌传播效果。

1.经典的怀旧

怀旧是人们体验情感、产生共鸣的方式，还是一种沟通和促销的手段。

1998年2月，福特汽车公司把亨利·福特搬上了广告片，告诉人们福特是如何把美国“架上车轮”的。这部广告片是好莱坞1997年拍摄的，可它却使用了20世纪20年代的手摇式摄像机，旧感光片和特殊编辑手法，使它看上去就像一张发黄的老照片。通过这种拍摄手法，营造出一种具有历史感的经典氛围，从而使受众对福特汽车产生隽永的回忆和对福特品牌恒久的认可。

1998年3月，德国大众汽车推出新品——甲壳虫轿车，与它30年前的产品在外形上相差无几，但在配置上却增加了车载电话，安全气囊，ABS等先进设备。其广告创意在风格上尽可能地与60年代的甲壳虫广告作品相一致，十分巧妙地利用了人们怀旧的情感，从而使甲壳虫轿车以经典的形象甫一上市即受到追捧。

怀旧题材的广告创意可以让人对产品产生经典的感觉。对于一个品牌而言，隽永，说明了时间的沉淀与认可；经典，则暗示了品牌的底蕴的厚重。经典的品牌，不仅使顾客免遭新产品尝试的风险，更可以勾起顾客那些曾经的经历、回忆……总之，经典的怀旧，容易使顾客在情感上产生共鸣，并达成沟通的功效。(图2-12)

2.温馨的情感

共鸣理论认为：一种积极的、温馨的、短暂的感情，包括生理上的反应，可以使人们直接体验与爱、家庭、友情有关的情愫，并进而促进其在情感上的共鸣。没有人们的同时参与或在生理上唤起的爱或友情的表现，是不会产生温馨感的。

建立在共鸣理论基础上的优秀广告作品并不鲜见，获得1998年戛纳国际广告节银奖的奥里奥饼干的电视广告创意就是一个经典的案例。(图2-13)

总而言之，共鸣理论认为，除了传递信息之外，广告创作还可以引起如温馨、快乐之类的情感共鸣。这种情感共鸣如果处理得当，就可以和广告所要诉求的品牌发生联系，并且通过以下四条途径影响广告受众对品牌的偏好和购买行为。

第一，将受众引入积极情绪的广告创作可以增加受众对广告诉求的品牌产生积极的看法。被引入积极情绪的广告受众还会因此而减少对品牌内在品质的考虑，并且在更高

图2-12　Jeep汽车平面广告创意作品。作品共分《仰望天空篇》《绝不回头篇》《只能向前篇》《感情真实篇》等四篇，针对Jeep越野车的目标对象，即年龄在40多岁的男性白领阶层，通过展现70年代人们的生活场景，勾起该目标群体年轻时的许多美好回忆，以拉近与Jeep汽车在情感上的距离。同时，在每则广告中都根据广告画面的情节恰到好处地诉求了Jeep汽车在天窗、刹车系统和内饰等方面的改进和更新，以给目标受众留下深刻印象。

图2-13　奥利奥饼干影视广告创意作品《手足情深》(截图)

该广告表现了一对兄弟之间的手足之情。弟弟弱智，哥哥便担负起照顾弟弟生活的责任。全片没有对白，没有文案、没有解说，完全是用视觉画面和抒情的音乐来感动受众。受到感动的受众对奥利奥品牌自然会产生良好的印象，因为能够拍出这样动人的广告，这样的企业应该是有人情味的，也应该是值得人们信赖的。

的品牌喜好度的基础上形成品牌偏好。

第二，转变性广告通过把情感与受众的使用体验联系在一起，从而转变了受众的某种品牌的使用体验，使得受众的使用体验更加丰富、温馨，更加令人激动，也更加容易让受众产生情感共鸣。对于转变性广告而言，其创意的素材必须是积极的、围绕事实的，而且必须努力在品牌与使用者之间、在受众的情感与使用体验之间产生必然的联系，并通过不断地重复维持这种联系。

第三，受众对于广告创意作品本身的偏好情绪可以对广告诉求品牌产生比任何其他宣传方式更深刻的影响。广告受众对广告作品的喜爱或偏好一般是出于两种基本原因中的一个(或全部)：它们令人愉快，以及它们包含的信息具有实用性。因此，当以情感为基础的广告创意作品直接导致了受众对广告本身的更积极的偏好时，它也可以导致受众产生对品牌更积极的喜爱或偏好，以及对于品牌属性的更积极的看法。

第四，通过对影响消费者消费行为的典型环境的典型渲染，为广告受众将情感与品牌联系起来提供了另一条途径。也就是说，受众可以将情感上的反应(非条件反射)与广告(非条件刺激)联系起来，并进而将广告与品牌联系起来。

从实质上说，共鸣理论研究思考的路子仍然是广告艺术派的路子，认为广告创意“怎么说”远比“说什么”更加重要。

三、CIS理论

20世纪50年代提出构想、80年代发展完善的CIS理论，是在品牌形象理论和定位理论的基础上，糅合艺术设计的相关理论和方法，通过对企业由内而外的所有要素进行全面而系统的规范，从而使企业树立起高度统一而极富个性的企业形象的理论。

所谓CIS (Corporate Identity System)，即企业识别系统，由企业理念识别系统MI(Mind Identity)、企业行为识别系统BI(Behavior Identity)和企业视觉识别系统VI(Visual Identity)三部分构成。该理论强调从企业的经营理念到企业的精神文化、从企业员工的个体行为到企业组织的对外传播活动、从企业传播的视觉识别的基本要素到所有应用要素予以整合、规划，建构具有高度统一性、独特性和可识别性的企业识别系统，以利于树立起完整统一而又极富个性的企业形象，并通过对企业内部和外部的一致传播，促进企业内部的员工和外部的消费者对企业的经营理念的全面认同，进而达成提升企业的市场地位，增进企业的经营业绩的目的。

概括地说，CIS理论是一个关于企业形象的系统战略理论和具体运作方法，其突出强调的是企业形象的个性、差异性和可识别性。如果按照CIS理论的方法对企业进行实际运用的话，企业的营销传播活动的重心，就从产品、品牌战略延伸至企业战略；从产品、品牌形象延伸至企业形象；从产品、品牌形象系统延伸至企业形象系统；从品牌定位延伸至企业形象定位。(图2-14)

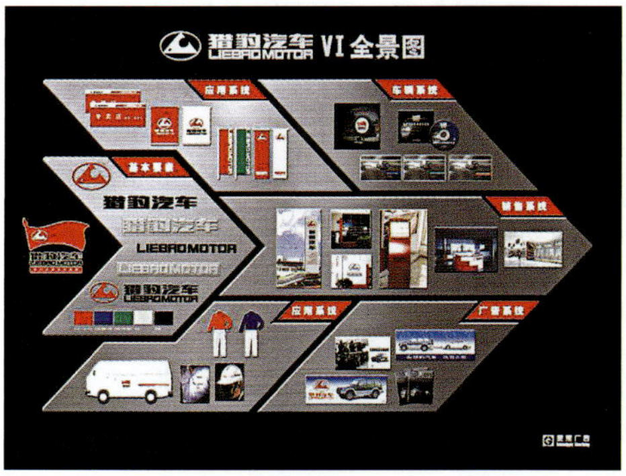

图2-14　长丰集团猎豹汽车VI系统

这是笔者于2000年在湖南长沙一家广告公司任职期间为长丰集团猎豹汽车所创意的一套VI系统，受到客户的认可。

四、品牌理论的发展

当奥格威提出品牌形象理论的时候，尽管其对该理论的阐述并不充分，但可以肯定的是，奥格威的品牌形象理论与一般意义上的商品标识有着本质的区别。一般意义上的商品标识所要强调的是商品的外在可识别符号的设计，而奥格威的品牌形象理论所要强调的是商品内在的“性格”的塑造，而这正是奥格威最卓越的理论贡献之所在。之后，有关品牌形象的理论研究成果均以此为基础，不断地深入、发展、完善和丰富。

1.品牌个性理论

兴起于20世纪80年代的品牌个性理论，为美国精信广告公司首倡。其理论核心就是将品牌人格化，主张通过塑造品牌的独特个性以形成品牌与品牌之间的差异性。该理论是对奥格威的品牌形象理论和70年代风靡市场的品牌定位理论的承接与发展。

如前所述，在奥格威的品牌形象理论中对品牌个性已有提及，但奥格威较多使用的是“品牌性格”的概念，而不是“品牌个性”的概念。从心理学上说，“性格”的概念要宽泛一些，多指人群中具有先天性的大致相同心理倾向的一类人，如性格内向和外向。而“个性”的概念则要狭窄一些，主要指个体在面临相似情况时做出有特性反应的倾向，该倾向的形成较多地受外部环境和教育的影响。因此，人与人之间的差异从本质上说是个性的差异，个性是性格中最富魅力的成分，人的性格魅力其实是源自个性魅力。也正因为此，品牌个性论者非常强调“品牌形象(性格)只造成品牌认同，而品牌个性则可以造成品牌崇拜”的观点。

20世纪70年代出现的品牌定位理论认为，只要有了一个健全、扎实的策略，并且能够为产品塑造一个明确有利的市场定位，就可以确保广告传播活动的成功。可是到了80年代，市场区隔越来越少，同类产品的定位越来越相似，广告创意的路径越来越狭窄。精信广告公司在深入分析了上百对品牌的广告创意作品之后，发现几乎在每一对品牌当中都有相同的定位，但其中总有一个品牌相对比较成功，而另一个品牌却相对比较失败。如万宝路和云丝顿这一对香烟品牌便是如此。经过进一步研究，精信广告公司还发现成功品牌的广告诉求与不成功品牌的广告诉求的最大差异是：成功者向受众诉求的不仅仅是产品是什么，而且还向受众诉求产品是谁。也就是说，成功的广告使产品有了生命，有了灵魂。产品不再只是具有物理属性的自然物品，而是一个像你我所认识的朋友一样，是一个可以与我们进行沟通和交流的具有独特个性和精神属性的品牌。于是，精信广告公司便据此提出品牌个性的创意理论，并以独具一格、令人心动和历久不衰作为衡量广告创意的标准。该理论在具体操作的层面上把品牌人格化，努力为品牌塑造独特的个性，这种个性应该与目标消费者的个性特征相符合，并且以此与目标消费者进行情感上的沟通和交流，从而建立起目标受众与品牌之间的巩固而持久的良好关系。

品牌个性理论极力张扬品牌形象理论中最具价值、最有活力的成分，从性格走向个性，从个性走向人格化。毫无疑问，品牌个性理论是对品牌形象理论的卓越阐述和发挥。

2.品牌经营理论

品牌经营理论是美国著名品牌专家大卫·爱格在丰富和发展品牌个性理论的基础上提出来的系统而全面的品牌理论。该理论通过其所著的《品牌价值管理》、《建立强势品牌》和《品牌领导》(品牌创建和管理三部曲)予以深入而细致的阐述，并先后提出品牌个性尺度理论、品牌个性要素理论、品牌关系理论、品牌价值理论、品牌认同理论和品牌领导理论。下面重点分析后四种理论。

品牌关系理论 其要点是认为品牌形象不仅仅是产品或服务自身的形象，还包括产品或服务提供者的形象和使用者的形象，并由此建立起“品牌—顾客”的关系模型，将品牌建设中顾客主体的分量看得与产品客体同样重要。这种观点显然是对奥格威品牌形象

理论的重大修正和补充。

品牌价值理论　该理论是大卫·爱格对品牌理论的重大发展。品牌价值理论之所以在20世纪90年代初提出，主要有以下四个原因：一是在当时社会经济的环境中，企业的利润普遍降低，一些企业开始意识到企业的无形资产发挥着越来越重要的作用，并努力使原为无形资产的品牌价值转化为有形资产；二是由于流通渠道在市场销售领域所扮演的角色越来越重要，生产商对消费者的影响力已经部分地转移到渠道商手中，这就迫使生产商通过加强品牌的塑造与传播来影响消费者，以扭转不利的局势；三是随着科技的进步，产品更新换代的速度加快，产品的平均生命周期普遍缩短，新产品的市场导入频繁但成活率却大大降低，这使企业开始重视如何利用现有的品牌优势来促进新产品的市场导入和快速成长；四是随着大众媒介环境的迅速发展所造成的信息量的大量冗余，广告传播的效率大大降低，开发新品牌的难度和成本大大提高，企业普遍认为只有维护和发展现有的品牌或并购品牌的策略才是上策。

正是在上述的背景下，大卫·爱格将品牌理论的内涵加以丰富和完善，由此把品牌理论的研究推向了一个新的阶段。品牌价值理论的核心是：品牌是一项重要的资产，该项资产对于产品的成功与否起着至关重要的作用，必须引起高度的重视并妥善管理。品牌价值包含正反两个方面的价值，正的是资产，负的是负债。一个品牌价值的形成包括四个方面：知名度、品质、忠诚度和关联性。

品牌价值理论是受企业资本运作的操作体系的启发而衍生出来的。它将品牌理论由以单纯的制造产品差异化为目的并在微观层面产生其功能和作用，向以创造综合的品牌资产为目的并在企业的宏观层面发挥其功能和作用进行转化和提升。品牌价值理论比品牌形象理论更进一步地说明了品牌竞争制胜的武器是建立起强势的品牌价值，促使企业在竞争导向的市场环境中将经营的重心放在无可取代的品牌价值上来。（图2-15）

品牌认同理论　该理论是大卫·爱格在20世纪90年代后期提出来的。如果说其在之前提出的品牌价值理论是对品牌理论在概念的内涵和外延上的一个创新的话，那么，品牌认同理论则是在此基础上对如何建立强势品牌以及在建立强势品牌时所必须解决的问题提出的具体看法。大卫·爱格认为，要建立一个强势品牌，至少要面临八种内在和外在的压力和阻碍：

图2-15　苹果电脑系列平面广告创意作品《与众不同的想法》之毕加索篇、希区柯克篇、爱因斯坦篇、甘地篇

苹果电脑的此系列平面广告的主题是：与众不同的想法。非常清楚地表明了该品牌与众不同的个性特征。在表现手法上，巧妙地借用了在各自领域取得辉煌成就的伟大人物作为广告的视觉元素，暗示了苹果电脑在业界也与这些伟人具有同等的地位，自然而又自信地塑造、传播了企业的品牌形象。

- 价格竞争的压力
- 新竞争者的大量增加使得品牌的塑造和建立与维持更趋困难
- 市场和传媒的多元化使得维持一贯的品牌风格非常困难
- 多样化的品牌策略和市场关系使品牌的建立和管理更加困难
- 经常变动的品牌策略使共同的品牌特色无法建立起来
- 创新的阻力
- 多元化的投资使品牌的地位下降
- 对短期获利的过度重视和泛滥的促销伤害了品牌的发展

品牌认同理论就是要解决在上述这样一个竞争环境里如何创建强势品牌的问题，其核心是以品牌的核心价值和意义建立品牌的永久生命力，其结构可分为基本认同和延伸认同两个部分。品牌的基本认同是指一个品牌的本质属性，该属性不会因为时间的流逝而改变或消失；品牌的延伸认同则是为品牌带来更丰富的内涵以使品牌认同表达得更完整。

品牌领导理论　大卫·爱格于2000年出版其第三本品牌专著《品牌领导》，在书中，爱格在其之前所提出的品牌资产理论的基础之上，结合当时数百家世界知名企业的品牌运作案例，提出品牌领导理论。该理论的核心内容有三：即品牌组织建设、品牌组织系统和品牌组织文化构建。其基本构建路径主要依赖于以下四点：创造和阐述品牌特性(这些特性将成为品牌的象征)；运用品牌关系光谱这一有利的工具，将品牌与延伸品牌建构为一个品牌大厦，并创造出清晰、协调、平衡的品牌资产；识别目标消费者，将品牌构建活动置于广告之上；运用国际互联网和别人的资金赞助，努力使品牌资源得以更有效地发挥作用。

五、整合营销传播理论

整合营销传播理论(Integrated Marketing Communication 简称IMC)是美国学者舒尔茨教授于1993年在其《整合营销传播》一书中首次提出的全新概念，此理论一经提出，即迅速引发了市场营销观念和广告传播观念的深刻变革。从此，广告创意的理论及运作在营销与传播的统合下，从过去的单一性走向更广阔领域的系统整合。

整合营销传播理论的主要贡献在于，从营销与传播的层面明确提出营销传播整合的概念，着重强调广告、销售促进、公共关系与宣传、人员推销、直接营销等各种营销传播推广要素的组合与协调，确定一致的传播目标，对准一致的目标受众，设计一致的传播信息，组合不同的传播渠道，进行集中的、连续一致的传播，以产生最大的一致性传播影响。

1.整合营销传播理论的界定

整合营销传播理论的始作俑者是唐·舒尔茨教授，不过，舒尔茨教授在其出版的第一本专著中并没有专门对整合营销传播概念进行文字表述，在其后的著述中，他对该理论进行过多次界定。美国广告公司协会和美国科罗拉多大学的汤姆·邓肯博士也分别对整合营销传播理论进行过比较清晰的界定。笔者根据上述学者对整合营销传播所下的定义，结合自身对整合营销传播概念的研究和思考，提出如下的界定：

整合营销传播是企业组织以市场需求为导向、品牌为载体、商品的精神属性或物质属性为诉求内容，通过数据库运用及整合各种营销和传播方法，努力与目标消费者和相关利益人建立由外而内的并且彼此相互认同、相互信任的关系管理过程。

对这个定义，我们可以从以下几个方面加以理解：

第一，整合营销传播的本质是企业组织力图建立与目标消费者和利益相关人之间良好关系的管理过程。

在这一管理过程中，企业必须对目标消费者及其利益相关人的需求(包括物质需求和精神需求)、愿望、价值取向、文化理念等内容进行深入的分析和研究，以便有针对性地对有形的产品和无形的资讯分别予以加工(设计、定价、通路)和编码(筛选、创意、表现)并有效地与之进行沟通。同时，企业还应根据与目标消费者的沟通反馈，及时调整产品的设计和传播的内容与方法。

第二，整合营销传播的目的是建立与目标消费者或潜在目标消费者及相关利益人之间相互认同、相互信任的关系。

企业开展营销传播活动的目的当然是希望进一步扩大产品的销售业绩，这一点对于任何一个营销者和传播者来说都是不言而喻的。但是从消费者的行为结果而言，传播与营销的内在逻辑关系是：传播决定认知，认知决定关系，关系决定态度，态度决定品牌的选择。

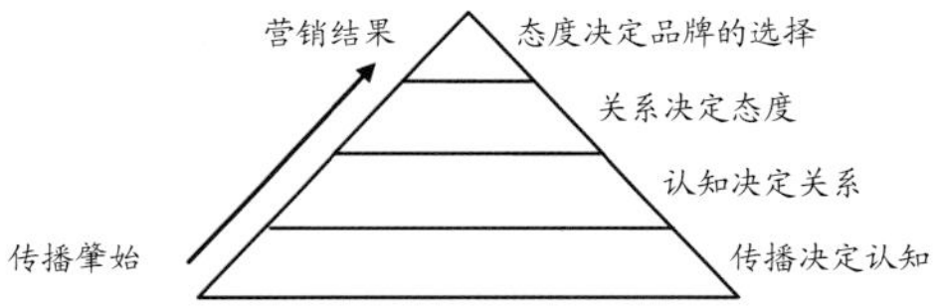

图2-16　传播与营销的内在逻辑关系模型

此模式非常清晰地表明了传播与营销之间的因果关系。

传统营销理论从企业自身的角度出发，对营销的结果不加掩饰地追求，常常通过大规模的广告和促销活动，试图一步到位(从传播肇始直接达成营销结果)，这种肤浅的认识和简单的操作手法从根本上忽略了消费者的感受，自然导致消费者的反感，其对于营销的结果而言只能是适得其反。因此，在整合营销传播过程中，其核心的要素就是如何建立和维护与目标消费者及其相关利益人之间的关系。如果企业与目标消费者及其相关利益人之间已经形成彼此相互认同和相互信任的关系，那企业的品牌价值及其营销业绩就是水到渠成的事了。

第三，整合营销传播活动的管理过程必须以市场需求为导向。

以市场需求为导向，是整合营销传播理论与传统营销理论最本质的区别之一。虽然传统营销理论也很强调管理导向要以目标消费者为中心，但由于其思考的出发点始终是企业，因此，其所提出的相关理论就只能是由内而外的管理过程；而整合营销传播概念的提出者唐•舒尔茨教授则从一开始就反其道而行之，其所提出的4C理论是从外而内的管理过程。

表2-1　从由内而外的4P理论到由外而内的4C理论

由内而外的4P理论	由外而内的4C理论
产品(Product)	把产品搁到一边，赶紧研究消费者的需要和欲求(Consumer wants and needs)，不要再卖你所能生产的产品，而要卖消费者想买的产品
价格(Price)	暂时忘却定价策略，快去了解消费者为满足需要所愿意支付的成本(Cost)
渠道(Place)	忘掉通路策略，应当思考如何使消费者在购买商品时感觉到方便(Convenience)
促销(Promotion)	忘掉促销，20世纪之后的时代应该是沟通(Communications)

第四，整合营销传播的载体是品牌，内容则是商品的精神属性或物质属性。

整合营销传播活动的对象不是产品，而是品牌。但另一方面，大多数企业所开展的营销传播活动是以品牌的名义展开的，这样，品牌同时又成为传播活动的主体。这种角色的变化可能会使有些人产生认识上的混乱。其实，营销传播活动的主体只能是企业和目标消费者，而品牌只不过是连接企业与目标消费者主体之间相互沟通的载体。没有品牌，企业与目标消费者之间的沟通就无从谈起。

品牌之所以能够成为沟通的载体，是因为品牌不仅以其物质属性为基础而存在，更以其精神属性为灵魂而增值。所以，企业既可以通过品牌与目标消费者针对产品的具体功能、品质和使用利益等形而下的内容进行讨论与沟通，也可以通过品牌与目标消费者针对品牌的抽象理念、文化和精神等形而上的内容进行沟通与交流。在人与人的交往中，其彼此关系的确立与发展，更多的要依赖双方所共同具有的价值理念和文化认同，而不是双方在柴米油盐等问题上的看法一致。因此，在整合营销传播活动中，其与目标消费者沟通的内容就应该是以品牌的精神属性等内容为主，因为这种精神与文化上的交流才有可能真正与目标消费者之间形成相互认同和相互信任的关系。(图2-17)

图2-17 贝纳通服装品牌广告创意作品

此作品通过富有争议的视觉图片表达了企业(品牌)的价值理念：对人性的尊重，道德只有在不压抑人性的前提下才有意义。贝纳通品牌希望通过这种具有文化价值判断的信息内容与目标消费者进行深层次的精神沟通与交流。当然，对于这样的价值判断，仁者见仁，智者见智。任何一个品牌都不可能与所有的消费者建立关系，一个有个性的品牌只能与自己的目标消费者进行沟通与交流。只要目标消费者认同这样的观点，品牌与消费者之间的关系才能真正建立。

第五，整合营销传播必须建立功能强大的数据资料库，有效地整合品牌信息、视听觉符号和各种传播媒介，以求达成最理想的传播效果。

建立数据完备的消费者资料库是开展整合营销传播活动的基础，企业组织只有先行掌握消费者的种种资料(包括人口统计资料，心理统计资料和以往购买记录等，这是企业的无形资产，也是整合营销传播的基本条件和核心)，才能针对现有和潜在消费者及相关利益人制订沟通策略。

整合营销传播必须强调对品牌视听觉符号信息的统一并进而有效地予以整合，同时也必须整合各种传播媒介和传播工具，包括大众媒介、互动媒介、人员销售、广告、促销、公共关系、CIS、展示设计、包装设计等，以使目标消费者和相关利益人在任何地点、任何时间都能接触到统一而明确的品牌信息，并使企业的营销传播的力度达到最大。

2.正确理解整合营销传播

整合营销传播概念从提出至今20余年来，竟无人能够说清什么是整合营销传播。笔者虽然研究多年，也难以全面而系统地对整合营销传播进行理论上的构建，只能从以下几个层面对整合营销传播进行理解。

第一，立足于传播，服务于营销，明确整合目标。

对整合营销传播概念的认识如果只停留在“对不同媒体发出同一种声音”的媒体整合上，就是对其简单化和单一化理解；但是另一方面，对整合营销传播的理解也不能将其无限扩大到企业管理、战略计划和生产等各个环节上，这种将整合营销传播概念的盲目扩大化必将导致企业开展营销战略的导向性偏移，从而使企业的传播失去方向，失去核心。

第二，整合企业传播历史，实现品牌可接受程度的最大化。

考察国外整合营销传播的成功案例，发现它们都是对企业的传播历史进行了很好的、系统的整合，通过对以往传播资讯的整合与分析，得到正确的品牌定位，并且能够一贯坚持，而使定位得到彰显，并使品牌传播的理念更为清晰。当然，对于新企业，或是完全没有知名度的新品牌，企业需要的就只是整合营销传播的观念，因为，它没有传播历史可以整合。

第三，明确整合思路和整合方法。

企业在实行整合时要有明确的整合思路，把握传播方向，整合的核心只能是一个，如果同时有多个核心，那就不是真正意义上的整合营销传播了。整合营销传播的成功还有赖于一整套规范与合理的整合方法，这些方法可以有效地保证传播的顺利实施。

第四，达成综合效果，建立永续关系

整合营销传播的重要目标是企业希望透过整合传播的一致信息，传达企业或品牌的一致形象给消费者，进而促进其发生消费行为，并希望建立永续关系。这就需要策略性的整合效果：综合运用多种传播手段，与消费者建立持久关系，尤其是顾客品牌关系。整合营销传播是企业应对逐步走向分裂的传播环境的有效方法，是一种适应市场竞争的传播理论，但是对它的实施，需要在操作层面上进行规范化的操控与把握。

重要术语

劳德暨托马斯广告公司　约翰·肯尼迪　阿尔伯特·拉斯科尔　克劳德·霍普金斯　原因追究法预先占有权　麦克马纳斯　USP理论　雷蒙德·罗比凯　大卫·奥格威　李奥·贝纳　威廉·伯恩巴克　ROI理论　品牌个性理论　关联性　原创性　震撼性　定位理论　CIS共鸣理论　IMC理论

推荐书目

1. 张金海.20世纪广告传播理论研究〔M〕.武汉：武汉大学出版社，2002.
2. 拉斯科尔.拉斯克尔的广告历程〔M〕.焦向军，韩骏，译.北京：新华出版社，1998.
3. 霍普金斯.我的广告生涯/科学的广告〔M〕.邱凯生，译.北京：新华出版社，1998.
4. 奥格威.一个广告人的自白〔M〕.林桦，译.北京：中国物价出版社，2003.
5. 奥格威.奥格威谈广告〔M〕.洪良浩，官如玉，译.呼和浩特：内蒙古人民出版社，2000.
6. 奥格威.广告大师奥格威未公之于世的选集〔M〕.庄淑芬，译.北京：机械工业出版社，2003.
7. 西沃卡.肥皂剧、性和香烟——美国广告200年经典范例〔M〕.周向民，田力男，译.北京：光明出版社，1999.
8. 迈耶.麦迪逊大道——不可思议的美国广告业和广告〔M〕.刘会梁，译.海口：海南出版社，1999.
9. 李尔斯.丰裕的寓言——美国广告文化〔M〕.任海龙，译.世纪出版集团/上海人民出版社，2005.

思考练习

1. 请用本章所介绍的广告创意理论评析一则你比较熟悉的广告创意作品。
2. 广告创意理论为什么总是在不断演进和变化？

第三章　资讯研究——广告创意的基础

广告创意活动从本质上说就是对资讯进行采集、加工和传播。虽然从微观的层面而言，资讯的采集属于广告调查的范畴，资讯的传播属于广告媒介战略的范畴，只有资讯的加工才属于广告创意的范畴。但称职的广告创意人员在着手进行广告创意活动之前，必须对采集到的相关资讯进行深入细致的分析和研究，唯其如此，广告创意的活动才会朝着正确的方向迈进，而广告创意的作品也才更有可能产生理想的传播效果。

本章的学习目标

- ■ 了解　市场营销理论的基本观点
- ■ 掌握　消费者行为的基本模型
- ■ 理解　品牌的内涵及其构成要素
- ■ 认识　广告创意与占有商品资讯的相互关系

第一节　市场营销环境分析

广告主的市场营销和传播活动不是孤立的行为，而是与其他相关企业以及市场需求、环境紧密相关的。市场环境中影响和制约广告主营销与传播活动的各项因素的动态变化，随时可以给广告主的营销与传播活动带来可资利用的市场机会，也有可能给广告主的营销与传播活动造成某种威胁。因此，全面而正确地分析市场营销与传播的环境变化，对于广告创意人员审时度势地制定广告传播方案及开展广告创意活动具有重要的意义。

一、经济环境分析

经济环境是指影响企业市场营销传播活动的外部经济条件。经济环境的分析内容一般包括经济发展状况、社会购买力、消费者收入与支出等内容。对于广告创意而言，应主要集中研究社会购买力和消费者收入与支出两个方面的内容。

1.社会购买力

从企业营销的角度来看，经济环境中最重要的变量指数就是社会购买力。一定时期内社会各方面用于购买产品的货币支付能力，即社会购买力，是构成市场的要素之一。因为市场规模(指现实商品需求与潜在商品需求的规模)的大小，最终取决于购买力的大小。因此，企业或广告主的营销传播活动必然会受到社会购买力发展变化的影响和制约。

影响社会购买力规模大小的因素主要有以下几点。

一是国民经济的发展水平以及由此决定的国民平均收入水平。经济发展快，人均收入高，社会购买力就强，企业或广告主的营销传播的机会也就相应增多，此时的广告创意更多地使用感性诉求的方式或意识流的表现方式进行创作；反之，经济衰退，市场规模缩小，则会给企业或广告主的营销传播带来威胁，并将迫使它们不得不缩小其营销规模和广告预算，此时的广告创意较为稳妥的方法就是使用理性诉求的方式进行创作。

二是市场供需关系的现状和发展趋势。商品市场的供需状况包含总量的比例和结构的比例，两者对企业均产生重要的影响。通常情况下，企业在营销活动中较直接感受到的是市场产品供需结构比例的影响。当企业的产品供不应求时，企业就会扩大生产规模，增加广告投入；当企业的产品供过于求时，企业则只能通过转移地域市场、目标市场细分、销售促进等各种营销手段来保持产品的销售量。

三是通货膨胀指数的变化。通货膨胀意味着货币贬值、物价上涨、购买力下降，其结果是一方面它将引发消费者的恐慌心理，导致市场上出现以保值为目的的抢购风潮，从而给企业输入大量混乱、虚假的需求信息，增加企业风险；另一方面，随着各种生产要素的价格上涨，不仅将导致企业的生产成本大大提高，而且企业的资金周转、投资组合、营销组合等也将陷入困境。

四是社会储蓄指数的增减变动。城镇居民的储蓄来源于货币收入。城镇居民的储蓄最终还是会用于消费，但一定时期内的储蓄增加无疑将会减少近期消费品的购买力；反之，则会增加近期消费品的购买力。所以，城镇居民储蓄指数的增减变动亦将引起市场需求规模和结构的变动，对企业的营销活动产生影响。

2.消费者收入与支出

消费者收入是指消费者个人所得到的货币收入，通常包括个人的工资、奖金、其他劳动收入、退休金、助学金、红利、馈赠及出租收入等。消费者收入的多少不仅决定消费市场购买力的高低，而且直接影响消费者的支出行为模式。消费者收入分为可支配收入和可随意支配收入。可支配收入是指个人收入减去其必须缴纳的各项所得税款和非税性负担(如政治团体或社会团体的会费、交通罚款等)之后的余款。可随意支配收入是指个人可支配的收入减去其维持生活所必需的支出(如住房、食品、服装、交通、医疗、保险、通讯等)和其他固定支出(如分期付款)所剩下的个人收入。这部分收入是消费者可随意支配的收入，因而是影响消费需求最活跃的经济要素。消费者可随意支配的收入越多，其消费能力就越强，企业市场营销的机会也就越多。

消费者的收入往往受到产品价格变化的影响，因而还应将消费者的收入区分为**货币收入和实际收入**。如在某个时间段内，消费者的实际收入保持不变，但市场的物价下降，则消费者的实际收入增加；反之，则表明消费者的实际收入降低。显然，产品价格的变化直接影响着消费者的支出行为和消费品的购买意向。

另外，消费者收入的变化可直接影响消费者支出模式的变化。对此，德国统计学家厄恩斯特・恩格尔提出了著名的消费者支出模式(后人称作**恩格尔定律**)。其具体内容为：**随着家庭收入的减少，其总支出中用于购买食物的比例就越大；而随着家庭收入的增加，其总支出中用于购买食物的比例就会下降，而用于其他方面的支出(如住房、通讯、交通、娱乐、教育、保健、旅游)和储蓄所占的比重将上升**。总体而言，消费者收入的多少，将直接决定消费者的支出模式。(图3-1、图3-2)

图3-1　中国大连旅游平面广告作品

图3-2　环球旅游平面广告作品

随着消费者收入的增加，消费者用于房产、保健、旅游、教育等方面的开支将明显提高。目前，国内的地产业、旅游业、娱乐业、通讯业的发展如日中天，足以证明恩格尔定律是符合实际的。

二、企业(广告主)所处产业市场现状和发展趋势分析

1.产业生命周期

任何一个企业或广告主，其市场营销传播的策略必然随着产业生命周期的变化而变化。哈佛大学商学院的迈克尔·波特教授把产业生命周期描述为导入期、成长期、成熟期和衰退期四个阶段(图3–3)。

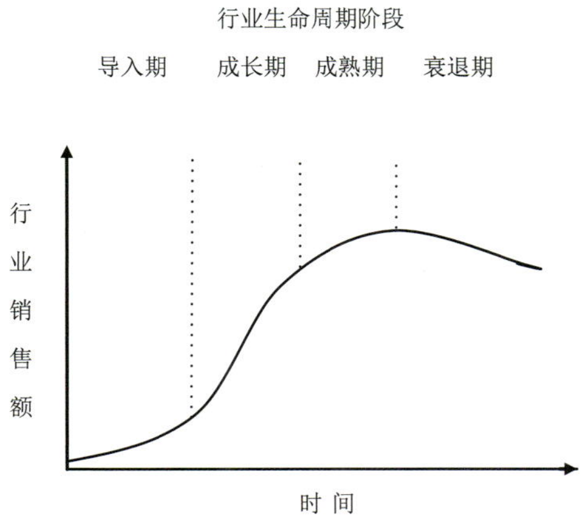

图3–3　企业生命周期示意图

在行业市场的导入阶段，企业的营销传播活动大多围绕如何吸引消费者对其产品产生注意而展开。当产业进入成长阶段，潜在的竞争者被吸引并进入该产品市场，其结果自然是企业间的产品市场竞争加剧。当越来越多的产品进入市场并满足了所有顾客的消费需求时，行业市场的增长率开始达到饱和状态，此时的市场已经到了成熟阶段。但新的竞争者依然有可能进入市场。为了争夺更多的市场份额，每个企业(广告主)都将不遗余力地展开更加激烈的市场竞争，因此市场逐渐成了更小的碎片，市场份额将变得非常细小。于是，行业整体进入衰退阶段。

对于企业而言，正确分析和判断行业生命周期处于哪个阶段，是企业规划适当的营销传播战略的基础，企业要在此基础上制定出具体的广告运作策略。一般来说，在导入期间，企业广告传播的目的是迅速扩大产品及品牌的知名度，扩大市场影响力；而在成长期阶段，企业广告传播的目的是提升品牌形象，告知产品功能；在成熟期阶段，企业广告的传播目的是维护品牌形象，扩大市场份额。

2.行业竞争分析

在现代市场经济的竞争环境中，企业制定营销传播策略之前，必须正确分析行业竞争的基本态势，以利于企业正确认识自身所处的市场地位和角色，以及应该采取何种广告传播策略。

根据企业在行业市场的现实地位和影响力，可将企业的市场角色分为领导者、挑战者、追随者和拾遗补缺者四种。不同的市场角色决定了企业只能采取相应的营销传播策略开展自身的市场竞争活动。

接下来，如何确定竞争者呢？可以从识别竞争层次、划分竞争群体，确定群体特征这三点入手。

(1)识别竞争层次

选择竞争者首先就要识别竞争者的层次。根据竞争的内容和相似程度，可以把企业的竞争者划分为四个层次：**品牌竞争者**，即竞争者具有相似或相同的产品、技术和目标市场，如耐克与阿迪达斯的竞争；**行业竞争者**，即竞争者具有相似或大致相同的产品范围，如国美与苏宁的竞争；**形式竞争者**，即竞争的具体方式不同，用不同的方式满足相同的需要，如在伦敦和巴黎之间的“欧洲之星”对英国航空公司的竞争；**一般竞争者**，即产品或服务虽不属同一个类别，但却是对消费者的消费支出构成非此即彼的竞争，如红酒与白酒或咖啡与茶叶的间接竞争。

(2)划分竞争群体

区分出竞争者之后，接下来就可以根据竞争者的营销重点和战略，依照关键要素把它们划分到不同的群体中去。我们以划分广告代理公司之间的竞争群体为例来具体说明。

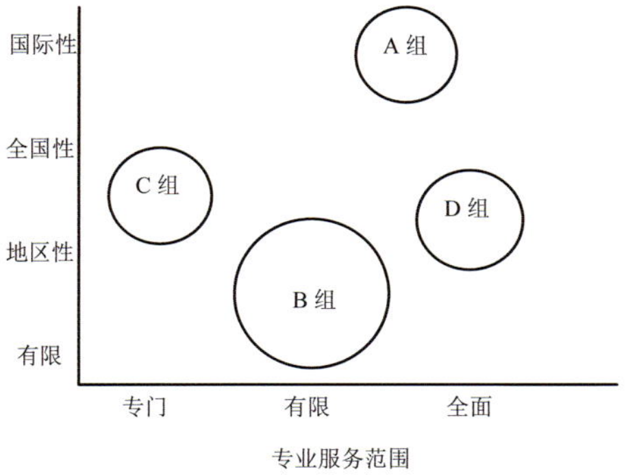

图3-4　广告代理公司的竞争群体分组

图3-4的纵轴表示广告代理公司的地理服务范围，横轴表示广告代理公司的专业服务范围。以这两个关键要素划分广告代理公司，可以得到图中所显示的四组竞争群体：A组是国际性的为广告主提供全面服务的广告代理公司；B组是服务于中小广告主的小型广告代理公司；C组是可以提供专业服务并有创意能力的广告代理公司；D组是可以为全国性广告主提供全面服务的大型广告代理公司。

(3) 确定群体特征

竞争群体被划分出来以后，企业自身在市场竞争中的位置就清晰可见了。此时，企业应对自身所处的竞争群体的竞争特征予以分析和确认。企业竞争的特征要素主要有以下内容：品牌形象、产品范围、产品质量、市场份额、分销渠道、市场地位和角色、地理覆盖面、研发力量、企业文化等。对竞争群体特征的分析，可以为企业分析自身所面临的机遇提供有用的信息。

3. 企业竞争分析基本要点

综合上述内容，可以概括出企业市场竞争活动中的基本要点，通过对这些要点的审视，有利于广告创意人员在进行创意活动之前对企业自身所处的竞争环境和地位有一个明确的认识和把握。

- 了解企业的竞争地位；
- 了解企业目前的经营状况；
- 了解企业市场营销的有利条件和不利条件；
- 了解企业的市场地位是否巩固，企业的市场竞争策略的选择余地有多大；
- 明确企业在市场上所扮演的角色；
- 了解企业到达目标市场的有利因素和不利因素；
- 确定竞争群体及特征；
- 了解企业的目标竞争者是谁。

第二节　消费者行为分析

广告传播的终极目的是说服目标消费者对广告所诉求的产品采取购买行为。为了达此目的，广告创作人员们必须了解目标消费者的思维方式、生活形态及促使其采取消费行为的决策过程等相关要素。

对目标消费者进行分析是一项复杂而困难的工作，首先必须掌握以下两个基本原则：一是构成目标消费者的人群数量是一个动态的变量，而且，目标消费者的可随意支配的收入、社会地位及其价值观念等也是处于不断变化的状态之中，所以，昨天用于消费者分析的有效信息和判断很可能到明天就毫无价值。二是消费者的思维习惯、情感变化和行为方式等都将不可避免地受到内在的和外在的各种因素的影响，广告创作人员必须从心理学、人类学、社会学、文化学的角度去了解广告诉求的对象——目标消费者。

对消费者行为进行分析的目的是确定广告诉求的对象是谁，他们为什么要购买，他们买什么和如何去购买。

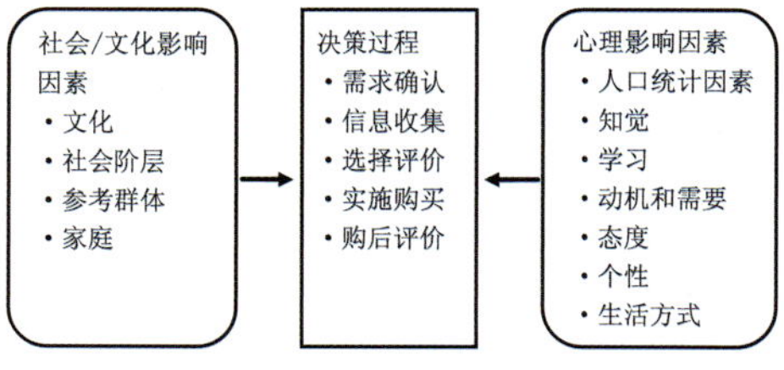

图3-5　目标市场的消费者决策过程

一、影响消费者的社会和文化因素

作为消费主体，其对广告诉求信息的反应是受到多种因素的影响的。这些影响可分为四个主要领域：文化、社会阶层、参考群体和家庭。

1. 文化

文化是一个内容非常宽泛和最具人文意味的概念，很难给出一个准确的定义。笔者为讲述方便，综合能接触的一些资料，试定义如下：**文化是指有形的事物(文学、艺术、建筑、家具、服装、音乐)和无形的思想(知识、法律、道德、伦理、风俗)及其他由一个社会的大多数成员所共有的习惯、能力等构成的复合体**。这些构成文化要素的思想、价值观和行为可以被学习并代代相传。每种文化所建立的行为界限叫作规范。规范是每个人在社会活动中学到的简单规则，它告诉我们什么可以做，什么不可以做。

规范来源于行为主体的价值观。价值观很难用数字量化，也不与具体的事物和情境相连。几十年来，许多研究者试图通过比较、归纳提炼出最重要的概念来表述整个文化的核心价值观，这些概念包括以下九个内容：

- 归属感
- 兴奋
- 娱乐和兴趣
- 亲密的关系
- 自我实现
- 他人的尊敬
- 成就感
- 安全
- 自我尊重

由于价值观可以决定消费主体的行为方式，因此，广告创意的主题常常根据消费主体的核心价值观来确定其诉求点。

规范和价值观常常结合在一起，从而产生文化习俗。**习俗**是被文化所认可和接受的特定情况下的行为方式。如端午节我国南方地区包粽子、划龙舟等，就是典型的习俗。国内一些广告创意将习俗作为背景或表现主题来获得消费主体的好感，从而达到产品销售的目的。

2. 社会阶层

“社会等级”和“社会地位”这两个词可以互换，意指社会大众按一种或多种因素判定一个人相对于他人所处的地位。人们所受的教育、所从事的职业，以及财产、收入、继承物(种族、民族、父母的地位)等等，均影响他们的社会地位。社会地位不同，消费需求和消费模式也不相同。因此，社会阶层可以这样定义：它是指对社会进行等级划分，即将社会按态度、价值观和生活方式等，划分为几个具有独特特征的人口群体。

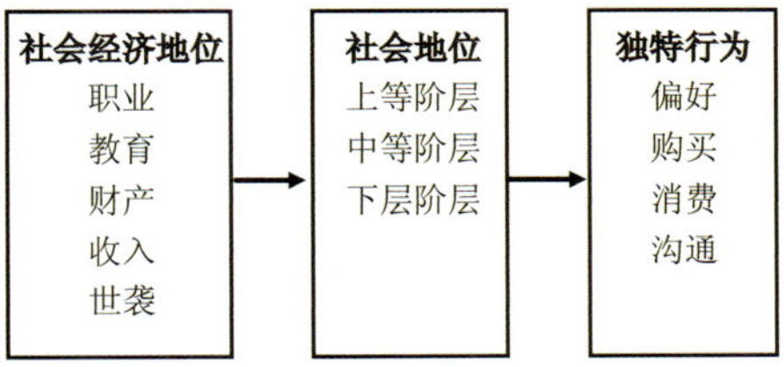

图3-6　社会地位的产生及其对行为的影响

由于处于不同的社会阶层，消费主体的消费行为也会有较大的区别。广告创意人员常常通过市场调查和现有的统计数据来确定目标消费群体的社会阶层，以便根据特殊的社会阶层提炼更有针对性的广告诉求主题。(图3–7)

3. 参考群体

参考群体是指在特定情况下指导和影响个体行为的群体。常见的参考群体有政治党派、宗教团体、种族或民族组织、基于爱好的俱乐部，以及其他民间团体(比如各种协会、学会等)。

对于消费个体，参考群体有以下功能。提供信息；作为一种比较的方式；提供指导：参考群体中的成员与许多消费个体非常相似，所以许多消费者往往容易相信参考群体

图3-7　台湾中兴百货公司的平面广告创意作品

该广告是由台湾意识形态广告公司创意的作品，曾获亚太地区广告节的大奖。诉求主题是服装，创意者并没有将创意的重点放在服装本身，而是研究并揭示服装与政治即人们的社会阶层和社会地位的内在逻辑关系。广告的标题是抽象的，画面却轻而易举地用两个(实则是一个)女人(不同的服装)所诠释：两个女人的身份、地位读者一望便知，原因是她们所穿的服装完全不同。试想一下，如果两个女人只穿三点式服装的话，那么，她们之间的社会身份和地位就不好区别。因此，服装就是一种高明的政治。另外，服装的本质是作秀，而政治的本质也是作秀。所以说，政治就是一种高明的服装。

图3-8　Lee牌牛仔裤广告创意作品

此广告从表面上看是代言广告，代言人是台湾演员阮经天。但是实际上该广告却十分传神地表现了五位动感十足的当代青年在地铁中的自我娱乐的场景，而他们无一例外地都穿着Lee牌牛仔裤，这对于当代许多青年而言，广告上的人物就构成了所谓的参考群体，这些参考群体的生活方式在很大程度上会影响许多青年消费者。

内其他人所使用的商品或服务也适合自己。他们还常常容易被某个特定的参考群体所吸引，甚至羡慕或崇拜其中的成员，并希望能和那些人一样具有共同的消费指向。因此，许多广告主常常使用参考群体的策略——以表现有代表性的公众人物使用和享受某商品为主题的广告创作来影响目标消费者的消费行为。(图3-8)

4.家庭

家庭是由两个或以上相关的人物组成的以血缘或亲情关系为基础的社会单位。核心家庭是指由两个异性成年人所组成的家庭，他们与自己的孩子或收养的孩子保持着合法的关系。①家庭是每一个消费主体最重要的参考群体，因为家庭成员之间的联系非常密切，且影响时间最长。

家庭对消费个体的成长和发展有着决定性的影响。家庭为其成员提供了两种资源：经济资源和情感资源。家庭也有责任抚养和教育孩子，并为家庭成员树立和规范一种生活方式及价值观念。而一个消费主体的生活方式可以决定其如何分配时间、金钱，以及选择怎样的行为方式。

广告创意人员应该了解和掌握目标消费群体家庭的结构及运作方式，以便选择更有针对性的诉求主题和诉求方法，从而达成更有效的沟通效果。例如，由于晚婚率和离婚率的增加，单身和单亲家庭、一户两个家庭及其他家庭模式的出现，我国的家庭结构正在发生改变。对此，广告主必须十分敏锐地发现和把握这种由于家庭结构的改变对消费主体的消费行为所产生的影响及变化趋势，从而能够提炼出特定的广告诉求信息以适应这些消费者的生活方式，满足他们的消费需求。

① 霍金斯，贝斯特，科尼合.消费者行为〔M〕.7版.符国群，等，译.北京：机械工业出版社，2000：110.

二、影响消费者的心理因素

1. 人口统计因素

人口统计是对人们社会和经济特征的统计学描述，其统计内容包括年龄、性别、教育、职业、收入和地理位置等。对于那些影响消费者消费行为的社会和经济因素的研究构成了人口统计学的主要内容。对于广告活动而言，这些因素也是大多数广告营销策略制定的基础。了解目标受众的年龄、性别、教育背景、职业、收入等相关资讯，有助于广告主进行有针对性的广告策划和媒介选择。

根据国家统计局2017年2月28日(人民网北京)发布的《2016年国民经济和社会发展统计公报》，2016年年末，全国总人口138271万人，比上年末增加809万人，其中城镇常住人口79298万人，占总人口比重(常住人口城镇化率)为57.35%，比上年末提高1.25个百分点。户籍人口城镇化率为41.2%，比上年末提高1.3个百分点。全年出生人口1786万人，出生率为12.95‰；死亡人口977万人，死亡率为7.09‰；自然增长率为5.86‰。全国人户分离的人口2.92亿人，其中流动人口为2.45亿人。

表3-1 2016年全国人口统计数据

指标	年末数	比重%
全国总人口	138271	100.0
其中：城镇	79298	57.35
乡村	58973	42.65
其中：男性	70815	51.2
女性	67456	48.8
其中：0-15岁[4](含不满16周岁)	24438	17.7
16-59岁(含不满60周岁)	90747	65.6
60周岁及以上	23086	16.7
其中：65周岁及以上	15003	10.8

(1)年龄

不同年龄段的消费个体有其不同的消费需求。比如，消费个体在五年或十年前使用过的产品现在却不屑于使用；年轻的消费个体往往与其父母有着完全不同的兴趣，看不同的电视节目，阅读不同的刊物等。广告传播最基本的要求就是其诉求或表现的内容能够被广告产品或服务所确定的目标年龄群体所理解，并且选择该年龄群体所经常使用的媒体传递信息。(图3-9)

图3-9 百事可乐2014年世界杯期间创意的平面广告作品

(2)性别

性别身份是消费者自我观念的重要组成部分。①当人们讨论性别差异时，考虑的既有首要差异，也有次要差异。首要差异是指男性或女性先天就有的生理或心理的特征。如妇女具有生育的能力，这是其有别于男性的首要生理特征。而次要差异则是指那些与一种性别的联系大于与另一种性别的联系的特征。如喷香水和穿高跟鞋就是与女性相关联的次要性别特征。

男性与女性的首要性别差异产生了与性别密切相关的产品需求。过去，对于这类产品的营销与传播有很多禁忌。如卫生巾、避孕套等产品的广告传播还多少有些遮掩和隐秘，现在这些遮掩和隐秘已完全消失。(图3-10)

①所罗门.消费者行为〔M〕.张莹，傅强，等，译.北京：经济科学出版社，1999：185.

图3-10　苏菲卫生巾系列平面广告作品

此系列广告作品是针对女性消费者的，广告诉求的概念是吸水性强，广告创意的构思紧紧围绕着这一概念展开，其广告标题是：吸收力就这么强。而广告的视觉表现虽然有些夸张，但是十分精彩，用枯黄的玫瑰和树叶非常传神地表现了苏菲卫生巾强大的吸水效果。

许多消费者认为，某些品牌具有男性化或女性化的特征。如吉列公司的产品具有明显的男性特征，而飘柔洗发水产品就具有明显的女性特征。所以，吉列公司发现女性大多不愿意购买吉列产品时，就适时推出了针对女性使用的新产品，如Sensor、SensorExcel女士型剃刀。

过去只针对一个性别而现在想把产品销售给两个性别的企业发现，其生产的在性能和质量上完全相同的产品必须分别使用不同的品牌名称向“他”和“她”进行营销与传播。从企业的角度而言，生产的产品其实并无性别之分，但从不同性别的消费主体而言，他/她选择产品时的潜意识里则往往是以自身的性别为思考原点的。

⑶ 教育

消费主体所受教育的水平将在很大程度上影响其消费品位和消费偏好；同时，受教育程度的高低也部分地决定了人们的收入和职业，进而影响其思维方式、决策方式以及与他人交往的方式。广告创意人员应该明白自己在进行广告创意活动的时候，必须针对受教育程度不同的目标消费群体采取不同的营销传播策略。

大体而言，接受教育程度较高的消费者往往对产品的技术和科学的诉求比较敏感，喜欢信息含量比较丰富的广告，并能较好地理解和判断产品价格与其质量间的关系。

⑷ 职业

由于职业的不同，消费者对于服装、汽车、食品的消费需求以及对传媒的偏好、个人的爱好、消费方式等都有明显的不同。

随着互联网的普及和服务产业的兴起及文化创意产业的发展，蓝领职业向白领职业转变已成趋势。因此以白领阶层为消费对象的产品需求量的增长要比以蓝领阶层为消费对象的产品需求量的增长更快。如今，广告的创意已经很少以蓝领职业作为表现的主题。相反，广告的创意风格更趋小资情调，而广告的制作则更趋科技化。

2.动机和需要

广告创意人员常常使用年轻貌美的女性作为广告产品的代言人，以此来吸引目标受众的注意。但许多广告创意人员由于对产品与美女的主次关系处置不当，往往使目标受众(男性)只顾欣赏广告中性感的美女，而对诉求产品或品牌的信息视而不见。(图3-11)

图3-11 迪奥香水品牌广告创意作品

此广告创意作品从视觉传达的角度而言，过于突出美女的性感而忽略了广告所要诉求的迪奥香水。因此，受众看到此广告作品，引起他们注意的就只能是美女而不是广告的主角——商品了。在广告的创意和视觉表现中，创意人员一定要牢牢把握一个基本的原则，即广告商品永远都是主角，任何代言人都只是配角，两者之间的主次关系绝对不可以颠倒。

为避免在广告传播过程中与目标受众发生沟而不通的问题，广告创意人员掌握关于消费者动机与需要方面的知识就显得尤其重要。

(1) 动机的本质

在对动机的本质进行界定之前，我们还是先分析一下生活中司空见惯的现象，即许多消费者愿意付出比自来水高出100倍的价格购买桶装纯净水。如果用动机的理论来分析的话，这些消费者不外乎有以下三种动机：一是出于安全的动机，认为环境容易被严重污染，自来水的品质难以得到保障；二是出于健康的动机，认为桶装纯净水要比自来水更纯净、更健康；三是出于时尚的动机，认为饮用某某品牌的桶装纯净水显得更有面子、更有品位。显然，根据消费者的上述三种需求动机，生产或经销桶装水的公司应该采用以下三种广告诉求主题：

其一，安全。在强调自来水的品质难以得到保证的同时，突显桶装水的过滤、纯净和安全，以较低的价格为消费者送货上门。

其二，健康。突出桶装水的纯净和没有任何添加剂，以合理的价格为消费者送货上门。

其三，品位。突出桶装水的优异品质和独一无二的口感，以高价格通过专卖店的渠道向消费者销售。

通过对上述现象的分析，基本上可以对动机的本质做一个基本的界定：动机就是行为的原因，是指刺激和触发人的行为反应并为这种反应指明具体方向的内在力量。这种驱动力源自个体的需要得不到满足时所产生的紧张状态，人们会有意或无意地努力做出某些行为来减少这种紧张情绪。对于消费者而言，其对某种商品和服务一旦产生了需要，就会对该商品或服务产生购买动机。

有关动机的研究成果十分丰富，但其中最有影响的是马斯洛的动机层次理论和麦古尼的心理学动机理论。

(2) 马斯洛的动机层次理论

马斯洛的动机层次理论是从总体上解释人类行为的较为宏观的动机理论。该理论建立在以下四个内容的前提之上：

- 每个人都通过先天遗传和社会交往获得一系列相似的动机；
- 某些动机比其他动机更基本、更重要；
- 只有当基本的动机得到最低限度的满足之后，其他动机才会被激活；
- 基本的动机满足后，更高级的动机才出现。

表3-2 马斯洛的动机层次和营销传播战略

1. 生理动机 产　　品 营销传播	**对食品、水、睡眠、性的需要** 健康食品、药品、特殊饮料、低胆固醇食品、健身器材 农夫山泉 有点甜 M&M巧克力 只溶在口 不溶在手 安利纽崔莱 让你拥有健康和未来
2. 安全动机 产　　品 营销传播	**寻找安全、稳定、熟悉的环境** 灭火器、预防性药物、保险、社会保障、养老投资 汽车安全带、汽车安全气囊、保险箱、防盗器 大众甲壳虫 车身虽然小 但是更安全
3. 归属动机 产　　品 营销传播	**爱情、友谊、亲情、归属感** 个人饰品、服装、娱乐与休闲食品 戴比尔斯 钻石恒久远 一颗永流传 中国移动 沟通从心开始
4. 尊重动机 产　　品 营销传播	**地位、优越感、自尊、声望、成就感** 服装、家具、酒类、汽车 凯迪拉克 敢为天下先 绝对伏特加 绝对的吸引
5. 自我实现动机 产　　品 营销传播	**全面发展、充分发挥潜能、实现所能实现的一切** 教育、嗜好、运动、度假、美食、博物馆 耐克 想做就做 阿迪达斯 没有不可能 美国陆军 成就你所能

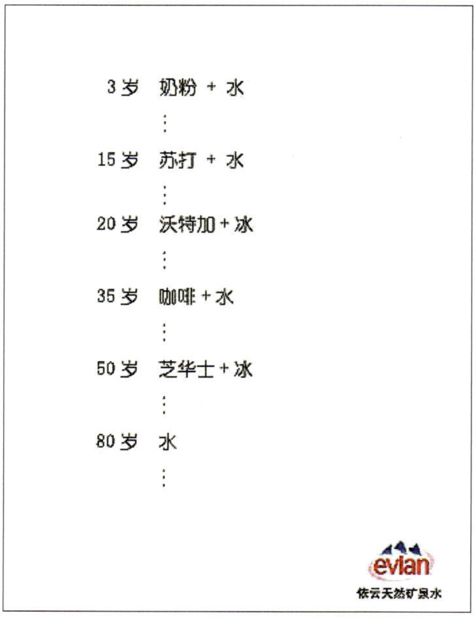

图3-12 依云矿泉水平面广告创意作品

依云矿泉水价格不菲，其营销的对象是以高端人群和年轻时尚人群为主，因此，其广告诉求的策略并不是以大张旗鼓的地毯式传播为手段，而是选择有针对性的媒体发布少量的具有较高品味的广告作品，以图建立该品牌的高端地位。

根据这些前提，马斯洛提出了一套适用于所有人的动机层次理论模型。

马斯洛的动机理论为理解人们的一般行为提供了思路，但该理论并非一成不变。许多事实表明，有些人愿意为了友谊或理想而放弃自己优越的生活甚至生命。不过，这并不是主流行为，马斯洛的动机理论仍然有着普遍的有效性。值得注意的是，任何具体的消费行为都有可能同时满足人的多种需要。比如，对“依云”瓶装水的消费就可能同时满足一个消费者的生理和尊重的需要(甚至还满足其归属需要或安全需要)。

(3)麦古尼的心理动机理论

麦古尼的心理动机理论是用一套比马斯洛动机理论更为详细的动机分类系统来解释消费者的消费行为。其理论的核心包括以下12个指数：

- 追求一致的需要；
- 归因的需要；
- 归类的需要；
- 对线索的需要；
- 追求独立的需要；
- 求新和猎奇的需要；
- 自我表现的需要；
- 自我防御的需要；
- 出风头的需要；
- 强化的需要；
- 对亲密和谐的人际关系的需要；
- 模仿的需要。

3.态度

态度是人们通过学习而获得一种对外部

事务带有主观倾向的看法。态度一旦形成，就具有持久性并拒绝改变。态度在方向上和强度上有所不同，即一种态度可以是肯定的或否定的、喜欢的或不喜欢的。

态度由以下三个要素构成：认知、情感和行为。

尽管影响人们理解的因素有很多，但归根结底人们的认知活动还是由其态度即人生观和价值观所决定的。社会心理学家奥尔波特在其《偏见的本质》一书里的一段对话，对此提供了典型例证。

X先生：犹太人的毛病就是他们只顾及自己的团体。

Y先生：可根据福利基金会的记录，从捐款人数与捐款数量的比例上看，却表明他们比非犹太人更慷慨。

X先生：那正表明他们总是力图用钱赢得别人的好感，用钱跻身于教会事业，除了钱他们什么也不想，怪不得犹太银行家这么多。

Y先生：但新近的研究表明银行界中犹太人的百分比是微不足道的，比非犹太人所占的比例小多了。

X先生：正是这样，他们不从事令人敬佩的事业，只干点电影业或开夜总会之类的事情。

这段对话清楚地表明，由于X先生已经形成了对犹太人的否定态度，因此，其对几乎所有犹太人的信息的理解都是负面的，而且总是从自己的偏见角度去理解同他的观点相矛盾的信息，结果就是把反驳自己观点的论据都变成支持自己观点的论据。可见，一个人的态度对其理解活动所产生的决定性作用有多大。

消费者对商品持何种态度将直接影响对该商品的评估，因此，广告创作人员在制定传播策略之前，必须了解消费者对该产品的看法。实际上，许多广告诉求的策略就是试图影响消费者的态度而展开的。首先，利用平面印刷媒体向目标消费者予以商品信息的诉求，以期消费者对商品形成正确的认知；其次，利用影视媒体向目标消费者予以情感诉求，以期赢得目标消费者好感或喜欢；最后，利用卖场的促销手段，以促使目标消费者采取购买行为。

三、流行与时尚

某品牌商品能否被越来越多的消费者所认同，很大程度上要受流行与时尚的影响。因此，广告创意人员必须事先研究和预测该品牌商品所投放国家或地区的流行与时尚。

1.流行与时尚的本质

一般而言，流行与时尚是一个国家或地区的部分消费者在特定时间范畴对某种消费商品(审美对象)或生活方式所青睐并身体力行的一种社会与文化现象。形成这种现象的时间范畴视具体情境的不同而有所差异，但是形成这种现象的过程是相似的，即先由少数有影响力的人物(大多数情况下是公众人物)率先使用某种消费商品或生活方式，并获得一些消费者的追捧，进而逐渐形成一种消费潮流。

虽然从宏观的和消费的角度可以将流行与时尚归为文化的范畴，但是从微观层面来说，流行与时尚似有些微区别。笔者认为，流行一词更侧重于从时间层面(现在进行时)来解释社会生活中部分消费者的审美现象；而时尚一词则更注重从审美的角度来评价某社会主体所引领并身体力行的一种生活方式。另外，时尚往往是先由部分消费者以原创的甚至标新立异的方式对传统的生活方式或行为加以创新，当这种生活方式逐渐被越来越多的消费者所接受并身体力行之后，时尚也就成为一种流行。

从社会学的角度看，几乎所有的流行与时尚的出现与形成，都可以反映某一个国家在某一个时期的特定的文化、政治以及审美品位等意识形态方面的价值取向。也就是说，流行与时尚的背后(通过某种消费商品或生活方式)实际上承载了人们所赋予该商品的一种意义。因此，与其说是消费者在参与流行与时尚的过程中消费了该商品，不如说是消费者在参与流行与时尚的过程中消费了隐藏在该商品背后的意义。

比如，“文革”时期的流行与时尚非常真实地反映了那个时期我国的文化、政治生态以及特定的审美品位(图3–13)。当然，今天的流行与时尚同样也非常真实地反映出我们这个时代的文化、政治以及非常物质化的审美品位。(图3–14)

图3–13　四川美术学院刘昌文“文革”系列油画作品

图3–14　“文革”时期的真实照片

2.流行与时尚对消费者的影响

如上说述，一个国家或地区的流行与时尚的形成，一方面固然要受到该国家或地区的文化、历史、政治、经济和大众审美品位的影响，另一方面也必然会通过人们对时尚与流行的身体力行来反映一个特定时期的文化、政治、审美品位以及大众所有意无意表现出来的价值取向。因此，广告创意人员应该随时对流行与时尚保持高度的敏感性。毕竟，从市场营销和行为科学的理论而言，许多消费者对某一商品的购买决策往往未必是自己的主动寻求，更多的是受到流行与时尚的影响，尤其是部分受教育程度不高、个性比较随和、喜欢追求时髦的年轻的消费者更是如此。事实上，许多品牌商品的成功的市场推广之道，比如耐克，就是通过部分公众人物对某品牌商品的使用，形成某种时尚，从而吸引越来越多的消费者加入消费该品牌商品的大军，并形成大众消费该品牌商品的流行。

流行与时尚在形成和发展的过程中，其总体生命周期与市场营销理论中的产品生命周期极为相似，也有其所谓的导入期、成长期、成熟期和衰退期，只不过有些生命较短，昙花一现罢了；有些则能够历久弥新，成为经典。(图3–15)

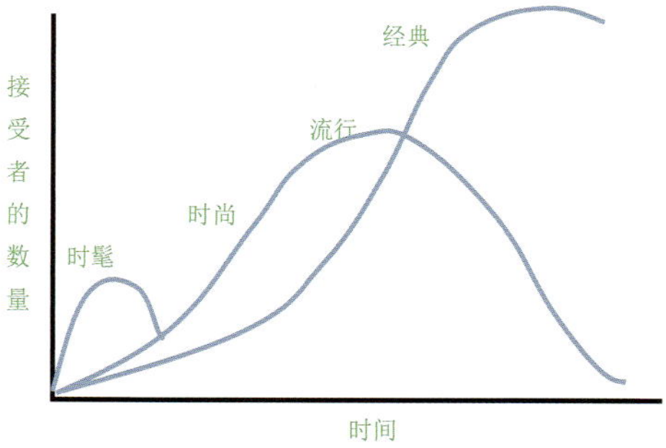

图3–15　时髦、时尚、流行和经典的生命曲线

四、消费者决策过程

虽然每个消费者在购买商品时所作出的决策不尽相同，但有研究表明，大部分消费者基本上都遵循大致相似的决策过程：一是高涉入或低涉入决策过程，二是决策过程的五大步骤——需求确认、信息收集、评价选择、

购买实施、购后评价。

1.低涉入或高涉入决策过程

大部分消费者往往愿意在较昂贵的、带有感情色彩的、个性化比较明显的商品上(如汽车、住宅、服装、健康护理、旅游)花费更多的时间和精力，以进行全面的比较和分析。此种情况即被称为**高涉入决策过程**。反之，对于那些较便宜的、低风险的、规律性购买的商品(如香烟、口香糖、饮料、调味品等)，他们倾向于在决策上花费很少的时间和精力。此种情况被称为**低涉入决策过程**。

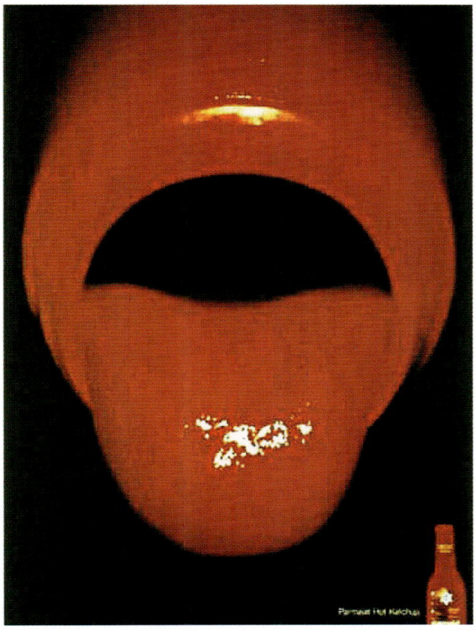

图3-16　意大利番茄酱平面广告创意作品

在色彩的概念里，红色能增强人的食欲。这幅作品显然具有促进受众感知觉的效果。番茄酱的卖点自然是“酸”，这幅作品很好地抓住了“酸”这一特性，并进行夸张的视觉表现。画面构成有想象力：从瓶口流出的番茄酱活像一个人的舌头，而且是垂涎欲滴的舌头，让受众能马上产生品尝的欲望。

2.决策过程的步骤

不同的消费者在购买不同的商品时所作出的决策过程有着巨大的差异，但总体上说大多数消费者在购买商品前后所作出的决定等过程的步骤(需求确认、信息收集、评价选择、购买实施和购后评价)则基本相同，只是低涉入决策的周期只需一秒钟，而高涉入决策的周期可能长达三个月甚至一年。

(1)需求确认

当消费者意识到自己对某种商品产生需求时，这第一个决策步骤就发生了。消费者对商品的需求程度因人因时因地而异，且需求的强度也有所不同。此时，企业的广告诉求应努力促使或刺激目标消费者强化和巩固这种需求。

(2)信息收集

消费者对某种商品一旦产生并确认了需求，接下来自然就要对同类别的商品信息进行有意识地收集。这种收集可能是非正式的，如阅读那些偶然引起消费者注意的广告和相关报道文章；也可能是正式的，如在行业杂志上寻找相关信息。此时的广告诉求应选择有针对性的媒介向目标受众传递较为全面的商品信息。

(3)评价选择

在这一阶段，消费者根据自己的选择标准和商品的特性，对其收集到的有关信息予以分类、比较，并将选择的商品数量减少到可管理的数量。最后，对确定的几个商品进行排序。此时的广告诉求应有助于突出商品有形的或无形的特征，以使本商品在消费者的购买计划里处于优先的位置。

(4)购买实施

此一阶段由两部分内容构成。其一，是消费者选择、判断在何时、何地、哪家商店购买；其二，是消费者到商店完成商品购买的交易活动。对企业而言，此一阶段是最重要的阶段，几乎所有企业都非常重视在商场进行临门一脚的促销活动，试图通过赠券、赠品、让利、打折、买一赠一等促销活动影响消费者的消费决策。(图3-17)

(5)购后评估

当购买了一件商品特别是重要的商品之后，消费者就开始了对商品的评估。结果无非两种：满意或不满意。不满意的处理办法也是两种：退货或者换货。

图3-17　奥克斯空调促销广告

还有一种情况，就是消费者在购买商品之后仍然继续关注商品的广告信息和相关报道，以证明自己的购买决策是正确的。此时，广告诉求的信息应该通过强势媒体突出其品牌形象，以强化消费者的购后满足感。

第三节　品牌形象及传播策略分析

大卫·奥格威早在20世纪60年代就明确提出：“任何一个广告创意作品都是对品牌的长程投资”。[①]因此，广告人员在进行广告创意的活动时，必须从宏观的视角，以长远的眼光对客户的品牌予以全面的审视，努力寻找并辨析出客户品牌的优势与劣势、机会与威胁，挖掘并提炼出客户品牌的个性特征，通过制定整合的、系统的、统一的策略规划，创作有利于客户品牌长远发展的广告创意作品，帮助客户创建出极具竞争力的强势品牌。

①奥格威.一个广告人的自白〔M〕.林桦，译.北京：中国物价出版社，2003：114.

一、理解品牌概念

20世纪90年代以来，虽然有关品牌的理论著述层出不穷，但对于品牌定义的分析却不多见，主要原因是品牌所蕴涵的内容及其相互之间的关系相当复杂，头绪繁多，难以一目了然地将构成品牌诸要素之间的彼此关系予以逻辑化。笔者拟从品牌概念的衍生、结构的要素入手，对品牌的概念下一个基本的定义。

1.品牌概念的衍生

唯物主义观点认为，社会存在决定社会意识。因此，有什么样的社会存在就必然会产生什么样的社会意识与之相适应。同样，有什么样的市场需求也就必然会产生与之相应的市场理论。

20世纪70年代以前，欧美国家的经济仍然处于战后恢复时期，物质相对匮乏，人均收入较低。那时，消费者对产品的需求自然是以“量的满足”（生理满足）为前提，即十分注重产品的“物质性”，也就是产品的质量、价格是绝大多数消费者判断是否购买某产品的最主要的因素。70年代中后期以来，欧美资本主义国家的经济进入高速发展期，物质丰裕，人均收入较以往有了大幅度提高。此时，消费者对产品的需求开始由“物质性”向“社会性”转变，即越来越重视产品的“精神性”（身份地位、审美品位、价值观念、精神信仰等），产品本身的物质属性逐渐变得不那么重要了；而针对目标消费群体并经过精心加工提炼且附加在产品上的价值观念、审美品位、精神信仰等精神属性则逐渐成为消费者判断、购买产品的决定性因素。也就是说，随着经济的发展，物质资料的丰富，收入的增加，生活水平的提高，消费者对产品的需求必将从原始的物质消费向后工业时期的精神消费过渡和转化。

所以，品牌概念的内涵由当初单纯的视觉识别符号演变为集识别功能、信息浓缩功能、安全功能、价值功能于一体并形成全新的品牌理论的根本原因，是由市场需求——消费者对于产品的需求从物质消费向精神消费的转变所催生的。

2.品牌的结构要素

品牌是一个以消费者为中心的概念，没有消费者就没有品牌。因此，品牌的定义，可以概括为：**品牌是企业组织以其具有优异品质的商品或服务为载体，以商品的功能属性或精神属性为诉求内容，通过各种营销和传播活动，与目标消费者建立彼此相互认同的，并为双方带来利益的关系总和**。

这种关系的内涵主要由以下要素构成：

首先是物质层面的要素：品质。产品品质是品牌与消费者之间发生相互关系的唯一的物质要素，也是消费者与商品之间相互沟通的基础，没有这个基础，任何消费行为都将失去意义。

其次是精神层面的要素：即社会评价、价值观念、审美品位等。企业常常通过广告表现或为品牌营造一种豪华、尊贵的氛围，并努力使之成为某种社会地位的象征；或以品牌为载体向目标消费者宣扬、倡导某种价值观念，从而与目标消费群体实现有效沟通，并建立、形成相互认同的关系。(图3-18)

图3-18　贝纳通服装品牌平面广告创意作品

贝纳通在广告中的诉求点基本上与其服装的物质属性没有任何关联，而主要是诉求其品牌对精神属性的基本态度。此广告创意的诉求主题显然就是——反对战争，实际上也就是一种价值观念。如果部分受众能够认同或支持这种价值观念，那么，这部分受众就有可能喜爱贝纳通这个品牌。

物质因素是构成品牌的基础，但仅仅只是具备物质诸要素则只能被称为产品，而不能被称为品牌。只有在产品的物质要素的基础上注入精神要素，才能被称为品牌。这就好比是一个具有人的躯体，但却没有人的思想的狼孩，只能被称做是一个自然人，绝对不能被称做是一个社会人。

因此，消费者对于某种商品能否建立相互认同、彼此对应的关系，是该商品能否成为品牌的关键。一个有着精神内涵并被消费者认可的品牌必定包含一个物质层面的产品；但仅仅只有物质层面的产品却未必能成为品牌。对于一个品牌而言，其产品的物质性只有通过与其他相似产品的物质性进行比较才有意义，而其品牌的精神性则只有在向目标消费者进行传播并被目标消费者感受、认可的前提下才有意义。

3.品牌与产品的区别

产品生成于车间，品牌形成于整个营销环节。产品是被加工制造出来的，而品牌则是被塑造设计出来的。产品贵在质量，品牌贵在传播。这里的传播包括所有品牌与消费者沟通的环节与活动，比如产品设计、包装设计、广告创意与设计、标志设计、推广、促销、公关等。一方面，通过传播，可以形成和强化消费者对于品牌的认知；另一方面，传播的累积可以形成品牌的资产。传播创造了品牌的附加价值。

二、品牌定位分析

品牌定位分析与决策是企业进行品牌市场营销的前提。成功的品牌传播，能够在消费者心目中树立鲜明而独特的品牌个性与形象，为建立品牌竞争优势打下坚实的基础。

1.品牌定位的概念

品牌定位是指在市场调研和细分的基础上，发现或创造出品牌独特的差异点，并与目标消费者心智模式中的空白点进行匹配择优，从而确定出一个独特的位置，然后借助整合传播手段在消费者心里中打上深深的烙印，建立起强有力的联想和独特印象的策略性行为。[①] 简单地说，品牌定位就是企业向目标消费者群体展示品牌独特性的过程。品

①郭洪.品牌营销学〔M〕.成都:西南财经大学出版社，2006:107.

牌定位要求品牌满足目标消费者群体的物质需求或精神需求，并能够给他们提供购买本品牌商品的令人信服的理由，显然这些理由来自于被目标消费者认可或喜爱的品牌独特的个性。(图3–19)

图3–19　海飞丝洗发水平面广告

海飞丝洗发水市场营销的成功之道，就在于该品牌在上市之初就制定了非常正确的品牌定位——去头屑，并反复向消费者诉求。久而久之，海飞丝就在消费者的心目中建立起了“海飞丝”等于“去头屑”这样一个一对一的联想。一旦有消费者希望解除头屑的烦恼，其立刻就会想到海飞丝。

品牌定位较之于市场定位、产品定位等有着本质的不同，它们的主要区别如下。

(1)品牌定位与目标市场定位的区别

众所周知，在营销理论中，市场细分(Segmentation)、目标市场(Targeting)与定位(Positioning)都是企业营销组合战略的要素，简称为“STP”。选择目标市场与品牌定位之间既有联系又有根本的区别。选择目标市场，是在市场细分的基础上对各细分市场的潜在需求量、购买力、盈利率、竞争状况、企业的实力等情况进行详细的分析和评估，并选择和确认企业所要面对的目标消费者。也就是说，选择目标市场是企业如何选择消费者，解决的是企业为谁提供产品或服务的问题；而品牌定位则是在分析目标消费者的价值观、物质和精神需求的基础上努力与目标消费者形成沟通、互动、认可，以期在其心目中占据有利位置的规划。如哈雷摩托车的品牌定位是“以传统的方式感受自由”。因此，选择目标市场是品牌定位的前提，品牌定位应根据目标市场的需求特点及其对品牌相关利益(品牌的物质利益和精神利益)的重视程度来进行规划。

(2)品牌定位与产品定位的区别

产品定位是在产品供大于求的市场环境下生产者对产品的变异求新，以实现与竞争产品的差异化竞争。其差异化竞争的方法主要是通过产品的价格、性能、质量、结构、款式、包装等物质层面的有形要素予以实现的。而品牌定位则不仅仅是为了实现产品的差异化，更是为了实现品牌的差异化。品牌差异化既可以表现在品牌给消费者提供的物质层面上的产品功能性利益(此部分内容与产品定位的概念范畴一致)，更可以表现在品牌可以给消费者提供精神层面的情感性利益和自我表现性利益。可见，产品定位不是品牌定位的全部内容，它仅仅是品牌定位的基础。产品定位思考的范畴仅仅局限在产品的物质要素，品牌定位的思考范畴既包括产品的物质要素，更包括消费者的精神要素。

2.品牌定位决策

(1)品牌定位调研

品牌定位调研主要有三个方面的内容。

一是目标消费者调研。广告人员必须选准目标消费者，深入了解他们的所思所想，了解他们的价值观念和生活方式。对目标消费者的深入研究是品牌定位决策的基础和前提。

二是要利用品牌知觉图和投射技术，掌握现有竞争品牌的定位策略，确认其具有哪些相对的优势和劣势，从而寻找出自身品牌的定位点。

三是要分析品牌产品层面的自身特性和品牌精神层面的经营理念及文化传统。企业推出的品牌是企业基本经营理念和价值观念的具象体现，对品牌定位决策时既要考虑如何反映出这种理念，也要考虑到以后的营销传播必将受制于这种理念。品牌定位决策可以对企业原有的理念框架有所突破，但决不能完全分离。①

(2)品牌定位设计

第一步，根据品牌定位点的可能开发途径，通过头脑风暴法、优缺点列表法等，在每一种可能的开发点上列出各种定位点。

第二步，对各种定位点进行组合。在实际操作中，对明显不合理的方案应予放弃。

第三步，对初步确认的方案进行再筛选。具体检测指标主要有以下几条：

- 是否充分利用了品牌产品的优势和特色？
- 是否击中了竞争对手的弱点和缺陷？
- 是否与企业的文化和理念相融合？

如果答案是肯定的，即进入第四步。

第四步，目标消费者测试。此时，可供选择的方案已经不多，可能只有两到三个。研究者可以同时对这些方案的目标消费者进行实际测试，以期由此判断出不同定位方案的优势及可能存在的问题。

第五步，由广告公司的负责人在几个方案中选择出最后的品牌定位方案，并会同广告主予以确认。

第六步，品牌定位的决策一旦确认，关于品牌定位的主张应该以文字的形式记录下来。如美国的米勒啤酒的品牌定位的文字表述是："地道的美国标准强度的啤酒，好喝而且相当爽口，目标对象是18至24岁的男性，标准啤酒的饮用者，尤其是那些关心个人外在表现的人。"

品牌定位的确认为广告传播活动的具体开展和应用提供了指导原则，使广告的创意可以围绕一个清晰的方向而展开思考和设计。

三、品牌个性分析

消费者大都喜欢符合自己观念的品牌。因此，对于目标消费群体而言，创建与之相近个性的品牌将是一种有效的战略。

1.创建品牌个性

企业在创建品牌个性的过程中，无论其品牌是以产品为主还是以企业为主，都必须首先确立品牌应该具有怎样的个性特征。

(1)创建以产品为主的品牌个性的具体操作方法

第一步：确定目标消费者；了解他们的需求、欲望和喜好；勾勒出目标消费者的个性特征；创建相应的品牌个性来配合目标消费者的个性特征。

这种方法在许多国际知名的跨国公司中广泛运用。如李维氏公司即是采用这种方法获得了目标消费者对牛仔裤这个产品类别的青睐——大多数品牌的个性模式：

原创性　强健　性感　年轻
叛逆　有个性　自由　美国式

第二步：根据上述产品类别的品牌的个性通用模式，针对本产品品牌的特点及本产品所面对的特定消费群体的个性需求，制定本品牌的个性特征。如李维氏501牛仔裤创建的品牌个性就包括以下特征：

浪漫　性感　叛逆　体魄雄健
聪明　独立　喜欢受崇拜

这种勾勒特点的方法，目的在于强化目标消费者的自我认识和追求。对于采用缝隙市场战略的品牌，这种方法十分有效。如果细分市场在全球的趋同性很高，就会取得极大的成功。李维氏的上述案例就是明证(图3-20)。李维氏的产品面对的是年轻人，虽然年轻人在不同的国家存在着文化差异，但是，年轻人在爱好、行为和追求等方面仍具有许多一致性。

(2)创建以企业为主的品牌个性的具体操作方法

在创建以企业为主的品牌个性时，由于

①郭洪.品牌营销学〔M〕.成都:西南财经大学出版社,2006:123.

图3-20　李维氏服装品牌平面广告作品《向前闯》

从2011年起，李维氏陆续向市场推出《向前闯》系列广告作品，其所针对的诉求对象是90后的年轻人。该诉求主题极富激情和进取精神，不论在哪个地区，都深受90后年轻人的欢迎。可见，年轻人在爱好、行为和追求等方面确实具有许多一致性。

品牌所面向的消费群体范围更广泛，上述这种勾勒特点的方法显然就不合适。在创建以企业为主的品牌个性过程中，企业应首先找出自身已经拥有的优势，或者先决定企业希望通过品牌表现出自身的哪些个性特征，然后在此基础上建立相应的品牌个性。例如，如果企业已经确定了新的发展目标和经营理念，通常要解决的问题包括：

- 企业的远景和使命的具体内容是什么？
- 它们对企业未来的识别特征有何影响？
- 企业应该通过什么行动来实现它们？
- 企业的哪些个性特征有助于完成这些行动？

例如，如果企业的使命中包含有社会责任感，那么其所创建的品牌个性就必须包括认真负责、充满爱心、足智多谋、友好可亲、稳重可靠等个性特征。

2. 驱动品牌个性

品牌个性的创建，是一个高度精细的创意传播工程，必须整体掌握并综合运用品牌个性的多种因素，这些因素基本上可以分为两类：与产品相关的因素和与产品无关的因素。广告创意人员必须综合运用各种因素，强化目标消费者对品牌个性的认知与认同。

(1) 与产品相关的因素

产品类别　与产品类别相关的因素是品牌个性的一大驱动力。

包装　包装往往是最容易凸显品牌个性的重要因素。绝对牌伏特加的包装就充分表现了其大智若愚的品牌个性特征。

价格　高价位的商品往往是传递富有的、经典的、有品位的、略带强势的等有关信息，而低价位的商品则往往传递节俭的、朴实的、大众的、略带落伍的等有关信息。

产品属性　宝洁公司舒肤佳香皂的品牌概念是“杀菌性洁肤”，这与传统香皂的香味、泡沫及护肤的属性明显不同，这就很容易建立起其与众不同的“关爱、以家庭为重”的品牌个性。(图3-21)

(2) 与产品无关的因素

使用者形象　可以以典型使用者或是理想化的使用者为基础。如中国移动的动感地带，以理想的目标消费对象的崇拜者周杰伦为代言人，恰到好处地表现了动感地带的前卫、时尚、青春、活力的品牌个性特征。

图3-21　舒肤佳香皂平面广告创意作品

这是一组创意非常精彩的广告作品。舒肤佳的此套广告实际上是个比较广告，只是比较的对象并没有损害任何人的利益。这种比较看似风马牛不相及，但仔细一琢磨，还真有点道理。笔者深为创意人员居然能够将这两个不相关的旧的元素进行新的组合的能力所折服。

公共关系　公共关系特别是有特色、富有创意的活动事件、赞助等会很好地传达出品牌个性。丰田公司推出的凌志轿车为了强调其高品质品牌的个性特征，在上市时策划了一个大型的时尚盛会——“时尚的礼赞”，以高格调、现代、骄傲的姿态将凌志隆重介绍给公众。这个盛会在美国好莱坞的Rodeo Drive大街上举行，近千名娱乐界、新闻界、摄影界和设计界的名师都欣然赴会，共享全新凌志ES300的高贵品质。

象征符号　象征符号对品牌个性有着很强的影响力。例如，旁氏推出的“旁氏专业护肤中心”给品牌设计了一个全新的标志识别符号，很好地赋予了“旁氏”符合新时代需要的品牌个性特征：专业、现代、权威。

上市时间长短　上市时间短的品牌容易建立起年轻、新颖、时尚、现代的品牌个性；反之，上市时间长的品牌则容易使消费者产生成熟、老练、沉稳、友善、信赖的感觉，但同时可能有负面的影响，如老迈、守旧、无趣、过时、缺乏活力等。

广告风格　广告风格通过一以贯之的视觉形象的传播，可以很有效地促使目标消费者清晰地感受到品牌个性的特征。如范思哲的品牌广告，其风格数十年保持一致，十分成功地向目标消费者传达了时尚、艺术、与众不同的品牌个性特征。(图3–22)

生产国　历史、文化、经济的差异造就了不同国家和地区的不同的文化特征。因此，不同国家的品牌必然会自然而然地秉持该国的文化个性特征。例如，意大利品牌给人的感觉是时尚和典雅；日本品牌给人的感觉是创新、效率和大众化品质；德国品牌给人的感觉是严谨、细致等。

企业形象　Body Shop 化妆品公司是典型的以公司形象建立品牌个性的案例。该公司的经营哲学是“有原则的获利”。在此原则指导下，该公司大力开展宣传活动。如呼吁保护热带雨林，积极参加拯救濒危动物的活动，积极支持发展替代型能源和废物循环利

图3-22　范思哲品牌广告创意作品

用的研究等。这些以宣传企业形象为目的的活动使目标消费者对Body Shop的品牌个性产生了强烈的认同。[①]

总之，在品牌的创建过程中，积极驱动上述各种因素进行整合传播，对形成品牌个性将产生重要的作用。

①何佳讯.品牌形象策划〔M〕.上海：复旦大学出版社，2000：314.

重要术语

经济环境　社会购买力　市场规模　消费者收入　消费者可支配收入　消费者可随意支配收入　货币收入　实际收入　恩格尔定律　文化　规范　习俗　社会地位　参考群体　展露　关注　解释　记忆　选择性知觉　学习　刺激辨别　动机　马斯洛的需要层次理论　态度　低涉入决策过程　高涉入决策过程　品牌　品牌定位

推荐书目

1. 科特勒.市场营销管理［M］.亚洲版.梅清豪，译.北京：中国人民大学出版社，1997.
2. 霍金斯，贝斯特，科尼合.消费者行为学〔M〕.7版.符国群，等，译.北京：机械工业出版社，2000.
3. 所罗门.消费者行为〔M〕.3版.张莹，译.北京：经济科学出版社，1999.
4. 哈伯.差异化行销〔M〕.黄复华，陈素贞，译.呼和浩特：内蒙古人民出版社，1998.
5. 舒尔茨，等.整合营销传播〔M〕.吴仪国，等，译.北京：中国物价出版社，2002.

思考练习

1. 请选择两个不同的城市(如重庆和上海)做一份调研报告，显示两座城市的消费者在购物习惯、饮食偏好、收入水平、价值观念和消费能力等方面有哪些异同？
2. 观察目标消费者如何购买那些正在做广告的产品。如果是牛奶，就到超市观察消费者的实际购买行为；如果是汽车，就到4S店观察顾客购买汽车的全过程。请将所见写成报告，并指出这些观察与发现有哪些地方对广告创意有启发和指导作用。

第四章 确定目标——广告创意的方向

对于广告创意人员来说，广告创意追求的是大胆的想象和艺术的表现；但对广告主而言，其所追求的是广告效益的最大化，即所产生的销售收入应大于投入的广告费。不过，要想评估广告的效果如何，首先就必须设定明确的广告目标。本章内容就是围绕广告目标的确定进行阐述的。

本章的学习目标

- ■ 了解 广告目标的基本概念及其与营销目标的关系
- ■ 掌握 广告目标的具体确定方法
- ■ 理解 广告目标对象的分析方法和基本原则
- ■ 认识 广告目标设定的重要性及其与广告效果评估的关系

第一节 广告目标的概念

广告目标的确定与否直接关系到广告活动的发展方向及其相关发展策略的制定。广告活动的全部有形的基本要素，如广告策略的制定、广告媒介的选择、广告创意的表现主题及表现风格、促销活动的方法、广告预算的确定等都要基于广告目标的确定加以展开。因而在广告活动的规划过程中，广告目标的确定是重中之重的环节。

一、广告目的与广告目标

在营销传播的诸多概念中，与广告目标有密切关联的概念包括营销目的、营销目标、广告目的、广告目标。这里，有必要将“目的”和“目标”的概念予以区分。对企业而言，其营销目的或广告目的都具有战略性质、宏观视野、定性色彩；而营销目标或广告目标则更具有战术性质、微观视角、定量色彩。

1. 企业的营销目的

企业所处市场环境的不同，在不同的时间、根据不同的竞争对手所开展营销活动的目的自然也有所不同。一般而言，如果企业在某一市场上处于支配地位时，其营销目的当然是希望保持目前的市场份额；如果企业在某一市场上处于三、四位或更靠后的地位时，其营销目的就有两种选择：要么向市场领导者和其他竞争者发起挑战，以努力扩大自身产品的市场份额；要么小心谨慎、亦步亦趋，以维持企业目前在市场上的地位。

明确企业营销目的，可以在总体上规范和决定其营销目标的制定。

2. 企业的营销目标

企业的营销目标是指企业通过其营销活动所期望达成的具体的并可以量化测定的销售效果，是企业的营销目的的进一步体现。企业除了要根据市场竞争态势制定营销目的之外，还必须根据企业在下一个年度所制定的财务目标予以最终的决策。例如，某企业在下一个年度的财务目标是：

- 在下一个五年内获得平均20%的税后利润率
- 在2020年净利润达到1800万元
- 在2020年现金流量达到2000万元

据此，该企业的营销目标就必须围绕或体现如何完成这一财务目标而展开；或者说，企业的财务目标必须转化为营销目标。如该企业期望达成1800万元的利润，并且其目标利润率是其销售额的10%的话，那么，其在销售收入上的目标就必须是1.8亿元。企业产品的平均售价是2600元的话，那该企业就必须在一年之内销售69230件产品。如果该企业对下一年度整个市场的销售总量的预计是180万件的话，那其将占有3.8% 的市场份额。为了达成和保持这样的市场份额，该企业的市场营销目标就可以是：

- 在2020年获得总销售额收入1.8亿元，比上一年度提高9%
- 因此，年度产品销售量为69230件，占预期的市场份额的3.8%
- 企业品牌知名度从目前的15% 上升到30%
- 扩大10% 的分销网点
- 实现2600元的平均售价

企业营销目标的制定将直接规范和决定企业的广告目的及广告目标的制定。

3.广告目的

任何一项广告活动在开始之前都要首先明确广告目的，就是要搞清楚为什么要做广告。

广告目的的范围主要有产品广告目的和企业广告目的两类。

（1）产品广告目的

这类广告是针对企业所生产或经销的产品而展开其传播活动的，目的分为两种：一是以直接销售为目的，其广告活动的思路是注重近期利益，追求广告传播的即时性和立竿见影的效果；二是以间接销售为目的，其广告活动的思路是注重长期利益，理解广告传播的滞后性，但追求广告传播的美誉度效果。

（2）企业广告目的

这类广告是针对企业自身主体而展开其传播活动的，目的可分为四种：一是扩大企业影响，提高企业知名度、好感度和信任度；二是改变消费者对企业的印象或态度，树立企业形象，提高企业的声誉；三是提供某种服务，以示企业对社会和大众的关注，增进与目标消费者的友谊；四是建立良好的公共关系，着眼于未来，促进企业的发展。

4.广告目标

（1）广告目标的内涵

广告目标是指企业通过广告活动所期望达成的具体的并可以量化测定的销售与传播效果，是企业广告目的的进一步体现。日本电通广告公司对广告的目标与广告目的的关系解释是：广告的目标存在于实现广告目的的延长线上。例如，某企业的广告目的是期望通过集中性的广告活动推出一种新饮品，则广告目标可以确定为知名度目标：推出新饮品2个月后达到70%；饮用经验率目标：推出新饮品3个月后达到30%；店铺陈设率目标：推出新饮品2个月后达到80%，等等。

正确理解广告目标和营销目标之间的关系是广告人员正确开展广告活动的基本前提。一般而言，大多数企业都期望通过广告活动达成其营销目标，此时，这些企业常常有意无意地将营销目标和广告目标的概念相互混淆或合二为一。然而，广告活动只是企业营销传播系统的一个环节，广告的终极目的固然是帮助企业达成其营销目标，但指望企业的全部营销目标都由广告活动来实现则显然是不科学的，也是不现实的。

图4-1 国美电器商场促销广告作品

促销广告的目的就是促使消费者产生购买行为，因此，促销广告在创意上内容要大于形式。该广告创意将国美电器在端午节期间所开展的促销活动诉求得非常清楚，至于能否让消费者真正采取行动，这就要看促销活动的具体内容是否能够引起消费者的兴趣了。

(2)广告目标的功能

广告目标的功能主要有以下几个方面。

第一，作为广告主与广告代理商之间沟通与协调的标准，同时，也可以协调诸如广告策划、广告文案、广告创意、广告客户管理等相关人员之间的工作。

第二，为决策提供一个衡量标准。如果有两个不同的广告创意方案，那么就需要从中选出一个更好的广告创意方案，而选择的标准就是先期确立的广告目标。与其依赖决策者(广告主)的个人靠不住的审美判断，还不如通过广告目标去寻求最适合的创意方案。

第三，对广告传播的效果进行评估。这一功能需要有市场份额或品牌认知等作为相应的标准。在一项广告活动结束后，依据预先设定的判断标准对活动进行评估，可以判断和评价广告代理商的工作水准。

(3)广告目标与营销目标的区别

如图4-2所示，广告目标要根据企业的营销目标来确定，先后次序不可颠倒，而两者在内容上的皮毛关系也是毋庸置疑的(皮之不存，毛将焉附)。但是，广告目标终究与营销目标有着诸多区别，这种区别主要体现在两者对目标消费者的作用方式上的差异。这种差异表现在以下三个方面。

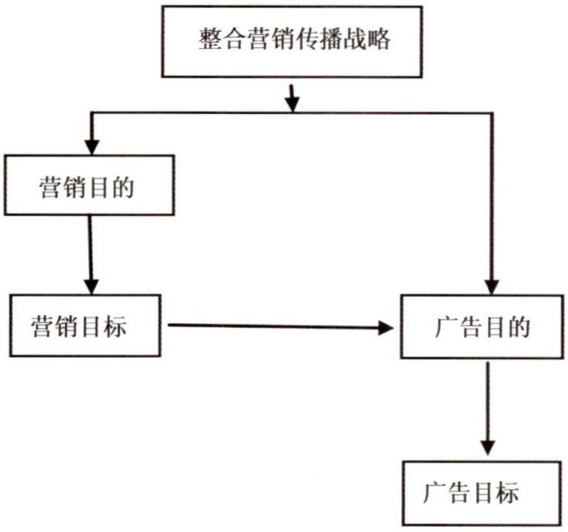

图4-2　营销目的、营销目标、广告目的、广告目标之间的关系图

销售产品与传播信息的差异　一般而言，企业的营销目标更多的是从财务目标出发，制定企业下一年度的市场销售额或利润率，其追求的是产品销售的最大化或产品利润的增长，对营销目标的测定以具体的销售额或利润率为主要内容；而制定广告目标的出发点虽然与营销目标的结果并无二致，但广告目标追求的则是产品(品牌)信息的传播到达率的提升和扩大。

即时效果与延时效果的差异　由于企业的营销目标必须体现财务目标的相关内容，因此，营销目标只能以单一特定的年度时间段为衡量标准，其体现的是即时效果；而广告目标的体现则有所迟延，也就是说，广告活动起始于当年度，但广告传播的效果则往往要延后到下一年度才有可能体现出来。

有形结果与无形结果的差异　企业的营销目标通常都以具体的数据来说明实施之后所期望达成的结果，如销售额、税后利润、销售量和上货率等；但广告目标的具体内容则难以用具体的数据予以体现，如目标受众的态度改变、信息的增加等。因此，用具体的数据来测定此种相当模糊的内容是非常困难的。

二、广告目标的类型

广告目标根据不同的划分依据，可以分为以下几种类型：

1.按广告目标的不同层次可分为总目标和分目标

总目标是从全局和总体上反映企业所追求的广告目标，分目标则是在总目标的基础上对广告活动的各个方面所制定的具体目标。可以将广告总目标分解为产品目标、企业形象目标、信息传播目标、预算目标等。

2.按广告目标所涉及的范围可分为外部目标和内部目标

外部目标是与广告活动的外部环境有关的目标。如市场目标(包括市场占有率、市场

图4-3 京东商城Jeep服装品牌促销广告作品

电子商务的发展已经对传统商业构成了巨大的冲击。此促销广告是京东商城为Jeep服装品牌做的促销广告，其诉求的重点当然是低廉的价格，这是电商企业最大的优势。

覆盖率、广告对象等)、计划目标(包括销售量目标、销售额目标、利润率目标等)、发展目标(包括树立产品或企业形象、扩大知名度和美誉度、企业生存和发展等)、竞争目标(包括与主要竞争对手相比较的广告投放量、媒体投资占有率、广告暴露频次、总收视率)等。

内部目标是指与广告活动本身有关的目标。如广告预算目标(包括投入与产出的目标)、质量目标(包括广告传播的创意、文案、制作等)、广告效果目标(包括广告的传播效果、销售效果)等。

3.按广告目标所涉及的内容可分为产品销售目标、企业形象目标、信息传播目标等

产品销售目标是指广告活动促使消费者产生某种反应的目标；企业形象目标是指以树立企业形象、提高企业整体知名度和美誉度为主要内容的目标；信息传播目标则是要规定广告信息在传播过程中对目标受众产生影响所需要刺激的程度。

4.按广告目标的重要程度可分为主要目标和次要目标

主要目标涉及全局，是广告活动的重点，要全力以赴，绝不可主次颠倒而片面追求次要目标。在一定条件下，为了整体利益的需要，在广告传播活动中不得不放弃次要目标，来保证主要目标的顺利实现。

5.按广告目标的期限可分为长期目标、中期目标和短期目标

目标一经确立，就必须确定实现目标的具体指标和起止时间，以使目标可以控制、执行和检测。如果某项目标无法计量时，应采用“项目进度表”的方式标明目标的实现情况。例如，某企业的广告目标是提高产品的形象。此时，企业在一个月内收到消费者对本产品不满和疑虑的信件共100件，经过一定时期的广告传播，消费者的不满和疑虑的信件减少到15件，消除不满和疑虑的信件为50件，甚至对本产品有了好感而增强了使用信心的信件为35件。据此，企业可以通过对广告传播效果前后对比的方式，评估广告目标——产品形象的提升达成效果。

总之，广告创意的前期工作就是要充分重视广告目标的确立过程及其相关内容。没有目标的广告创意是毫无意义的创意，缺乏衡量指标的广告目标是没有任何价值的目标。

三、确立广告目标的原则

广告主在确立广告目标时所注重的基本原则至少应包括以下五个方面。

1. 目标应是清晰的

清晰的广告目标有助于广告主与广告代理商之间的沟通，为双方的成功合作打下良好的基础。清晰的广告目标也有助于广告主与广告代理商双方在广告活动的过程中就具体的工作方法达成共识。

2. 目标应是明确的

明确的目标应该是可以测量的，并可以说明变化趋势和期望市场或受众发生变化的时间期限。

首先，广告目标应该可以测定。例如，如果一个广告目标的指标之一是“改变某品牌现状的市场颓势”，也许这种表述恰当地反映了该品牌的真实情况，但“颓势”这个词是模糊的，无法予以测定和判断，因而是不可取的。明确的表述是“恢复某品牌的市场盈利能力”，因为这种表述包含有变量“盈利能力”，并通过可以具体操作的测量标准对销售利润、资产回报等予以评估。

其次，广告目标变量的变化趋势应该可以界定。如通过广告活动后的产品(品牌)的市场销售额和生产份额期望提高多少。无论从理论上还是从实践上看，广告活动的结果很少是完全有效或是完全无效的。如果有足够的广告投入，广告总能导致市场发生一些变化。问题是这种变化是不是广告主所期望的，它是不是广告主愿意为之花费有限的资源而引起的变化？除非广告主与广告代理商达成一致意见，否则他们并不清楚自己究竟想要获得什么，也不清楚自己究竟应该通过什么方法去获得。例如，上述案例的“恢复某品牌的市场盈利能力”的广告目标仍然是不明确的，因为它没有表述清楚期望变化的程度。

最后，广告目标应该对实现其目标所需的时间期限予以界定。多数广告代理商不愿意受表述明确的目标限制，往往有意识地向广告主灌输“广告可以在不确定的时间里起到长期的作用”，这个“长期的”概念意味着几个月或是几年。但是，经过实证的研究数据表明，受众对广告的反应如果不在早期(最初的几周或一个月)发生，就永远不会发生。

3. 目标制定应考虑环境因素

任何目标的制定都不是主观臆断的结果，而是建立在对广告主所处的内外环境进行周密调查研究的基础之上的结果。因此，设立广告目标时应审时度势，避免使目标成为空中楼阁。具体而言，对于内部环境，广告目标要考虑传播目标和战略、营销目的和营销目标、财务计划目标、企业其他经营活动目标和战略等相关因素；对于外部环境，广告目标要考虑人口、政治、经济、技术、文化和法律等宏观环境的制约作用，还要考虑竞争对手和中间商的战略和策略、目标受众的心理和行为、广告环境等微观环境的变化。

4. 目标制定应考虑可行性和合理性

广告目标的可行性是指在制定目标时要从实际出发，要慎重看待主客观条件的制约，不能脱离实际条件异想天开。广告目标的合理性是指在制定目标时要适度，要留有余地。目标过高容易使人望而生畏；目标过低，则又不宜发挥广告人员的主动性和积极性，要对二者进行统筹考虑，以保持适当的弹性。

5. 目标制定应注意综合平衡以保持相对稳定

广告目标是一个综合体系，由多种目标共同构成。同时，广告目标又是企业营销目的和营销目标体系的有机组成部分。因此，在广告的此目标与彼目标之间、广告目标与企业的营销目标之间，应保持协调与统一的关系，既不能彼此分离，又不能顾此失彼，要注意目标体系的综合平衡。同时，广告目标一经确立，就要保持与环境的协调。当企业的内部或外部环境发生重大变化时，应及时调整广告目标以适应形势的变化。

第二节 制定广告目标的策略

广告主在确定自己的广告目标时，应根据自身的产品品牌的特点、市场竞争态势的分析和判断、目标消费者对本品牌的认知状况及其消费模式等因时因地因人而异。以下是一些常用的广告目标及其围绕不同的广告目标所采取的若干种广告诉求方法。

一、制定广告目标的基本策略

1.从其他品牌吸引新顾客

如图4-4显示，市场分为三个部分：E群体为现在购买本品牌商品的目标消费者。E群体的消费者有一部分只购买本品牌商品(本品牌的忠实顾客)，但更多的消费者也购买其他品牌商品(本品牌的游移顾客)。这一方面可能是品牌间的差别不大，另一方面可能是因为这些人对不同的需求倾向于不同品牌。无论如何，E群体的消费者都购买本品牌商品。O群体为购买其他品牌商品而不购买本品牌商品的消费者。一些消费者忠诚于其他品牌的商品，另一些消费者则在其他不同品牌之间转换，但都不购买本品牌商品。N群体的消费者可能购买咖啡、计算机或其他任何与他们有关的商品，但不购买任何本品牌中的任何一种商品。

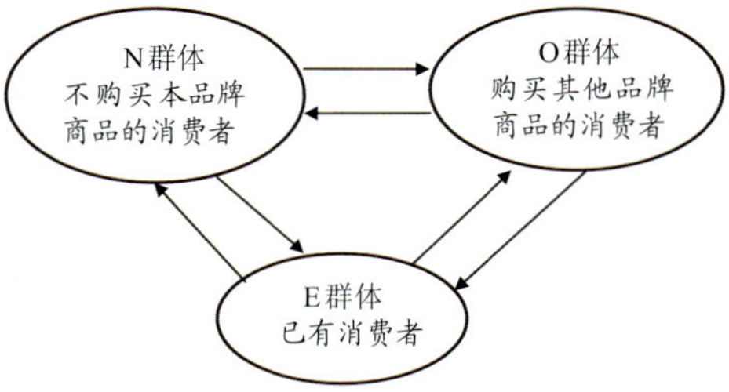

图4-4 消费者类型

如果将广告目标集中于增加E群体的消费者数量，具体传播策略主要有三种：

一是吸引O群体的消费者尝试购买本品牌商品。比如，招商银行的信用卡将其广告活动针对O群体成员(深圳发展银行信用卡持卡人)。前提是其他品牌的服务项目及营销策略有许多不足之处，否则，这种方法难有成效。因此，在目标确定的过程中，应努力寻找出竞争对手中对所使用商品极为不满的顾客，将他们确定为“可拉拢”的目标对象。招商银行根据深发展信用卡持卡人中的一部分人看重招商银行优惠商户手册在更多场合使用的优越性的需求，确定这部分人群为广告传播的重点目标。确定这部分人群为目标对象既可以最大限度地降低运作成本，又比将全部深发展信用卡持卡人定为目标对象更为有效。

二是吸收竞争对手中那些在未来几年中购买量最有可能上升的消费者，或者是利润最为丰厚的消费者。对于许多商品大类而言，约有20%的消费者(主要顾客)可以为企业创造50%的销售利润。显然，大多数企业往往愿意花较大的投入去努力争取这些消费者成为本品牌商品的使用者。

三是从目前不使用本品牌商品的N群体中吸引消费者。百事可乐公司认为，吸引那些在早上喝咖啡的年轻人改喝百事可乐比从可口可乐的消费群体中吸引顾客更加容易。这种被称为“基本需求的方法”对像“达能”这样在同产品类别中占有主要地位的大公司尤其有价值。(图4-1)在某一行业中的这种强势企业由于其占有更大的市场份额、更广的销售渠道、更强的铺货能力和更高的市场认知度，当它们的某类产品向市场推出时，最容易被消费者接受。相反，这种方法对小公司却不太适合，因为采取这种方法要冒N群体消费者被其他更大的竞争者吸引走的风险。例如，一个生产移动电话的小公司，如果做广告向受众传播移动电话对个人事务和商业事务的用途，这只能是浪费金钱而毫无效果。

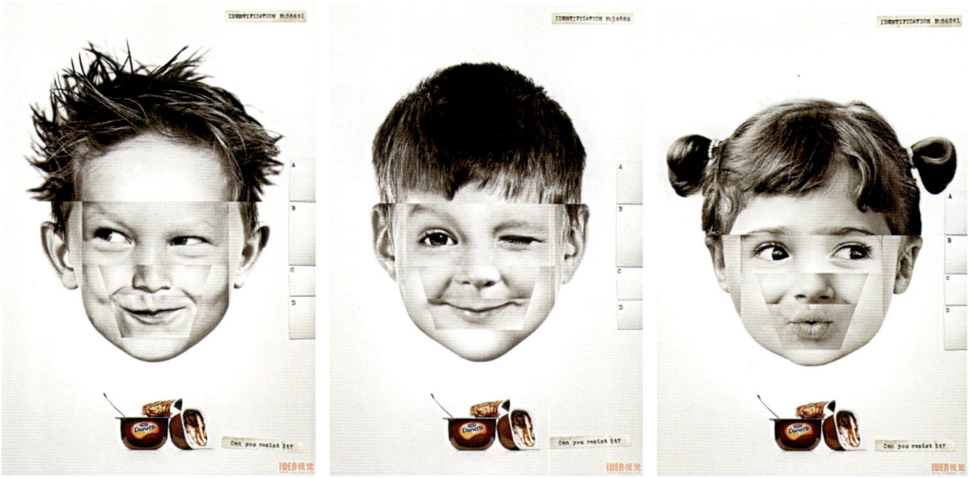

图4-5　Can you resist it?(达能产品的平面广告作品)

达能作为国际著名品牌，消费者对其产品早已耳熟能详，其广告的创意一般都不着眼于具体的产品信息，而是传播品牌的信息。该广告的诉求主题是“你能抗拒吗？”其广告画面分别使用了三个目标消费对象在喝了达能酸奶之后满足、调皮和自得的表情，活脱脱地将达能酸奶与目标消费者的关系及其作用真实而生动地表现出来，极具诱惑力。

2.增加需求份额

在许多商品类别中，消费者常常并不只有一个钟情的品牌，他们往往根据商品的价格折扣、品牌影响力、消费习惯等相关因素，将不同的需求分配在不同的品牌上，通过不同的品牌来满足不同的需求。也就是说，他们确实对一些品牌比较偏爱，但偏爱的绝不止一个。因此，一些消费者可能不断在本品牌商品和其他品牌商品之间游移，也就是人们所说的朝三暮四。面对这种情况，企业可以考虑采取新的营销方法。例如，某一消费者可能在一个月当中购买了三种不同品牌的香皂，或以三种不同的信用卡购物。这样，某一招商银行信用卡就可以展开有针对性的促销活动：“每使用招商银行信用卡一次，您就将自动参加我们的抽奖活动，多用多抽”。这个广告的目的并不是要吸引新的顾客，而是使已有的顾客的需求份额向某一特定品牌倾斜。

3.增加品牌忠诚度，减少摩擦和降低价格弹性

对许多广告主而言，在大多数情况下其市场竞争的策略仍然是以防御为主。因为在激烈的市场竞争中，并不仅仅只有本品牌在利用广告的方式开展营销传播活动。事实上，本品牌所有的竞争者都在力图争夺本品牌的消费者，并以此来提高消费者对他们品牌的需求份额。因此，广告活动的目标在更多的情况下是在巩固本品牌已有的市场，即强化和巩固本品牌目前顾客的忠诚度而不使其三心二意。研究结果表明，广告的重要作用之一是加强和巩固现有顾客对本品牌的忠诚度。

如果发现本品牌存在特别高的摩擦率(如较低的再购买率)，就应努力采取行动减少E群体向O群体的流动，目标是减少E群体的消费者尝试其他品牌并最终停止消费该品牌。拥有国际知名品牌的企业还将密切关注E群体向N群体的流动可能，并导致现有的消费者逐步退出这一市场。

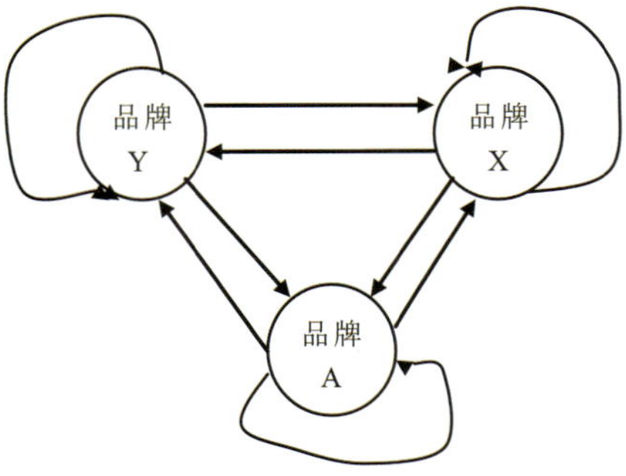

图4-6　现有消费者的品牌转换

正如前述，E群体的消费者既是本品牌的消费者，同时也是本品牌竞争对手的消费者。即在E群体消费者中，部分消费者对本品牌非常忠诚，即使有时从竞争对手那里购买商品，也只是偶尔为之。对于这些消费者，广告目标就应该是使他们保持对本品牌的忠诚度，保持对本品牌的重复购买率，减少他们购买竞争对手品牌的商品，广告的创作应努力向他们表明本品牌商品的重要特征或是强化本品牌商品的使用经验。

另外，也可以利用一些特定的促销方法。如对重复购买本品牌商品的消费者给予奖励或优惠等。企业应想方设法为目标消费者创造“转换成本”来减少摩擦率。

最后一个方法是，通过降低目标消费者的价格敏感度来增加目标消费者对本品牌的忠诚度。广告主可以一方面通过相关活动来强化目标消费者的品牌忠诚，另一方面则采取提高商品售价(或减少折扣)来提高商品的收益率。不过，对于广告在实际降低现有消费者价格弹性或敏感度的能力方面究竟会产生多大效果，目前广告专业人士仍然没有一致的看法。

4.增加产品使用量

在确定广告目标的内容时，还可以考虑通过使消费者增加对本类别商品的使用量来扩大商品的销售。这对于食品、饮料和化妆品等行业的市场领导者品牌而言更加有效。如宝洁公司的玉兰油产品占有40% 左右的市场份额时，整个市场的增长也趋缓慢，玉兰油产品就通过广告诉求使其消费者相信增加化妆品的使用次数可以更好地护理皮肤，来增加市场的整体消费数量。虽然这种诉求不仅仅只有玉兰油一家公司得益，但由于玉兰油在化妆品市场的领导地位，其运用这种方法所取得的销售增长还是会占到整个市场销售增长的40%。(图4–7)

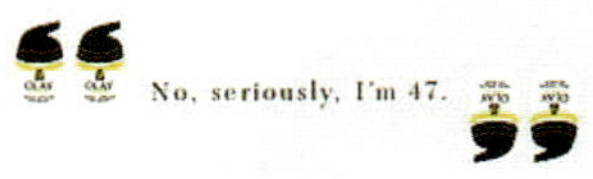

图4–7　玉兰油平面广告作品

玉兰油的这幅广告创意作品敢于创新、敢于突破。文案“不，认真地说，我今年47岁。”直接道出了使用玉兰油的消费者的真实年龄。显然，许多人误以为她只有30来岁。对于女人而言，还有什么能够使别人误以为自己的外貌年龄远低于自己的实际年龄更让自己感到心满意足呢？

另外，广告的目标除了要吸引目标消费者购买更多的本品牌商品之外，还应该试图影响或改变目标消费者的长期消费习惯。这样，至少对某些消费者而言，可以促使其增加对商品使用次数的行为得以延续，广告活动的价值也因此而得以彰显。

二、提高品牌回忆度

提高品牌回忆度是指通过有效的广告诉求使目标消费者能够对本品牌名称保持较为深刻的记忆。毋庸置疑，广告主当然希望自己的品牌能够在目标消费者的心里占据相当重要的位置，至少也要在考虑组里占据一席之地。考虑组是指目标消费者在想起某类商品或服务时(如家电、服装、饮料、牙膏、洗发水等)大脑里不假思索地迅速想到一小组品牌名称(通常不超过7个)。在商品势均力敌(即品牌之间没有重大差别，如牙膏)或商品、服务的技术含量相对较低的情况下，消费者能想起的第一品牌往往就是其准备购买的品牌，而回忆度最高的品牌往往又是最流行的品牌。品牌记忆的方便性可以使消费者从中感受到流行感、期望值甚至优越感。那么，应该如何提高目标消费者对品牌名称的回忆度呢？以下是几种常用的方法。

1. 重复

重复是一种十分简单的方法，这种方法经过大量的实践证明是行之有效的，

通过重复可以使目标消费者更容易对品牌名称产生记忆并保持记忆。要做到广告诉求的重复，广告主可以购买大量的媒体广告时间和空间，以便同一条广告连续重复三次；或者在广告诉求中多次(三次)重复品牌名称。研究资料表明，重复的次数越多，品牌名称就越容易被目标消费者记住。当目标消费者站在洗涤用品货架前的时候，他们不可能对琳琅满目、五花八门的产品的不同特性逐一进行仔细的比较、分析和判断，然后再作出购买决定。这时，他们大脑里能够回忆起的品牌名称(一种先入为主的判断)或习惯(这种情况更常见)在驱使其作出购买决定时就起着关键作用。因此，品牌名称如果能够进入目标消费者的考虑组，广告主就可以使自己的产品更为消费者所接受。这种重复的广告方法在努力保持现有消费者的同时，还能够争取新的消费者，而且，对后者所起的作用似乎更大一些。

2. 广告口号与歌谣

广告口号是一种通过简单的节奏和韵律或其他元素将品牌名称与令人难忘的意象联系到一起的语言技巧。如M&M巧克力糖只融在口不溶在手的广告语已经使用了约40年。又如耐克的想做就做、李宁的让改变发生、苹果电脑的与众不同的想法、麦斯威尔咖啡的好东西要与好朋友分享等广告口号，都是很成功的例子。

歌谣的创作方法与广告口号的创作方法基本相同，只是配上了音乐。如人们耳熟能详的今年过年不收礼，收礼只收脑白金等。

三、逐渐培养目标消费者的品牌偏好

广告主普遍都会设定品牌偏好目标，他们希望目标消费者喜欢(最好偏爱)自己的品牌。喜欢的衡量标准是态度，表现的方式是通过感觉来影响目标消费者的态度。具体的方法有以下几种。

1. 情感广告

情感广告是指通过营造和渲染人与人之间美好的情感来与品牌发生或明或暗的联系，使目标受众将对广告作品本身的欣赏和喜爱转移到广告所诉求的品牌上来。这种看似简单的习惯性爱屋及乌思维实际上在理论上和实践上都比人们想象的要复杂，而且也更有争议性。但是通过这种创作方法，广告主却可以引导目标消费者将这些好感与广告诉求的品牌联系起来，进而使他们更有可能购买自己品牌。

不过，这种诉求方法的效果究竟如何，目前还无从得知。目标受众对广告本身的欣赏和喜爱也许会转移为对广告商品的认可，但也有可能会因此而干扰受众对广告商品的关注。也就是说，受众被感动了一把，但容易忽略被谁感动。喜欢广告创意并不等于喜欢广告中的商品，不过，如果在广告创意过程中有意识地注意避免出现此种问题，相信这种方法还是有相当大的作用的。

消费者的好感到底是如何形成的，也没有统一的答案。更多的学者相信好感是受众对事物最终理解的结果，只是这种对事物理解的方式因人而异：有的受众可能通过相当简单的联想来完成理解，有的受众则可能通过比较复杂周密的思考来完成理解。从总体上说，人类的理解过程是非常复杂的。人类可以在瞬间理解充满了符号、暗示、玩笑等内容的复杂的广告诉求内容。虽然目前还不清楚为什么有些情感诉求的广告效果极佳，而有的情感诉求的广告却一无所获，但有一点可以肯定，即对潜在目标消费者的社会背景给予更多的关注，对他们“理解”广告的方法给予更多的关注，这对提高广告的效果至关重要。

2. 幽默广告

从逐渐培养目标消费者的品牌偏好的角

度而言，幽默广告的目的与情感广告的目的完全一样。但从影响目标受众对广告品牌的心理过程来看，幽默本身却是另外一种广告诉求的方法，即在广告中采用幽默方法的目的是为了使受众对广告商品产生轻松、愉快、难忘的品牌联想。调查显示，幽默广告的效果不如情感诉求广告的效果那么具有冲击力。如某人向他的朋友谈论自己非常喜欢的广告，朋友们被广告的情节逗得哈哈大笑，之后，也许会有朋友说："我虽然不记得那是什么广告，但这条广告的创意太棒了！"显然，这不能算是一条优秀的广告，因为受众记住的是广告中的笑料情节，而不是最为关键的也是受众最应该记住的品牌，这当然是令人难堪的事情。所以，采用幽默广告的创作方法一定要将幽默成分与广告商品予以有机地整合，并使两者彼此不可分割，这样，广告诉求将肯定可以使目标受众更好地将记忆与幽默和品牌名称联系在一起。(图4–8)

图4–8　内衣平面广告作品

这是一则典型的幽默广告创意作品，受众刚开始看这个广告画面时可能会莫名其妙，实在弄不明白内衣与灭火器两者之间有什么关系。但是仔细一想，便会恍然大悟，并忍俊不禁：是啊，如果一个女人穿上如此性感的内衣，恐怕所有的男士都要欲火焚身。怎么办？事先准备好灭火器，以防不测。

重要术语

营销目标	广告目的	广告目标
中间变量	品牌回忆度	考虑组
情感广告	幽默广告	性感广告
恐惧广告	推理式广告	强推式广告
比较广告	信息式广告	证言广告
演示广告	评论式广告	

推荐书目

1. 杜卡.广告目标与效果测定〔M〕.郭贞，译.呼和浩特：内蒙古人民出版社，1998.
2. 琼斯.广告何时有效〔M〕.杨忠川，译.呼和浩特：内蒙古人民出版社，1998.
3. 黄京华，陈素白，谢俊.广告调查与数据库应用〔M〕.长沙：中南大学出版社，2003.
4. 威廉姆斯赫尔斯特，马克.当代广告运作〔M〕.周伏平，译.北京：企业管理出版社，2001.
5. 杨朝阳.广告战略〔M〕.呼和浩特：内蒙古人民出版社，2000.
6. 杨朝阳.广告企划〔M〕.呼和浩特：内蒙古人民出版社，2000.
7. Gerard Tellis.广告与销售战略〔M〕.张红霞，译.昆明：云南大学出版社，2001.

思考练习

1. 请收集当地的房地产、汽车或银行组织近期发布的广告，从广告作品中分析这些广告传播的目标是什么？以及这些广告传播的目标与实际的市场销售是否吻合？
2. 如果你是某产品目标市场的一员，你对其产品的广告诉求内容会相信吗？为什么？从策略的角度讲，有什么其他的方法可以解决问题？

第五章　提炼主题——广告创意的诉求概念

广告创意的本质是从抽象的概念转化为具象的符号的过程。在这一转换过程中，广告创意除了需要精彩的构思之外，更需要广告创意人员根据目标消费者的需求和广告商品的特点以及竞争商品的诉求概念，精心提炼出能够在瞬间引起目标消费者的注意，甚至能够激发其强烈的购买欲望的诉求概念。本章将重点讨论筛选、提炼广告创意的概念、主题的基本策略和方法。

本章的学习目标

■ 了解　广告活动的基本流程
■ 掌握　广告创意概念和主题的提炼方法
■ 理解　广告创意在执行时的关键要点
■ 认识　广告创意提案的主要环节

第一节　广告创意的基本环节

广告创意是属于比较感性的形象思维活动，因此，从理论上说，似乎这种活动的过程不应该固化为一种什么模式或流程。但是，任何一家广告公司都必须承认自己所从事的工作首先是商业活动，其次才是艺术活动。而商业活动的第一要义就是效率和利润。因此，大多数广告公司，尤其是规模较大的国际4A公司，非常强调广告创意的模式与流程，以尽可能提高其广告创意环节的作业效率。笔者并不认为这种模式和流程就一定是广告创意的唯一的最佳方法。不同的公司，甚至不同的创意人员尽可以根据自己的特点总结出最有效果的创意作业方法。

一、广告创意的作业程序

1.广告创意的过程模型

从理论上对广告创意的过程进行分析，正如笔者在第一章对广告创意的本质进行界定时所表述的：所谓广告创意，即是广告人员根据广告传播策略，对抽象的商品(品牌)诉求概念加以提炼为物质层面的功能特征或精神层面的价值观念，并将之转换为具象的视觉符号，以求达成理想的传播效果的创造性的形象思维活动。该思维活动实际上就是一种加工与提炼的过程，我们可以图5–1的双漏斗模型予以图解。[①]

①威廉姆斯赫尔斯特，马克.当代广告运作〔M〕.周伏平，译.北京：企业管理出版社，2001：242.

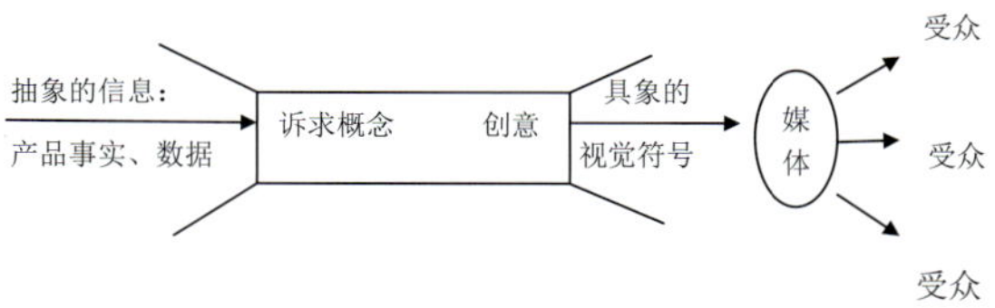

图 5–1 广告创意的双漏斗模型

此模型是一个两端开口的漏斗，其进口处输入的是有关产品的抽象的信息，如产品的质量、价格、功能等，这些信息进入漏斗后，创意人员首先要对其进行加工并提炼出一个明确的诉求概念，之后，再将诉求概念转化成具象的视觉符号，从漏斗的另一端流出，通过媒体将生动而形象的广告诉求信息传播给目标受众。在这个创意思维的模式中，抽象的产品信息的输入是创意的前提，因为从理论上说，输入信息的数量和质量在很大程度上影响着输出的(创意)具象的视觉符号质量的高低。注意，笔者在这里所使用的是“影响”而不是“决定”这个词汇。因为，广告创意的思维活动具有不可复制性和再生性，不可预知，这使广告创意更增添了无穷的魅力。也就是说，完全相同的信息输入不同广告人的大脑，其加工提炼出来的绝对是完全不同的创意(视觉符号)，而且，任何人，哪怕是杰出的广告人，也不敢保证每一次的广告创意都一定是最优秀的作品。

2.广告创意的一般程序

由于规模、体制和管理上的差异，广告公司在创意的程序上也会有所不同。但总体而言，广告公司的创意程序大体都是从客户部(或策划部)提出创意简报开始，到创作部确定创意概念并创作出广告作品为止，具体流程见图5–2、图5–3：

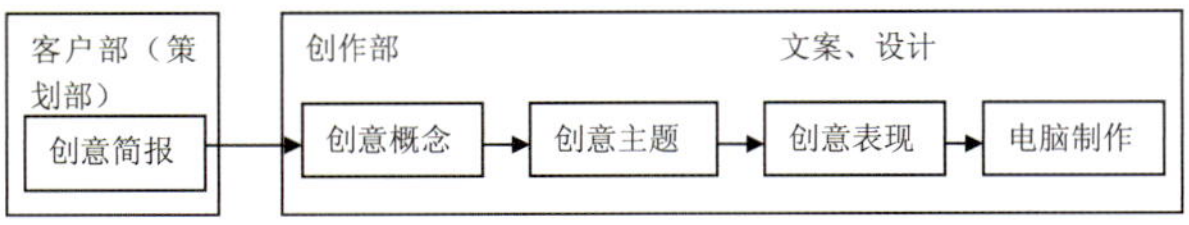

图5–2 平面广告创意流程

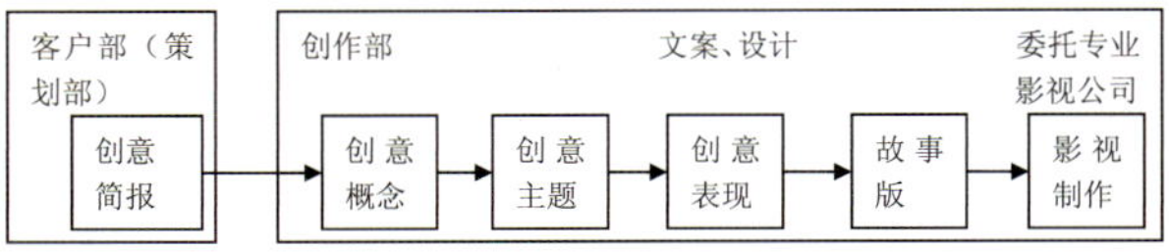

图5–3 影视广告创意流程

3.广告创意的人员构成

要了解广告创意人员由哪些人构成，就有必要了解广告代理公司的基本架构。广告公司的组织架构主要有两种：一种比较传统，可以称为资源集中式管理模式。这种模式的长处是可以将公司的人力和物力加以集中整合利用，便于公司的有效管理；短处是容易造成公司内部的沟通障碍，影响工作效率。如图5–4。

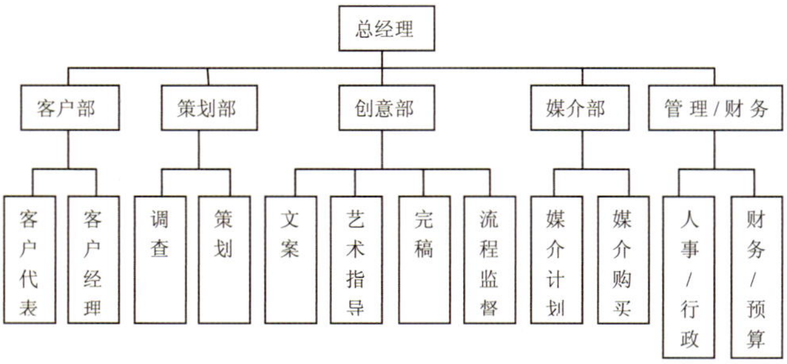

图5–4 广告公司资源集中管理模式

另一种是比较现代的运作方式：小组作业中心制。即根据客户的服务要求，将公司的工作人员划分为若干个创意小组，每个小组独立负责一个或几个客户的品牌广告传播活动。创意小组的成员由客户代表(AE)、文案、艺术指导等构成。该模式的最大优点是每一个客户都有专人专责处理，服务品质可以得到保证，而且公司也可以充分掌握每个客户广告业务的进展情况，并根据客户业务量的增加或萎缩来适时地调整公司规模。但该运作模式也有短处，即由于每个客户的广告的投放规模大小不一，有可能导致各创意小组资源的分配不均，从而造成小组之间的冲突。有时，客户也可能对为自己服务的创意小组的能力表示怀疑，而更倾向于其他创意小组并进而对广告公司失去信任，中止合作。(图5–5)

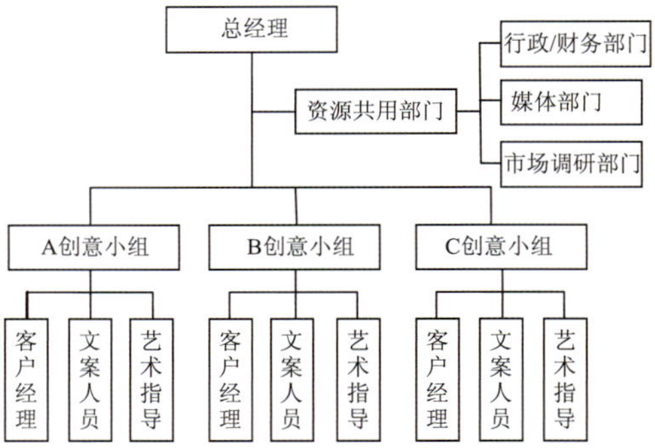

图5–5 广告公司小组作业管理模式

由此可以看出，由于广告公司的组织形态不同，创意人员的构成情况也就不同。在资源集中式的广告公司里，创意人员的构成比较单一，而创意也成为他们的一项专业的工作。而在小组作业式的广告公司里，创意人员包含了客户代表、文案和艺术指导，创意工作是由上述三者共同执行和完成的。应该说，后者的人员构成更科学、更合理。

二、创意简报

1.创意简报的作用

正规的广告公司大都要求客户部或策划

部将客户的相关资料及创意要求通过创意简报的形式向创作部门作文字的介绍。其作用有以下几个方面：

(1) 规范管理公司内部的业务流程

创意简报除了以文字的形式反映客户的基本情况和客户(策划)部对广告活动的基本判断之外，还有对创意作业的时间要求及客户(策划)部和创作部负责人的签名，以使公司内部的业务顺利衔接、责任明晰。

(2) 为创意人员提供创意方向

客户部门是广告公司与客户之间的桥梁，更确切地说，是客户与创意部之间的桥梁。由于客户部与客户有着广泛而深入的沟通和交流，对客户的想法及客户的产品的现状均有比较全面的认识。这种认识十分有利于客户部的人员形成对客户广告活动的基本判断，虽然这种判断并不是那么具体和清晰，但对于创意人员而言则是提供了比较明晰的创意方向，对于提高创意的效率起着至关重要的作用。

2. 创意简报的八个问题

不同广告公司的创意简报大同小异。表5-1是智威汤逊广告公司的创意简报样本。

表5-1 智威汤逊的创意简报样本

客户	品牌
1、广告必须面对的机会或问题是什么？	
2、广告发布之后我们要让消费者做什么？	
3、我们要对谁传播？	
4、从广告中我们想得到什么反应？	
5、什么信息特性有助于产生这种反应？	
6、广告应表达品牌个性中的哪些方面？	
7、有媒介或预算的考虑吗？	
8、广告还有其他方面的帮助吗？	
书写：	日期
批准：	日期

该简报中的八个问题可做如下的解释：

第一，广告必须面对的机会或问题是什么？

通过广告我们是想改变和加强目标消费者的哪些看法？应具体列出目标消费者的观点。在写简报时，应注意不要直接引用统计数据，因为创意人员对统计数据没有直观的理解。

第二，广告发布之后我们要让消费者做什么？

我们要让目标消费者立刻采取行动，还是在寻找更多的信息？或是设法使消费者承认本品牌与他们的需求密切相关，把广告引入意识形态的领域以试图改变目标消费者的态度？亦或是将广告的传播主题与以前的广告主题和风格保持一致？在这些问题上需要参考广告效果的衡量标准，切不可把广告效果和消费者的反应相互混淆。

第三，我们要对谁传播？

应对目标消费群体进行详实地描述。他们是谁？他们做什么？他们对整个产品类的感觉是什么？为什么他们是目标群体？由于目标群体是真实存在的人，因此必须用生活中的语言对目标群体进行描述。

第四，从广告中我们想得到什么反应？

广告发布后，我们最希望目标消费者注意、信奉或感觉到什么，这将有利于我们从众多的竞争品牌中区别出我们的品牌。另外，目标消费者又将如何把这种不同之处予以表达？值得注意的是，目标消费者的这种反应并不是你给消费者什么，而是消费者自己所感觉到的一种判断。

第五，什么信息特性有助于产生这种反应？

这种信息特征可能是本品牌的重要的功能或物理特性，也可能是品牌用以满足用户的心理或情感的东西，但这些信息绝不应该是品牌所有特征的罗列。诉求的信息必须直接和目标消费者的反应有关。

第六，广告应表达品牌个性中的哪些方面？

广告应重点强调品牌特征中的哪个独到

住处？应考虑用单一的语句表述出品牌的个性特质。

第七，有媒介或预算的考虑吗？

应考虑在广告创意中是否有媒介、广告长度或篇幅、制作预算等方面的限制，如果没有，就可考虑为创意出有震撼力的广告做准备。

第八，广告还有其他方面的事情吗？

比如还有其他影响广告创意方面的信息吗？如促销计划、公共关系、法律限制、公司的其他社会资源等。

3.撰写创意简报的基本原则

(1)尽可能用消费者的眼光看待品牌

撰写者应把自己置身于目标消费者之中，尽可能想象目标消费者面对品牌是如何思考的。甚至用目标消费者而不是用广告人的表达方式撰写。

(2)创意简报的首要受众是创意小组

创意简报的读者主要是创意小组人员，因此，创意简报的撰写必须把撰写者的意图、判断和结论以非常明晰的语言表述清楚，要让创意人员明白和理解撰写者的真实意思。切不可出现模棱两可、含糊其辞的语句。

(3)单一主张

创意简报的撰写内容应尽量简洁，过多的信息只能使人不知所云。客户(策划)部的人员的一项重要的工作就是将客户的品牌信息进行归纳和提炼，以便创意人员能够根据提炼的信息展开想象，将抽象的信息转换成具象的视觉符号。

第二节 广告创意主题的确定

广告创意的过程主要是按照创意概念的提炼、创意主题的确立再到创意的具体表现这几个环节展开的。许多人认为广告创意是灵光乍现，根本不需要理性思维。其实，广告创意与纯艺术创作的最大区别就在于前者的创意具有明确的目的性和客观的限制性，而后者则具有明显的非目的性和强烈的主观随意性。广告创意必须在理性和逻辑思维的规范下使创意构思活动更有效率。

一、广告的创意概念

1.创意概念的作用

创意简报为创意活动的展开规定了大致方向，创意概念的确立则可以使创意的想象活动有一个“根”，而不再虚无缥缈、信马由缰、胡思乱想。所谓万变不离其宗，这个宗就是创意概念。**创意概念，是指广告主通过广告活动向消费者传播品牌所能带给消费者的最核心的利益(物质的或精神的)诉求点。**

比如，大众Polo的创意概念即为“结实”，其创意表现自然就要围绕这一概念而展开。其创意过程如图5-6所示：

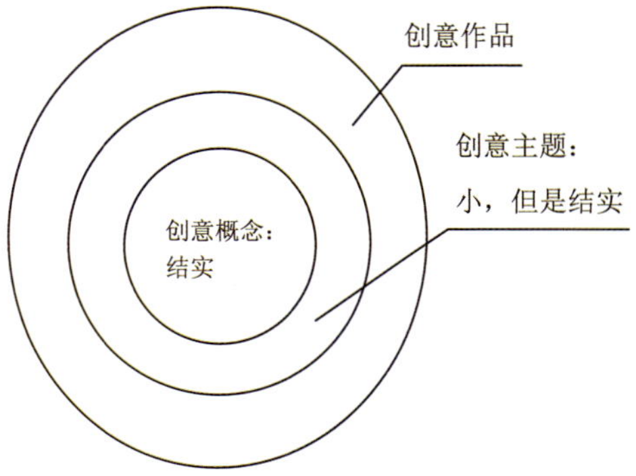

图5-6 创意概念是广告传播的核心

创意概念实际上就是要解决“说什么”的问题。一条广告只能传递一个信息，在信息大量冗余的今天，受众也只能记住一条广告中最为关键的信息。所以，能否提炼出一个准确的并有竞争力的创意概念，是广告创意活动能否成功的关键。(图5-7)

图5-7 Polo轿车平面广告作品《警察篇》《停车篇》《车库篇》

此广告创意的概念非常清楚，结实，其画面的视觉符号非常清楚地表现出了Polo轿车的“结实”这一诉求概念。如《警察篇》的创意构思与第一章图1-4的作品几乎一样，只是画面拍摄的角度有所不同而已；《停车篇》则是反向思考，没有直接诉求Polo轿车的结实，而是将城市中的灯杆、墙面等贴上小心易碎的警示条，警示谁呢？当然是警示Polo轿车；画面简洁、通俗易懂。

2. 创意概念的提炼

(1) 检讨原创意概念

广告创意人员在进行广告创意概念的提炼之前，由于客户的广告基础情况不同，创意人员在对概念进行提炼的过程中所使用的方法也不尽相同。大体而言，客户的广告基础只有两种可能：一是过去没有做过广告传播活动，必须提炼一个全新的创意概念；二是过去曾经做过较大规模的广告传播活动，并且对已经确立的创意概念传播了一定的时间。

对于第一种可能，创意人员对创意概念的提炼相对简单一些。此时，创意人员就必须在掌握大量客户和目标消费者及竞争对手的资讯的基础上，从产品的物质属性(品质、价格、包装、服务维修、功能等)或精神属性(品牌理念、价值观念、社会地位象征、时尚流行、精神归属)方面的优势或特征逐一进行比较分析，最终提炼出广告创意基本的核心诉求点——创意概念。

第二种可能，就相对复杂一些。此时，创意人员首先要准确地对客户以往的广告传播活动尤其是原创意概念作一个全面而客观的判断，判断的结论也有两种可能：一是原广告传播活动比较成功，其创意概念也比较准确；二是原广告传播活动没有什么成效，原创意概念的提炼也明显不正确。

如果创意人员的判断属于前者，则就应坚持使用原创意概念，其所要考虑的只是如何在创意概念不变的情况下使创意的表现形式更加引起目标消费者的注意和兴趣。比如，Lee牌牛仔服的创意概念是“贴身”，由于种种原因，Lee公司更换了自己的广告代理公司，新接手的广告公司经过全面而深入的分析，认为“贴身”对于Lee牌而言是最能表现品牌个性差异、也是目标消费者最为认可的创意概念，当然就会继续使用“贴身”这样的创意概念。(图5-8)

图5-8 Lee牌牛仔服平面广告作品

“贴身”是Lee牌牛仔服长期坚持的销售主张，也是该品牌的核心诉求概念，该作品的创意同样是沿袭了这一表现主题，其构思谈不上有多好，但至少是将品牌的核心诉求概念传达出来了。

如果创意人员的判断属于后者，则就必须重新提炼创意概念。比如，当年的伯恩巴克接手艾维斯出租车公司的广告业务之后，即对艾维斯公司之前的广告创意概念予以全面否定，并根据当时的市场实际情况，主动将艾维斯出租车公司摆在商场挑战者的地位，提炼出“老二”的创意概念。

(2) 创意概念的具体提炼方法

创意概念的具体提炼方法有二：一是由表及里、去粗取精。二是直接抓住要害，一步到位。

创意概念可以是形而下的物质层面的内容，如海飞丝的“去头屑”；也可以是形而上的精神层面的内容，如飘柔的“自信”。对具体的品牌而言，说物质和说精神并不重要，重要的是要第一个说，而且要能够长期使用，持之以恒。

许多企业非常重视产品的技术改造和工艺革新，但新的技术和工艺很快会被竞争对手模仿或照搬。如果企业在广告传播的创意概念上占得先机，则其他企业就不可能模仿或照搬同样的创意概念了，因为模仿或照搬只会使消费者加深对原品牌的印象。也就是说，跟进的品牌所做的广告是在免费为竞争对手做传播。所以，许多品牌的创意概念一旦确立并坚持不懈地长期使用，其品牌的个性特征就自然使消费者耳熟能详并记忆深刻。如VOLVO轿车的创意(诉求)概念长期使用的就是“安全”，久而久之，VOLVO在消费者的心目中简直就是“安全”的代名词了，而其他品牌的轿车就不适合再使用“安全”作为自己的创意(诉求)概念了。

图5-9 Polo轿车电视广告截图

该广告作品的创意概念是“便宜”，其广告创意的构思自然也就要力图突出并表现这一概念。其情节单纯、构思巧妙、执行也很到位。但最出彩的地方则是由令人惊讶的价格又延伸出的对受众的关爱，并以这种关爱作为广告片的主要情节：两个Polo公司的工作人员在大街上忙活，一个在换上Polo轿车的灯箱广告，另一个则在给灯箱附近的路灯杆绑上海绵等防护装置，以免行人在观看广告时撞上灯杆，在向受众诉求产品信息的同时，表达了广告主对受众的关爱。

创意概念的提炼从不同的角度出发，其概念的使用情况也会有所不同。总体而言，从品牌战略和品牌形象的宏观角度提炼的创意概念，其使用的时间应该尽可能长一些。如可口可乐“快乐”的创意概念推出已近100年了，现在仍在使用。从产品销售的角度出发提炼的创意概念，其使用的时间相对就要短暂一些。如Polo轿车“便宜”的创意概念，并不是该品牌所要塑造的终极形象，而只是力图在短时间内扩大市场销售的营销手段，因此，该创意概念的使用时间就极其有限。（图5-9）

二、广告的创意主题

1.创意主题的概念

创意主题是指对创意概念以高度概括而简洁的语言予以表达，以便向目标消费者传递出产品或品牌的中心诉求内容。如果说“创意概念”所解决的问题是“说什么”的话，那么，“创意主题”就是要解决“怎么说”的问题。

创意主题表现在广告作品当中就是广告口号（广告语）或广告标题。所谓广告语，即反映企业经营理念、品牌价值观念或个性特征并长期和广泛使用的诉求文字。如耐克的Just do it、李宁的让改变发生等。所谓广告标题，即在以单项的广告活动中或某一具体的广告创意作品中的语言文字，使用的时间和范围非常有限。如台湾意识形态广告公司为中兴百货所作的广告标题服装就是高明的政治 政治就是高明的服装、没有性 就没有服装等。无论是广告语还是广告标题，它们都是广告活动或是广告作品的中心诉求内容，广告受众也正是通过广告的中心诉求内容——广告主题来认知和理解广告的诉求信息的。

广告主题一经确立，接下来的广告表现就要围绕主题进行视觉化的图示或演绎。不过，在特殊情况下，譬如视觉的画面处理将广告主题表现得非常清晰、精彩，受众完全可以直接通过形象的画面解读广告主题，此时，广告的主题——表现在作品中的广告语或广告标题也可以不出现。如笔者在前面所举的“奔驰刹车痕”和“沃尔沃双层核桃”等作品均属此例。

2.广告主题的创作

提炼出一个正确的广告创意概念，并不等于自然拥有一个优秀的广告主题。实际上，如果说提炼广告创意概念的过程更具有理性和逻辑色彩的话，那么，从广告主题的创作开始，广告创意就真正进入到了感性和非模式化的创意状态，这也是创意人员最感困难的阶段。此时，创意人员往往会有“费尽移山心力”，却发现仍在原地打转的感觉。许多创意人员在这个阶段呕心沥血地创作几十甚至上百条广告主题（广告语或广告标题），但均被创意总监或客户无情地予以否决。当创意人员忍无可忍地询问创意总监或客户代表“你到底想要什么样的广告主题”时，他们的回答无一例外地必定是“我也不知道”。

这种回答在外行人看来简直就是不讲道理，在业内却是极正常的。事实上，这种回答已经非常清楚地表明了广告主题的创作之难的原因所在，即判断广告主题的创作是否优秀没有一个清晰的标尺，而是凭借一种说不清、道不明的感觉，这种感觉虽然朦胧而模糊，但对于判断那些创意主题与想象中的创意主题之间还有多大差别却是非常清晰而明确的。这就自然给广告主题的创作带有了可遇而不可求、灵光乍现的非理性色彩。

美国广告大师李奥·贝纳先生曾经为绿巨人公司的罐装豌豆创意过一则优秀的广告。该广告的创意过程是：首先，提炼出绿巨人罐装豌豆的创意概念“新鲜”，应该说，提炼出“新鲜”这一概念并没有多大的难度，对于此类农产品而言，可选择的概念本身就非常有限，不说“新鲜”，那就只能说“营养”了。其次，进行广告主题的创作“月光下的收成”。如果说，该产品的创意概念还难以突出产品的个性特征的话，广告主题月光下的收成则立刻使受众感受到浪漫、唯美、朦胧、乡村、田野、月光和清新，犹如一幅画卷展现在眼前，从而对绿巨人罐装豌豆产生了由衷的喜爱。

又如盛世长城国际广告公司为乐百氏纯净水创所作的广告主题“27层净化”，虽然非常简洁，却更突出了产品的独特个性，有效地与同类产品予以区隔，达到了很好的传播效果。

上述案例说明，广告主题的创作是整个广告创意活动的关键点。一次广告活动的成败与否在很大程度上取决于广告创意，而判断一则广告创意作品的优劣则要取决于其是否拥有一个令人拍案叫绝的创意主题。

三、广告的创意表现

1.创意表现的概念

当创意主题确定之后，便进入了广告创意的表现阶段。**所谓广告创意表现，是指将广告主题(广告语或广告标题)抽象的语言符号转化为具象的视(听)觉符号的编码过程，以使编码后的广告作品所诉求的信息更形象、更生动，从而达成理想的传播效果。**(图5-10)

实际上，广告创意的过程就是不断编码(对诉求信息的加工提炼)的过程。其间至少经历了四次编码：第一次是客户部人员在写作“创意简报”的过程中就要自觉不自觉地

图5-10　宝路华手表平面广告创意作品《时间篇》

此作品是中国时报金犊奖的金奖作品，作者虽然是学生，但其创意的构思却非常出色。其创意诉求的概念就是“时间的价值”，这一概念本身并没有什么新意，人人都知道时间的价值是无法计算的。不过，该作品的精彩之处就是把抽象的概念用非常具象的三个画面生动而形象地予以演绎，分别回答了一小时、一分钟和一秒钟的价值。构思巧妙、寓意深刻，语言符号和非语言符号的配合使作品的表现力相得益彰。

将大量的品牌信息予以筛选、浓缩和提炼；第二次是创意人员根据“创意简报”所提供的信息提炼出最核心的诉求点——创意概念；第三次是创意人员沿着创意概念所规定的方向创作出具体的诉求主题——创意主题；第四次则是创意人员将创意主题所传递的关键诉求信息转化成形象、直观的视觉诉求信息。

在这四次的信息编码和提炼与转换中，从诉求信息的角度来看，前两次是将大量的产品(品牌)或与之相关的信息予以筛选、加工，以确定广告诉求的核心内容；后两次则是将诉求的核心内容再次编码，以转换成具体的诉求形式。但从信息编码的角度来看，前三次都是对语言符号的信息予以加工和提

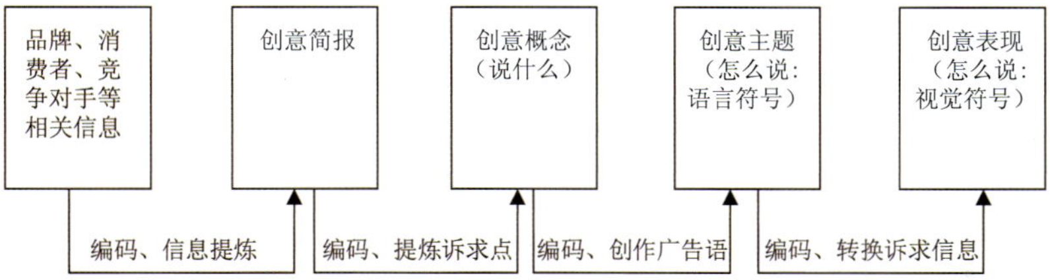

图5-11　广告创意各环节的编码过程

炼，最后一次则是将语言符号的信息转换成非语言符号的视觉信息，也就是广告的创意表现。见图5-11。

2. 创意表现的核心视觉

所谓核心视觉，是指在创意表现的构思过程中，将众多的视听觉元素予以提炼，使之形成最关键的核心元素，并将之运用在不同媒体形态的创意表现作品中，以形成创意表现的统一而完整的视觉风格。

大多数广告主在广告活动的实施中往往都会采用多种传播媒体组合的策略以增强广告诉求信息的到达率。所以，在广告创意的表现过程中，表现的方式就会多种多样，即同时使用平面媒体的表现方式、影视媒体的表现方式、户外媒体的表现方式、网络媒体的变现方式、广播媒体的表现方式等等。也就是说，根据同样的创意主题，创意表现必须同时转换演绎为不同形态的视听觉广告作品。为了使不同形态的广告作品能够有一个统一的视觉形象，就必须事先确定创意表现的核心视觉要素。

如当年李奥·贝纳为万宝路所创意的广告作品，无论其表现形态有诸多不同，其表现的核心视觉元素则是从来不变的，那就是奔放、潇洒、自由的西部牛仔形象。

创意表现的核心视觉元素与创意主题在广告作品中所起的作用是一样的。所不同的是，创意主题是语言符号的核心诉求要素，而核心视觉元素则是非语言符号的关键性表现要素。

第三节　广告创意的执行

广告创意人员在接受客户部所下达的创意任务及创意简报之后，即开始进入对广告创意的具体执行阶段。这一阶段可以进一步细分成构思阶段、表现阶段和提案阶段。

一、构思阶段

广告创意的构思阶段包含两个环节，即说什么(广告概念)和怎么说(广告主题)。这两个环节所要构思的内容有所不同，构思的过程却都要经历导入期、初成期和成熟期。

1. 创意的导入期

创意小组在接受创意项目之后，一般由项目负责人召集小组人员将客户的相关资料和客户部提供的创意简报进行讨论、研究，以使创意人员熟悉和了解客户的情况，并规定下次开创意会的具体时间。

在这段时间，创意人员首先必须去对客户产品的市场状况、竞争态势、消费者购买心理等进行调研或感受。比如，可以从市场信息、竞争者的用户、竞争对手发布的广告等信息中了解它们的诉求策略以及其是否具有独特的销售主张，或者还有哪些可资利用的弱点，还可以了解竞争对手的目标群体的构成情况，他们对竞争产品所欣赏的是什么，所抱怨的又是什么，与竞争对手相比，本品牌具有哪些优势和劣势？等等。另外，创意人员还可以走访经销商、销售代表、商场业务员等，以便了解他们对行业、同类商品品牌的大致看法和判断，消费者在现场购买商品的行为特征等。

同时，创意人员还应该亲自动手对客户

部提供的市场数据进行深入的研究，阅读相关的资料，从专业或非专业的角度增加对产品或服务的认知。比如，如果客户的产品是汽车，就必须查阅与汽车相关的资料，这些资料包括专业杂志、书籍、报纸等。

总之，创意人员在这段时间主要是收集产品的相关资讯，在大量的相关资讯中选择、筛选、酝酿创意概念。

2.创意的初成期

创意的初成期，也就是创意的形成初期(雏形)。这一阶段的创意工作主要是由创意小组的负责人召集创意人员开创意头脑风暴会，通过创意人员的彼此碰撞、交流，形成初步的创意诉求概念和创意诉求主题。

其实，在创意的导入期内，创意人员在对客户产品的相关资讯进行调研的时候，就有可能引发创意构思和创意的火花。但是，这些构思或火花还是非常朦胧和模糊的，这就需要创意人员的相互碰撞使创意的概念愈来愈丰富、愈来愈清晰、愈来愈明确。这种碰撞始于理性而又发散于感性，最后经过理性的审视、比较、推敲使创意概念或主题得以基本确定。(图5-12)

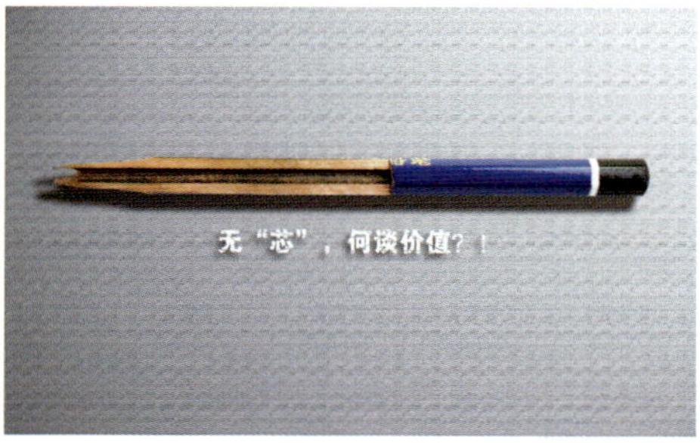

图5-12　公益平面广告创意作品《无“芯”，谈何价值？》

此作品是由笔者的学生创作的，曾获首届中国大学生广告艺术大赛湖北、湖南赛区金奖。该广告创意所思考的社会道德问题非常深刻，敏锐地发现社会道德和价值信仰对一个民族的未来而言是多么的重要。

3.创意的成熟期

这个阶段类似文章撰写完成之后对文字、措词的修改、完善阶段。当创意的构思确定之后，还必须对该构思予以进一步的论证、发挥，甚至是测试，以使创意的概念或主题更符合产品或品牌的诉求策略。具体而言，此阶段大致可分两步进行：一是对创意概念是否符合广告活动的整体传播策略予以研究，如果发现两者不相吻合，就要对创意概念进行调整，以免出现创意概念与品牌传播的总体策略发生偏差；二是对创意的概念进行测试，即对目标消费者进行小范围的意见征询，并根据征询的意见对创意的概念或主题进行修改和完善。

二、广告创意的表现阶段

当创意的概念和主题确定之后，广告创意的执行就进入了表现阶段。此时的广告表现仅仅只是对创意的构思予以大致的视觉化的表现，呈现出草图和画纲，其目的主要是将抽象的构思及时用视觉符号予以固化，以便创意人员对创意构思进行分析、加工、完善。同时，也给客户进行直观而形象的判断。

1.创意表现的形式

创意的构思赖以表现的媒体是平面印刷媒体、广播媒体和影视媒体。创意表现的形式与上述媒体的形式是一致的。

平面媒体的创意表现形式相对比较简单，创意人员或者用手绘草图，或者使用电脑设计，将创意的构思予以表现，其成本也最低廉。

广播媒体的创意表现形式要相对复杂一些，因为广告公司大都没有录音的专业设备。如果使用专业的设备，制作成本就会比较高。一般而言，广告创意人员大多会采用非专业的录音设备将创意构思予以固化，几经修改完善之后，再考虑使用专业录音设备进行创意表现。

影视媒体的创意表现最为复杂，其过程分两步：先是将创意构思制作成故事版，然后再根据故事版使用非专业的DV拍摄成样片。当然，广告公司在具体进行创意的时候，应该根据创意的情节内容和人物表演的难易程度决定是否要进行第二个步骤的样片拍摄。

2. 创意表现的原则

一方面，由于创意表现的目的只是为了使创意的构思视觉化和符号化，其本身也需要不断修改和完善，因此，制作成本应力求节俭。

另一方面，在创意表现的过程中，应指定专人负责，最好由艺术指导对表现的细节全权处理。因为在视觉符号的表现中，涉及诸多的艺术设计的专业知识以及主观色彩比较浓厚的审美情趣，这些内容不太容易达成共识，与其在一些具体的细节上反复纠缠，不如指定专人决断以提高创意的效率。

3. 创意表现的自我审视

当创意表现基本完成之后，还应该对创意的构思或表现进行全方位的自我审视，以使创意尽可能完美。自我审视的内容主要有以下几点：

(1) 创意表现是否符合传播策略

这是创意的基本问题，是广告创意人员经常犯的最低级的错误，后果往往是产品的滞销或退货。因此，如果发现创意与产品的定位、品牌的个性有明显的冲突，要马上更改。

(2) 创意表现是否具有扩张力

创意的作品能否在三秒钟之内抓住受众，让人兴奋、好奇、惊讶或感动？如果不能，说明创意的表现未到火候，应该重新考虑创意的表现方法，包括语言符号和非语言符号的重新构思。

(3) 目标对象是否看得明白

创意表现必须考虑目标对象的接受能力。总体而言，广告创意的表现应尽量通俗易懂。广告创意的终极目的就是要向目标受众传达产品或品牌的相关信息，既然是传达信息，就必须以信息的接受者看懂信息为第一要义。创意人员切不可将卖弄自己的艺术审美修养作为创意表现的主旨。(图5-13)

插图5-13　力元品牌平面广告创意作品《超越不平凡篇》

此为当年笔者在广告公司任职时公司的创意人员为客户所创作的创意构思，创意人员对此作品的自我感觉相当不错，老实说，笔者自己对该作品的设计水准也表示赞赏。问题是，这样的作品受众能看得懂吗？有几个消费者知道罗丹的《思想者》和塞万提斯的《唐吉诃德》？据此，这套作品被笔者"封杀"。有些创意人员在为广告进行创意的时候，总喜欢通过作品来刻意地表现自己的艺术修养，这种心态一方面反映了他们对自己能力的不自信，另一方面也确实说明他们的艺术修养还没到火候。真正的大师级的诗人如李白、白居易等，他们的诗歌能够广为传诵，就是因为语言通俗直白。真正优秀的广告作品同样也应该是通俗易懂，这是衡量广告作品成功与否的重要标准。

(4) 创意表现是否有记忆点

有些广告创意的表现很好看，也很热闹，但看过之后却很难让人能够记住产品或品牌。所以，广告创意的表现应尽可能刻意安排有效的记忆点，记忆点最好要落在产品或品牌的名称上，其次落在品牌的定位或产品定位上。

(5) 可以完美地执行

关于执行有两个问题：一是创意的构思经过执行出来之后会失真(色)多少，二是创意的执行需要多少费用和时间。人的想象力是很丰富的，想得到却做不出的情况比比皆是。创意人员平时自我训练想些疯狂的点子以练习脑力也无可厚非，但要将这种难以执行的创意向客户兜售就有点不负责任了。

至于制作费用和时间也是很现实的问题，站在客户的角度上，创意人员就没有必要去挑战经费不足和时间紧迫的现实。要学会随物赋形，根据具体情况先修正创意表现的构思，使创意的表现更有效率，也更符合客户的利益。

(6) 是否与他人的创意雷同

纯属巧合的创意其实不多。要事先经过仔细的检视，尽量避免此种尴尬。

三、广告创意的提案阶段

创意表现完成之后，下一步就要将创意提交客户审定，这个过程又叫提案。这也是广告创意最关键的阶段。因为，你的广告创意构思和表现再好，但不能获得客户的认可，则等于全部白做。有人说创意再好不如提案说得好。这句话未必全对，但也十分清楚地表明了此阶段工作的重要性。

1.创意提案会

由于广告客户的情况不同，提案会的性质也会有所不同。大体而言，提案会有两种形式：一是广告客户的广告传播代理招标提案会，二是广告公司就广告传播活动当中的某个单项的创意向广告客户进行提案。

前者的提案会参加人数较多，除了广告客户的高层管理人员之外，往往也会有由客户邀请参会的广告界和营销界的专家、学者担任评委。前来提案的广告公司都是广告主初步挑选出来的有一定规模和能力或影响的公司，数量约3至5家，每个广告公司的提案对其能否赢得客户的广告代理权影响重大。所以，此种提案会对广告公司而言既是竞争，又是赢得客户广告业务的一个重要的机会。

后者的提案会则要单纯得多，仅仅是已经与广告客户达成合作关系的广告代理公司单独向客户就某个单项的广告创意进行提案，参会人数仅限于广告代理公司的创意人员、客户代表和广告客户的高层管理人员。

2.创意提案会的准备

为了使提案能够获得通过，创意人员在提案会之前就必须做好充分的准备。

第一，培养提案汇报人。提案汇报人必须同时具备两个方面的能力：一是要对创意的策略有足够的了解，特别是对创意的概念和主题等关键要素非常熟悉；同时，对客户产品的行业现状、竞争对手的广告策略、本创意的背景和过程了如指掌；另外，最好还能够具备一定的艺术设计的审美知识，以便对于创意的表现策略进行深入浅出而又全面形象生动的演绎。二是要具备非常好的语言表达能力，在提案会上汇报时，既能够宏观阐述、层次清楚、逻辑分明，又能够在具体内容上做到形象生动、绘声绘色、妙语连珠；同时，还能够恰到好处地利用肢体语言来增强提案的效果。客观地说，大多数创意人员很难同时具备上述两种能力。广告公司只能有意识地培养一两个创意人员专门担任兼职提案汇报人，从实践中锻炼和提高其语言表达能力。

第二，进行提案彩排。提案汇报会是有时间限制的，如果客户规定提案的时间在15或30分钟之内，汇报人就必须在15或30分钟之内结束汇报。汇报人提前结束汇报显然是不明智的，但超时有可能导致客户和评委焦虑甚至反感，从而影响其对创意的判断，使提案的效果大打折扣。要使创意提案在规定的时间内完成，就必须进行事先彩排。通过彩排，还可以发现提案的哪些内容需要调整，哪些内容需要突出，哪些内容需要省略，汇报人的语言表达是否流畅、清晰，表情和肢体语言是否得当，等等。很重要的提案汇报会，如果在第一次彩排当中发现较多的问题需要修改，那么，就有必要安排第二次彩排，以保证万无一失。

3. 创意提案的程序

虽然提案会的性质有所不同，但提案会的基本程序则是大同小异的，主要有以下几个环节：

第一，提案的预约。广告公司的客户代表应该事先与客户预约和确定提案会的时间、地点（一般是客户的会议室，有的也在宾馆的会议室）、提案的主要内容、参加提案会的主要人员、提案所需要的时间等。预约的方式一般是电话联系，但最好是书面联系。

第二，提前到场做好准备。一般情况下，广告公司的提案人员应该提前30分钟到达提案会场，安装或检查投影设备、调试电脑和投影仪及音响等。汇报人则可以利用这段时间酝酿情绪，以便适时地进入演讲的状态。

第三，正式提案。正式提案由三个部分构成：一是开场白，即先由广告公司的客户代表简单介绍出席本次提案会的人员（姓名和职务），并简略介绍本次提案的主要内容；二是由汇报人开始演讲（示）。汇报人可以是一个人，也可以是两个人，这要根据提案内容的多少来决定。但如果超出三人进行提案，就会使整个提案显得零碎而缺乏连贯性，影响提案效果；三是提案总结，由广告公司的创意总监对本次创意提案作简明扼要的小结，并对汇报人在汇报中可能出现的疏漏予以补充。

第四，提案结束。提案结束后，一般有两种情况：一是提案人员直接离开会场，这种情况主要在广告客户进行招标的时候才会出现；二是客户会对提案的相关内容进行提问，此时，就需要提案人员进行即兴回答、解释和说明。

重要术语

创意简报　　创意概念　　创意主题

创意表现　　创意提案会　　核心视觉

推荐书目

1. 格塞雷，埃伯格．广告创意解码〔M〕．沈吕百，黄振家，译．北京：中国物价出版社，2003.
2. 宋秩铭，庄淑芬，等．观点〔M〕．北京：企业管理出版社，2000.
3. 扬．广告传奇与创意妙招〔M〕．林以德，连瑜清，李淑娟，等，译．呼和浩特：蒙古人民出版社，1998.
4. 黄文博．鸡蛋里挑骨头〔M〕．北京：企业管理出版社，2001.
5. 黄文博．关于创意——我有意见〔M〕．北京：企业管理出版社，2002.
6. 卢泰宏，何佳讯．蔚蓝智慧——读解十大跨国广告公司〔M〕．广州：羊城晚报出版社，2000.
7. 卡普斯．增加19倍销售的广告创意法〔M〕．孟庆姝，武齐，译．呼和浩特：内蒙古人民出版社，2000.
8. 李欣频．诚品副作用〔M〕．台北：新闻文化事业股份有限公司，1998.
9. 李欣频．广告拜物教〔M〕．北京：电子工业出版社，2008.

思考练习

1. 撰写最近所看到的某一个比较熟悉的品牌的创意简报。
2. 根据创意简报的产品或品牌信息，创意一则电视广告作品。

第六章　概念转换——广告创意的思维方式

广告创意是由灵感激发而来，但是每一个资深广告人都会告诉你，灵感这东西是靠不住的，随着截稿日期的迫近，我们不得不如期交出广告创意作品，所以我们就不得不在灵感缺席的时候也有出色的创意。当然，这就需要梳理清楚广告创意的基本思维方式。这些思维方式因人而异，不是什么公式化的东西，只是一些可以激发想象，获得主意的方法。如果能够专心地按照这样的思维方式去工作，那么，富有灵感的想法就会源源不断地浮现脑海。

本章的学习目标

- ■ 了解　思维的本质特征及其一般品质
- ■ 掌握　广告活动最常用的创意思维方法
- ■ 理解　形象型思维方式在广告创意活动中所占有的重要地位
- ■ 掌握　头脑风暴法的运用方式和基本原则

第一节　创意思维概述

广告创意思维是指广告人员以新颖独特的方法解决问题的思维方式。而思维则是人脑的机能和产物，是人类在劳动协作和语言交往的社会实践中产生、发展起来的。它是以语言、符号与形象为载体，间接地、概括性地反映事物本质和规律性的复杂的生理与心理活动。

一、思维的本质特征

1.思维具有自然属性和社会属性

人类的思维无论有多么的抽象、多么的看不见、摸不着，但毕竟是以物质的、人的生理状况为基础的。比如，某人如果健康、朝气蓬勃，则其思维自然敏捷迅速；相反，另一个人已入迟暮之年，步履蹒跚，则其思维自然迟钝缓慢。可见，思维的自然属性为思维的能力形成提供了物质基础。

人的健康状况和个体差异可以明显地制约思维的快慢，但并不能决定思维质量的高低。因为思维的发展方向和水平高低主要取决于个人所身处的社会环境的熏陶、文化传统的吸收、经济状况的影响，特别是其所受教育和家庭出身的影响等。人类凭借自身以思维为核心的智能促进了社会经济和科学文化的发展，而一定的社会经济和科学文化又反过来制约着人们思维发展的程度和继续发展的可能，这就是思维的社会属性。

2.思维具有抽象性和概括性

所谓抽象，即指人的大脑对客观事物进行比较、分析、综合和概括的思维活动。这种思维活动的主要方式就是将隐藏在事物中内在的、本质的、共性的、必然的属性抽取出来，舍弃事物表面的、非本质的、偶然的属性，并用概念、范畴和规律等形式固定下来，从而揭示出事物的本质特征和内在规律。[①]

所谓概括，则是人的大脑在思维过程中把某些具有相同属性的事物予以归纳、扩大，从而形成关于这类事物的普遍的概念。因此，概括就是从个别事物的本质属性推知同类事物的本质属性的一种思维方式。

一切科学的概念、定理、假说等，都是人们在直接认识事物的基础上经过思维加工的结果。因此，它们要比那些直接认识事物的表象观察要更深刻、更正确地反映出事物的本质和规律性。(图6–1)

①现代汉语词典〔M〕. 6版，北京：商务印书馆，2012：184.

图6-1　Nugget牌鞋油平面广告作品

此广告创意的关键是要通过视觉语言将皮鞋的光亮如新予以表现。该创意非常具有夸张性和幽默感，通过学生利用如镜子一般光亮的皮鞋在考试中作弊和偷窥女生，以及警察利用具有反光镜效果的皮鞋观察歹徒的行为，形象而生动地将Nugget鞋油的作用予以表现。该系列作品获得2005年戛纳国际广告节印刷类广告金奖。

3.思维具有逻辑性和形象性

逻辑思维是人类思维发展的高级阶段，是人脑借助于表达概念、判断、推理的语言形式来认识事物的思维方法。在这里，语言成为思维的工具。

思维的形象性是指事物的直观形象也可以成为思维的载体。这种思维的工具不是抽象的语言，而是直观的形象。因此，用事物的直观形象进行的思维活动被称为形象思维。在广告创意的过程中，创意主体在绝大多数的情况下采用的思维方法就是形象思维。

二、思维的一般品质

思维品质是指人的思维机体的资源特点。它一方面取决于人类个体的遗传基因，另一方面取决于人类个体在后天所受到的教育及社会文化的影响。思维的品质包括以下七个方面的内容：

1.思维的针对性

思维的针对性是指人类主体在思维的过程中，其思维具有明确的指向性。这种思维品质不仅可使思维活动专注而集中，还可以保证思维活动的整体连贯性，即使思维有所发散，也必须是围绕它所选定的目标展开。一个人的思维效率在很大程度上是与思维活动的针对性密切相关的。比如，钱学森在临终前提出过一个疑问，即1949年以后的政府(国家)为什么培养不出能够获得诺贝尔奖的科学家？我们的教育制度显然需要大力改革。应该说，钱学森的这种思维确实具有一定的针对性。不过，这种思维还可以进一步深入，即需要改革的绝不仅仅只是教育体制，而是国家的政治体制；政治体制不改革的话，教育体制的改革也就无从谈起。

2.思维的广阔性

思维的广阔性是指人类个体在思维的活动中突破思维范围的局限，并将其扩展到必要的广阔层面。这种思维的品质可以使思考个体在思考问题受阻时及时调整思路。而思路广阔，善于从全方位的角度思考问题，就容易接收新思路、新信息和新观念，对思维活动的变通性和创新性会有很大的帮助。(图6-2)在广告创意的思维过程中，许多人所思考的就是如何向目标消费者诉求本品牌商品物美价廉的品质特点；但是，有时创意主体也可以另辟蹊径，开阔自己的思路，向目标消费者传播物美价不菲的商品信息，或者只是重点诉求价不菲的信息，从而间接向消费者传递本

图6-2　Stella Artois啤酒平面广告作品:《昂贵的啤酒》

这是Stella Artois 啤酒的广告作品，该系列作品的诉求主题是“确实尊贵的啤酒”，创意构思以高级轿车、摩托车和大提琴为视觉元素。不过，这些价值不菲的商品都没有Stella Artois 啤酒尊贵，因为这些商品在Stella Artois啤酒面前仅仅是一个开瓶器而已。此作品的创意人员充分表现了思维的广阔性这一特点，即从开瓶器这一原点联想到了轿车、摩托车甚至大提琴这些与开瓶器毫不相关的东西，并利用这些看似与啤酒不相关的东西生动形象地表现了“昂贵的啤酒”这一广告诉求主题。

品牌商品优异而出众的品质。

3.思维的深刻性

思维的深刻性，可以使人们通过纷繁复杂的表面现象发现问题的本质。其表现的方式为：善于从结果追溯到原因，从偶然发现必然，从现实推测未来；善于从多要素、多层次、多结构、多机制、多过程、多功能、多因果等多种多样的联系或关系上分析和综合问题，从而深刻地揭示事物的内在本质和必然性。

4.思维的敏捷性

敏捷的思维品质使人们能够具有敏锐的洞察力，及时发现问题，捕捉机遇，迅速地对各种可能作出决断。在广告创意中，创意人员应该对瞬息万变的各种信息作出敏锐的反应，及时根据新的机遇创作新的广告作品。

5.思维的逻辑性

思维的逻辑性是指在思维活动过程中能够把握主题、准确运用概念判断和推导出符合逻辑规则步骤的行动，能够辩证地分析、论证和综合问题，使思维活动具有主题突出、层次分明、条理清晰的特点。思维活动的逻辑性品质，不仅需要经过规范化的训练得来，也含有先天潜能的因子，有些人尽管受过高等教育，经过较多的训练和培养，但其思维品质仍然处于低级的状态，这就与个体的“天赋”有关了。

6.思维的批判性

思维的批判性是指思维拓展时用已有的知识经验对思维对象进行独立的、不受其他观点影响的、符合事实的评价，从而肯定正确，纠正谬误。具有批判性思维品质的人，往往思想解放，不被条条框框所束缚，不迷信权威，不唯上，不唯书，只唯实，在人人皆知的问题上发掘新问题，在别人不去涉足的学科交叉处提出新问题；或从新角度采用新材料和新方法研究老问题，由已知发现未知。

7.思维的创造性

思维的创造性是指能从已有的知识出发，在较高层次上重新构建知识的思维能力，也指发明或发现一种新方法用以处理问题的思维过程。

三、思维的能力类型

思维能力是人类思维本质力量的表现，是思维潜能素质的外显活动，也是思维器官的能力和属性。人类所具有的思维能力主要包括以下七种。

1.思维的感知觉能力

感知觉能力是人们对外界事物直接认识的能力，也是人类思维活动的基础。人类具有眼、耳、鼻、舌、身等感觉器官，可以将外界对主体的种种刺激和各种信息传导到大脑，供大脑汇总、分析、判断和做出相应的反应。

人类主体的各感觉器官既分工明确，又彼此相关，是一个由大脑统一协调的整体。

2.思维的记忆储存能力

记忆储存能力是人脑储存和重现过去经验和知识的能力。人的大脑就像光盘，能把学习过的知识、生活中获得的感知觉或经验刻录在大脑中，在需要时拿出来应用，这种刻录知识或经验的过程就叫作记忆。

人的记忆能力包括识记、保持、再认和回忆四个过程。

3.思维的加工能力

人类的思维活动能够将感性认识(感觉、知觉、表象)进行抽象和概括，从而形成概念，并运用概念进行判断和推理，上升为理性认识，抽象出关于客观事物的本质规律和内在联系。这种逻辑加工的能力使思维活动由认识个别事物到认识普遍事物，由认识事物的现象到理解事物的本质，也即由偶然到必然，由感性到理性。(图6–3)

图6–3 瑞士军刀平面广告作品

都说瑞士军刀具有几十种功能，但真要是为这种产品作广告，又当如何表现其多用途的功能呢？此作品采用大(巨大的工具箱)与小(瑞士军刀)的强烈比较，其意图非常明显：一把瑞士军刀完全可以代替过去工具箱里必备的众多工具。广告创意直接用视觉画面表现出了瑞士军刀的多功能特点。此作品获第九届中国广告节平面作品金奖。

在思维活动中具体地再现客观事物，是思维逻辑加工的又一种功能，人们要认识和把握客观事物的本质和规律性，思维活动就不能只是停留在抽象的概念上，而必须将抽象的概念转化为具体的再现。

4.思维的爆发能力

思维爆发能力是指人类主体在思维活动中的突然顿悟状态。其特征是，专注而长期的思考使大脑处于紧张或高速运转(兴奋)状态，偶得启发或触动而神思泉涌，妙手天成。

思维的爆发力绝非来自于虚无缥缈的天资禀赋，它是人类主体在思维活动中长期积累，艰苦探索，从量变到质变的过程，是必然与偶然的统一。

思维的爆发力是极为珍贵的思维素质，在思维活动中具有重要意义。它能够在紧迫需要时思如泉涌，产生出常规思维所不能创造出来的高质量精神产品；它能够在紧急情况下急中生智，化险为夷，它能够提高人们的思想效率，在短时间内创造出思想奇迹。因此，及时捕捉思维的爆发力，对提高思维活动的综合能力是十分重要的。

5.思维的调节控制能力

思维活动在主体的自我意识的主导下可以对思考的对象，思考的目标进行选择和审视，当思考对象和思考目标发生转移时，思维活动也应随之转变，以便拓展新的思考领域，并依照目标要求相应地采取新的思维形式。

同样，当思维活动在受到阻碍而难有进展时，思维主体亦可及时调想思考方向，伸开新的思维触角，广泛收集新的信息。这种思维活动的灵活性，就是思维活动的自我控制和调节能力。

6. 思维的想象能力

想象是人类主体思维在改造记忆表象基础上创建未曾直接感知过的新形象和思维情境的心理过程。[①]思维之所以具有想象力，是因为在过去的感知觉与经验的范围内存储过有关事物的形象，而人类主体在思维活动的过程中，从已有的记忆调出有关事物的表象特征，经过分析和综合等加工改造过程，就形成了想象。

想象按作用可分为两大类：消极想象和积极想象。消极想象是一种不自觉的，没有

①马谋超.广告心理〔M〕.北京：中国物价出版社，1997：142.

特定目的的思维活动。积极想象是一种具有一定目的性和现实性的思维活动。依据想象过程中主动性程度的不同，又可分为再建想象和创造想象。再建想象是根据语言描述或图像示意，在头脑中形成同现实事物相对应的新形象；而创造想象则是指不依据现成的描述而独创出新的形象的心理过程。创造性想象的本质是其形象具有独创性和新颖性。（参见图6–4）

图6–4 大众高尔夫汽车平面广告创意作品

此广告创意的构图显然是受到好莱坞大片《盗梦空间》的影响，这种空间转换的视觉表达方式首先源自创意人员丰富的再建想象能力，而其所造成的悬念感自然很容易吸引受众关注的眼球。该广告所要诉求的是高尔夫汽车具有出众的刹车制动能力。

幻想是一种与生活愿望相结合并指向未来的想象，但不具现实性，它是创造想象的一种特殊形式。比如童话中的七个小矮人形象和科幻电影中的外星人形象等，都属于幻想的形象。它们尽管形式不同，但都是现实中没有的人，是人们虚构出来的。不可否认的是，这类幻想都程度不同地投射出人间的情感和追求，或以人间现实生活中的喜怒哀乐为其虚构背景。

7. 直觉思维能力

直觉思维能力是指人类主体在思维心理机制中有一种直觉力或洞察力。直觉与直观不同，直观是直接观察事物的知觉活动，而直觉则是对事物的直接了解或认知，是洞察事物的一种特殊的思维活动。

直觉思维是思维活动在对感性经验和已有的知识进行分析思考时不受某种固定的逻辑规则的约束而直接领悟事物本质的一种能力，这种直接把握事物本质的能力，也就是人类主体的直觉力或洞察力。

上面专门讨论了思维活动的一般形式及相关品质和能力，这些内容使我们对思维活动的内容、方法、种类等有了一个基本的认识和理解。从下节开始，我们将分五节专门讨论在广告创意活动中经常使用的一些思维方式，即事实型思维方式、形象型思维方式、垂直型与水平型思维方式、放射型思维方式、头脑风暴式思维方式。

第二节　事实型思维方式

事实型思维方式是指在广告创意过程中创意的着眼点以广告产品本身的诸多事实为依据，这是广告创意过程中最常用也相对容易掌握的创意方法。

事实型思维方式根据其创意来源的不同，可分为两种：一是从广告商品本身的直接因素寻求创意构思；二是从广告商品的间接因素寻求创意构思。

一、从广告商品本身的直接因素寻求创意

此种方法在具体的创意实践中可以根据广告商品的名称、包装和制造方式分为三种创意来源。

1.以广告商品的名称或商标为创意来源

世界上最伟大的广告创意多是以广告商品名称或商标为创意原点进行创作的。当商品的名称或商标作为广告创意的一部分时，其最大的优势就是品牌突出，因为广告创意直接使用品牌名称进行诉求与传播，自然会使品牌深入人心。

广告大师乔治·路易斯曾经为美国《时代》周刊创意的广告“为时代创造时代”就是以广告商品的名称进行创意的经典案例。《时代》周刊是全球最负盛名，也是发行量最大的新闻综合类杂志。然而，在20世纪80年代后期，美国的许多周刊都明显地感受到来自互联网等新兴媒体的强大压力，《时代》周刊也不例外。随着销量的下滑，其传播多年的“时代杂志，你非看不可”的创意概念变得似是而非并模糊不清了。乔治·路易斯接手为《时代》周刊进行广告创意。处于现在这种信息爆炸“时代”，谁还有时间看《时代》周刊呢？乔治·路易斯自己曾说：“每当新的月份来临时，我就觉得有点负疚感，因为要抽出时间来阅读《时代》周刊，好像是愈来愈难了。虽然我很想仔细阅读这本很棒的杂志，里面有每周新闻摘要，时事分析，运动以及文化报道，内容非常详尽。但是《时代》周刊的问题是‘时间’的问题，于是我认为这就是我们所需要的广告创意主题”。

“为时代创造时代”(Make Time for Time)一句非常简短的广告语，而且产品的名称在不经意间就重复了两次。该广告创意针对读者群在资讯爆炸的压力下已经没有足够的时间来阅读《时代》杂志而导致该杂志的读者忠诚度逐渐下降的问题，提出了一个行动的向导。同时，“为时代创造时代”这句广告语也能够引起读者的购买欲望，让人们知道自己即便再忙也应该挤出时间来阅读《时代》。[1]

2.以广告商品的包装作为创意来源

许多商品并无多少与众不同之处，每一件商品本身的形状、颜色或是包装，甚至是人们拿在手中或使用起来的感觉等，都可以通过广告创意产生出类拔萃的品牌效应。如绝对牌伏特加酒的广告作品，十几年来始终如一地坚持以绝对牌伏特加酒的包装瓶形为创意的核心元素，创作了一系列令人拍案叫绝的精品广告。(图6-5)

图6-5　绝对伏特加平面广告作品《绝对的新年》和《绝对的完美》

绝对伏特加的广告创意是将其产品的包装(瓶型)和商品品牌的名称为视觉表现的主要元素，再与其他元素加以组合，就构成了许许多多令人拍案叫绝的广告创意作品。这两件作品构思精巧、画面精彩、制作精致，想象力丰富，难怪在西方有许多年轻人喜欢收集绝对伏特加的创意作品。

3.以广告商品的制造方式为创意来源

十有八九，制造商不会把自己的商品制造方式或制造程序当成重要的事情，因为这些东西在他们看来司空见惯，只有那些具备了自律的眼睛和无忧无虑的心灵的艺术家才能发掘出那些深藏在商品背后的故事。如果你找到了这些故事，它们就能使你激动，那么你的兴奋情绪一定能够感染读者。

当年霍普金斯为喜立滋啤酒做广告创意时，经过反复思考，却仍然找不到恰当的创意思路，于是来到喜力滋啤酒厂进行考察，想通过了解更多的啤酒生产过程的有关信息触动创意的灵感。果然，霍普金斯被喜立滋啤酒厂的一道操作方式所吸引，即用蒸汽冲洗酒瓶。这在任何啤酒厂都是一道非常普通的工

①路易斯.蔚蓝诡计〔M〕.刘家驯，译.海口：海南出版社，1996：152.

序。该工序却让霍普金斯大为惊奇，并深深地触发了他的创意灵感：“喜立滋的酒瓶每一只都是经过高压蒸汽冲洗的”，该句普普通通的广告语居然为喜力滋创造了前所未有的销售量。因为许多啤酒消费者都认为，喜力滋啤酒厂既然把洗啤酒瓶这件小事正儿八经地告诉消费者，只能说明其他啤酒厂肯定不是用蒸汽冲洗酒瓶的，那么该品牌的啤酒至少是安全的、卫生的。事实上其他啤酒厂也使用这道工序。

二、从广告商品的间接因素寻求创意

此种方法在创意的实践中又可以根据具体的情况分为以下三种形式。

1.以广告商品的历史为创意题材

有些商品本身并无特殊之处，但由于历史悠久，或由于某位名人曾经使用过，就可以使用这些元素作为商品广告创意的来源。

位于意大利米兰的西加酒店就曾经以该酒店历史上曾有众多名流造访为素材创意了一则广告作品：

> 厄尼斯特·海明威在这里写就一本小说，或许你也会受感染写下一二篇？
>
> 当你在威尼斯的Gritti皇宫逗留时，沉思会造访你吗？你肯定会喜欢与海明威先生同样的创作灵感。
>
> 大运河依旧会像过去五百年一样轻拍着西加酒店的大门。
>
> 凭窗远眺，越过La Salute教堂，即能看见与美国作家海明威1949年10月初来乍到时所看到的同样的景色。
>
> Titian的16世纪油画*Doge Andress Gritti*依旧点缀着西加酒店的内墙并散发着迷人的光彩。
>
> Gritti行邸不仅是海明威写作的地方，而且还被他在《跨过小河，没入林中》描写过。
>
> 事实上，其他的西加酒店连锁店同样很吸引人，不论是卫星接收或空调都未曾夺取它们自己所拥有的历史光彩。
>
> 在Asolo和Veneto群山之中，你将发现Cipriani别邸。那曾是罗伯特·勃朗宁、伊丽莎白·勃朗宁夫妇的家。
>
> 不过所有我们的连锁店中最具文学性的当属Meurice，它构筑了巴黎的Tuileries宫的内墙。
>
> Meurice声名远扬的餐厅30多年来都是巴黎文学精英人士聚首之处。
>
> 因梵高的名画《巴黎竹人》而不朽，也因有女主人Florence Gould的肖像画而备受赞誉。
>
> 如果你爱历史建筑物胜过光秃秃的钟塔，那么你下次旅游就选西加酒店。
>
> 西加酒店连锁店目前有36家可供选择，价格与标准与一般五星级一致。
>
> 若需宣传手册，请将你的名片传真至米兰(02)76009131或来电话米兰(02)626622。

图6-6　Lievs牛仔服装广告创意作品

Lievs牛仔服装的这套广告创意构思就是典型的以其品牌自身发展的历史为创意题材。以历史为创意的题材并不是每个品牌都有资格做的。李维氏毕竟是百年品牌，其所创意这套以历史为诉求主题的怀旧风格的广告享受中真实可信地全面展示了该品牌悠久的历史，同时也可以暗示该品牌在业界的领袖地位，大大增进年轻消费者对该品牌的使用信心。

2. 以没有使用广告商品的后果为创意元素

这种方法属于典型的逆向思维，有人将这种方法视作消极营销，但事实上这种创意思维的确造就了许多最受人欢迎的广告作品。(图6–7)

图6-7 ACT牌口腔清洁剂平面广告作品

此作品的构思即是以没有使用广告商品的后果为创意元素的经典案例。广告画面非常清楚地表现了一个忏悔者在向神父忏悔时，由于受不了神父浓重的口臭而不得不尽量与神父保持较远的距离。广告将口腔清洁剂对于部分具有口臭毛病的人士而言所不可或缺的重要性展示无遗。

3. 以广告将要刊出的媒介为创意点

如果能将商品的特点与媒介的特性有机地结合起来，利用媒介的特征进行独到而别致的创意，同样可以起到令人拍案称奇的效果。(图6–8)

图6-8 Wondcrbra文胸平面广告作品

该作品是利用杂志媒介的翻页特征进行有针对性的广告创意的精彩案例。杂志媒介本身就是高端客户的首选媒介，而利用这一高端受众的媒介进行既能够表现自身商品特征，同时又能够引起读者互动的广告创意，其传播效果自然将大大提高。

倾向于事实型思维方式的广告人喜欢把观念分解成细小的组成部分，然后对广告商品的背景进行分析，以便从中发现最佳的解决之道。虽然惯常于事实型思维的人也可能有创造性，但他们往往更倾向于线型思维，更喜欢事实与数字——硬信息。因为他们更善于分析和掌握这类信息，他们习惯于逻辑、结构和效率，不习惯模棱两可的东西。

第三节　形象型思维方式

形象思维是以直观的形象为元素进行思考的一种思维活动形式，包括具体形象思维、言语形象思维和形象逻辑思维三种方式。形象思维凭借的形式是表象、联想和想象。

在广告创意过程中，大部分的思考模式都是运用形象思维予以操作实现的，因为广告作品无一例外都是通过直观的形象来向受众传递商品的概念。因此，形象型思维方式是广告创意过程中最为重要也是使用率最高的一种思维方式。

一、形象型思维的三种形式

1. 表象

所谓表象，即指人经过感知的客观事物在大脑中再现的形象。[①]而由表象或现有知觉形象改造成的新形象则叫作想象表象。

记忆表象是在过去对同一或同类事物多次感知的基础上形成的，较有概括性。记忆表象既有反映某一事物特性的个别表象，又有反映一类事物共同特性的一般表象。由于记忆表象的概括性，它不仅是事物形象的重现，而且是关于事物的感性知识，尤其是由对客观世界的直接感知过渡到抽象思维的一个中间环节。广告创意人员要对其经历过的有趣事物作绘声绘色的描述，则必须依赖于记忆表象。

而想象表象，则是在原有感性形象的基

①现代汉语词典〔M〕.6版，北京：商务印书馆，2012：87.

础上创造出新的形象的思维过程。一般而言，新形象的创造都是从人们已经积累的知觉材料的基础上经过加工而成的。人虽然能够想象出从未感知过的或实际并不存在的事物的形象，但想象内容总是来源于客观现实。

2. 联想

联想是思维主体由此事物想到彼事物的心理过程，其实质是人的一种简单的，基本的想象活动。联想主要有三种特征：一是只在已经存入的记忆表象事物中展开思维活动；二是将众多记忆表象予以联系、组合，形成联想链；三是可以诱导、激励、参与创造想象。

联想的基本类型有接近联想、相似联想、对比联想和因果联想等。

接近联想是指思维主体由于时间或空间上的接近而引起的两个不同的事物间的联系而产生的思维活动。例如，当某位消费者在商场看到飞亚达手表在做促销活动，就可能联想到在电视上看到的该品牌的电视广告，这种联想就是时间接近联想。又如，某位消费者一旦产生对星巴克咖啡的需求，其最有可能在脑海中产生联想的就是位于附近的某家星巴克咖啡馆，这种联想就是典型的空间接近联想。(图6-9)

图6-9　大众高尔夫汽车平面广告作品

此作品从创意构思的方式来看，采用的是接近联想的思维方式。大众的标志与家用电器上的开始符号和快进符号有外形上和意义(速度快)上的相似之处，通过将这两者外形与意义上的相近元素的组合，就构成了一幅具有精彩诉求内涵的创意作品。该作品所传递的信息便是大众高尔夫的启动速度傲视群雄，从0-100公里/小时的启动速度仅需4秒。

相似联想是指思维主体在感知过程中因事物的外形或意义上的相似所引起的两个事物间的组合思维活动。比如，当你从侧面看到波音客机的机头外形时，会不由自主地想到海豚，这种联想就是一种典型的外形相似联想。而人们由江河想到河海，由火车想到轮船、则是一种意义相似联想。

外形上的相似，一般很容易引起联想，美国Jeep汽车公司的一则平面广告作品(图6-10)就是以一把车钥匙与山峰的连绵起伏在外形上的相似而进行创意的，从而形象生动地向受众诉求出Jeep汽车翻山越岭的越野特征。

因意义上的相似而引起的联想就比较抽象一些，但意义上的相似又常常引起类比联想及至推想，形成创意成果。因此，意义相似联想能力是一种非常重要的联想能力。

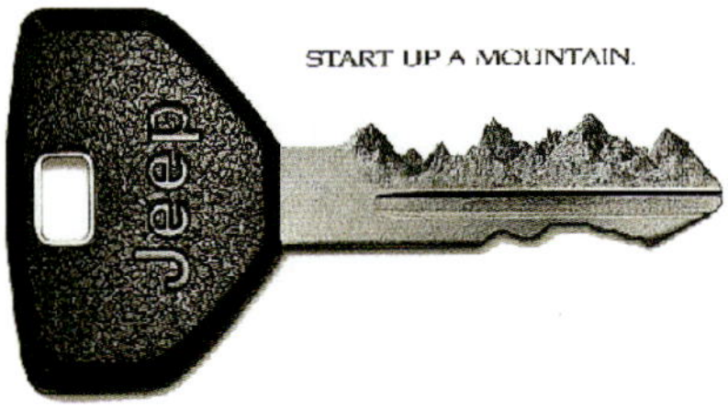

图6-10　Jeep汽车平面广告作品《钥匙山峰》

此作品即为采用相似联想的方法所创意的广告作品。创意人员发现钥匙的形状与山峰的现状完全相似，于是，将这两个元素合二为一，清晰地传达出了Jeep汽车优异的越野性能。这种广告作品，看似简单，实则内涵丰富，信息明确，通俗易懂，传播效果极佳。

对比联想是指思维主体在感知过程中因事物间完全对立或存在某种差异而引起的联想。例如，由里想到外，由火想到水，由真善美想到假恶丑等，都是完全对立的对比联想；而由枪想到炮，由金刚想到石墨，则是一种性能上存在差异而引起的差异对比联想。

在美国，由于其广告法规的允许，许多商品广告都是直接以对比联想的创意思路创作广告，其中不乏精彩之作。典型的如百事可乐广告，就多次采用与可口可乐进行对比来诉求品牌的青春活力的核心理念。

因果联想是指思维主体在感知过程中因事物间存在因果关系而引起的联想。这种联想往往是双向的，既可以由原因想到结果，也可以由结果想到原因。例如，在广告创意中，表现一家丰田公司汽车维修站的修理工坐在那儿无所事事，晒太阳看报纸，这就是原因的结果，而原因自然就是该品牌的汽车质量可靠，根本无须维修。（图6–11）

图6–11　先锋牌汽车音响平面广告作品

使用因果联想的思维方式进行广告创意是广告界经常使用的方法之一。不过，广告创意表现的往往是结果，受众则从所看到的结果去联想到原因。此幅作品同样也是如此，其画面所展现的是一辆汽车其停放在两侧的汽车居然都侧翻在地的结果，而造成这一结果的原因自然由受众自己去联想了。显然，广告所诉求的是汽车由于音响效果（功率强大）太好，以至于把两旁的汽车都掀翻在地，这就是造成事故的真正原因。

上述四种基本联想类型，在实际的联想活动中一般并非独立使用，往往是各种类型的联想与推想、想象等交替出现。

在广告创意中，许多事物间的联系是普遍存在的。詹姆士·韦伯·扬曾经说过，“所谓创意，就是将旧的元素予以新的组合”，这种组合，实际上就是努力寻找事物间的联系之处，而联想是将各种看起来似乎不相干的事物进行组合的思维形式。

3.想象

想象是人脑思维在改造记忆表象基础上创建的未曾直接感知过的新形象的思想情境的心理过程。

任何想象都不是凭空产生的，它是对记忆表象加工改造的产物，没有记忆表象，想象也就无能为力，想象的本质是对新形象的创造，它是对记忆表象加工改造的过程，具有间接性和概括性。

再建想象是思维主体根据语言、文字等的叙述或概括以及图像的示意在人的头脑中形成同此类事物相应的新形象的心理过程。其特征是以某种现成的图像、说明或描写为依据进行想象活动。示意或描述得越详尽，主体的感性知识越丰富，再建想象的形象就越完美。

在广告创意过程中，再建想象是思维的重要基础，许多优秀的广告创意就是通过别人的描绘而经过广告人的精心加工而深入人心的。如台湾意识形态广告公司为中兴百货所创作的“没有服装就没有性”的广告作品，其创意构图的许多细节只能是通过文案的描述而由艺术指导予以执行。（图6–12）

图6–12 台湾中兴百货公司的平面广告作品《没有服装就没有性》

意识形态广告公司的创意作品以其文案的深刻而著名，此篇作品也不例外。该文案将服装与性的关系上升到哲学的层面予以探讨，对后现代服装中性化的趋势表示了忧虑，认为“没有服装就没有性”。其广告的视觉表现是对其文案标题的形象诠释。画面中的男人是京剧艺术大师梅兰芳先生，女人也是梅兰芳先生（梅兰芳在京剧中演花旦），同为一个人，为何给观众的感觉有如此大的差异呢？服装！这就很好地诠释了文案的主旨。

该文案的内容如下：

没有服装就没有性。虽然文身依然可以暗示肉感，珠宝还在批注性欲位置。但自从牛仔裤颠覆了纯粹两性理论、皮革吊带开始搭配蕾卡内衣手铐蜡烛，那种把两性对立当作终极命题的传统世界秩序，已经看起来摇摇欲坠。也许连蕾丝边，也将逐渐地，装饰在三角肌上吧。我们所能抓住有关性/别的真理，已经不多。

创造想象是指思维主体不依据现成的描述而独立地创造出新形象的心理过程。

在广告创意过程中，创造想象是思维活动的必要组成部分，就某种情况而言，想象力甚至比知识更重要，因为一个人的知识是有限的，而一个人的想象力则是无限的。

第四节　垂直型与水平型思维方式

在广告创意的思维活动中，根据思维行进的方向，可以将思维活动划分为垂直型思维方式和水平型思维方式。

一、垂直型思维方式

1.基本概念

垂直型思维是指思维主体在一种结构范围中，按照有顺序的、可预测的、程式化的方向进行思维的一种思维方式。这是一种符合事物发展方向和人类习惯的思维方式，由低到高，由浅入深，自始至终，因而思维脉络清晰明了，合乎逻辑。其特征是顺着一条思路一直往下延伸，直到找到问题的答案。所谓水到渠成、水落石出就是这个意思。

2.运用案例

广州某广告有限公司海尔品牌小组在2001年12月底受海尔的正式委托，全面策划海尔007系列冰箱的上市方案。在双方的沟通会议上，双方一致同意为007冰箱做出科学的产品定位：独有-7度保鲜技术，这是当时保鲜最精确的中高档冰箱。

这样，产品的销售概念已经非常明确，那就是新鲜。接下来的问题是用何种形象元素来表现这一概念。创意人员连续几个日夜冥思苦想，跳出来的答案总觉得缺乏个性，没有震撼力。最后，创意人员来了一次垂直型思考。很快，便找到了创意的表现元素："弹簧"。接下来的广告主题和创作表现自然水到渠成：

"-7度保鲜，当然弹性十足！"

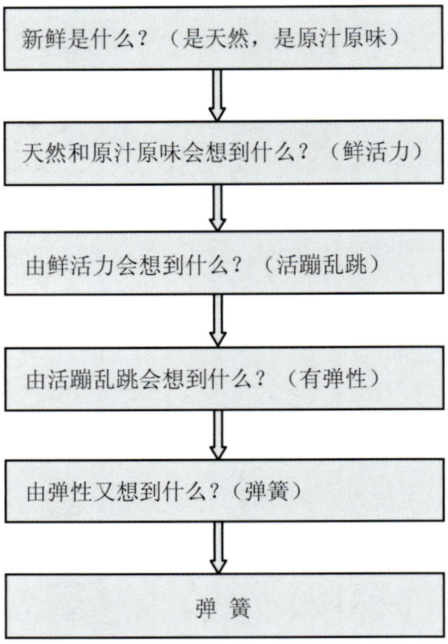

图6-13　海尔冰箱平面广告作品

一般而言，此种创意方法逻辑性太强，而且创意主体的主观色彩过于浓厚，这往往使得广告受众难以理解广告创意人员在广告创意作品中所要表现的诉求信息。因为，从广告创意人员而言，其最后的创意元素是经过层层推进的，很有逻辑性，且前后的因果关系也很明确；但是，广告创意最终呈现给广告受众的却只有结论(创意表现元素)，这就很难使广告受众能够正确理解广告创意人员所要传递的广告诉求信息。因此，广告人员最好不要使用这种创意方法。

二、水平型思维方式

1.基本概念

水平型思维方式是指思维主体在条件接近的情况下，对相似事物的发展情况进行比较，从中找出差距，发现问题，然后再提出解决问题的办法的一种思维活动。这种思维方式不一定是有序的，同时也不能预测。但由于水平型思维方式改变了解决问题的一般思维，试图从别的方向入手，从而使思维的宽度大大增加，有可能从其他领域中得到解决问题的启示。因此，水平型思维方式在广告创意活动中起着比较大的作用。

人们在进行思考、解决问题的时候，常常存在着垂直型思维的习惯，这是一种建立在知识经验基础上的得心应手而且根深蒂固的思考问题的模式。这种模式并不一定有利于提出新观念、新思想。水平型思维方式则与垂直型思维方式正好可以互为补充，有助于打破习惯思维的模式，冲破旧观念、旧秩序的束缚，更容易产生新观点，从而有利于推动问题的解决。

但是，我们绝不可以把垂直型思维方式与水平型思维方式完全地对立起来，甚至认为应该抛弃垂直型思维而由水平型思维取而代之。相反，一个真正有创造力的人，往往是将两种思维有机地结合起来加以灵活运用。

2.运用案例

美国的萨切・萨切广告公司于1997年开始代理丰田1998 4Runner新款车的广告业务，公司的创意人员非常重视这项极富挑战性的创意工作。起初，创意人员的创意思路围绕着丰田4Runner越野车的优异性能而展开，但随之产生的诸多创意却难以使人激动，更别说要想打动顾客的心了。后来，创意人员干脆打开思路，从别的地方入手，由优异的汽车越野性能想到了田野和自然，这一想法立刻使创意人员感觉到了令人激动的创意已经近在咫尺，因为他们深知清新而辽阔的原野是众多车手梦寐以求的放飞心灵之所。于是，广告创意的概念便迅速明朗：大自然的召唤。而沿着“大自然”的思路，广告创意人员又想起了美国作家杰克・伦敦的一本小说《野性的呼唤》。很快，广告文案就确定下来：

野性在等待，4Runner也在等待，准备带你去以前梦寐以求的地方，去你根本不知道的地方。高级宽敞、舒适安逸，不仅包容你的身体，也包容你冒险的心。1998年丰田4Runner，回应呼唤。

此广告的创意思维方式就是运用了水平型思维方式，获得了极大的成功。

第五节　放射型思维方式

垂直型思维方式是由一个原点向另一个标点呈纵向线性思考，水平型思维方式则是由一个原点向左右两个方向呈横向平面思考的一种模式，而**放射型思维**则是由一个原点向四面八方呈放射状进行思考的一种更加不受束缚的思维方式。

一、基本形态

广告创意的宗旨就是要打破束缚，突破常规。放射型思维方式就最容易从各个不同的角度对一个概念进行演绎。(图6-14)

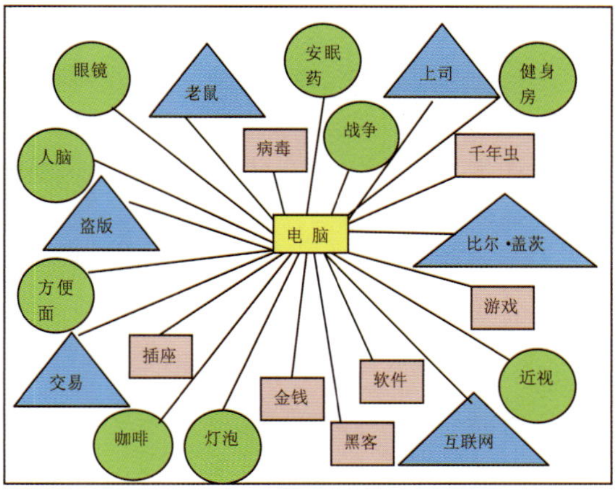

图6-14　三种不同方式的思维图示(方块为垂直型思维效果、三角为水平型思维效果、圆形为放射型思维效果)

二、放射型思维的训练

1.设定一个适合于个人思考的主题概念，充分调动起个人对生活的感知，利用导图的方式对主题概念展开全方位的联想。

2.在操作上必须突破习惯性的横向、纵向思维模式，注意做到既放得开，又收得住，努力在各种不同元素之间找到关联，继而发展成若干能回应主题概念的思考路线和创意构思。

3.用文字表述为基本构架，在创意闪光处加入图形，在多个图形的关联上加入语言，发展成一个创意雏形，继而提炼创意文字及广告语言。

第六节　头脑风暴式思维方法

一、基本概念

头脑风暴法是由BBDO广告公司的阿列克斯·奥斯本所创建，其原意为由两人或两人以上聚在一起，针对某条广告的诉求主题进行共同构思创意。

头脑风暴法往往是灵感喷涌的源泉，但必须遵循以下两条原则：一是任何创意均不得受他人干涉；二是所有想法都应记录在案，以备将来参考。这是一个“自由联想”的过程，其目的是让每一个新想法启迪旁人。

头脑风暴的思维原理是利用团体环境刺激广告人的创作灵感，用个人的灵感甚至是不着边际的“胡言乱语”去刺激其他人的思考，而群体思维的合力又必将刺激诞生出更多的灵感，这就远远多于个人的独自思考所能构想出来的创意。

头脑风暴法的秘诀在于允许不同甚至相反的意见，因为恣意不拘的氛围易于产生原创性想法。

为了使创意小组的创作不受局限，许多广告公司为创意小组准备了特殊的房间并采取特殊的措施，如切断电话线以免创意人员被干扰；安装摄像机或录音机以便记录每一个人的发言；把各种想法记录下来并贴在墙壁上供大家参考，等等。

二、头脑风暴思维方法的运用

1.会议准备

选择会议主持人　合适的会议主持人是本方法能否成功地碰撞出创意灵感的关键所在。主持人应具备以下基本条件：熟悉头脑风暴法的基本方法与召开此种会议的基本程序，有一定的组织能力，对会议所要解决的创意问题有明确而清晰的理解，以便在会议中作启示诱导；能遵守会议的有关规定和原则，让与会人员相互启发、相互碰撞，以拓生出广告创意的灵感火花；能灵活地处理会议中出现的各种情况，保证会议按预定程序进行。

确定会议参加人员　头脑风暴会议的人数以5–11人为宜。人数过少，会造成知识面的过分狭窄，难以达到为解决问题所需的不同领域的知识，同时也难以形成信息碰撞和思维共振的环境和气氛，影响群体互相碰撞的效果。人数过多，则又会增加对问题理解的难度，使会议的思维方向过于分散而无法保证与会者充分表达构思的机会，降低群体碰撞的效果。与会人员的专业背景要尽可能面宽一些，应考虑全面多样的知识结构，最好邀请几位目标消费者参加会议，以便突破专业思考的约束。

提前下达会议通知　提前几天将会议通知下达给予会者，有利于与会人员在思想上有所准备，并提前酝酿解决问题的设想。会议通知以书面请柬为宜，写明会议日期、地点、要解决的问题及其背景，若能附加几个设想示例则更理想。

2.热身活动

在会议正式开始前进行几分钟的热身活动，以便与会人员尽快进入“角色”。事实上，许多与会者参加会议之初，其思绪可能还沉浸在刚刚放下的工作之中，而通过“热身”，则可以尽快忘记与会议主题无关的其他事情，使大脑由平静状态逐渐趋向兴奋活跃，以提高会议的效率。

热身活动所需时间不长，可根据内容灵活确定。至于形式，也可自由运用，如看一段与广告商品的主题相似的广告影片，讲一段广告创意的经典案例，或出几道“脑筋急转弯”之类的题目请大家回答等。

3. 明确问题

这个阶段的目的是与会人员对会议所要解决的有关问题，包括广告商品的背景、特征、使用特点、目标消费者的特征，同类商品的有关情况分析等，有一个明确的了解，这些内容由主持人介绍，介绍时应简明扼要。

4. 自由畅谈

这一阶段是头脑风暴思维方法成功与否的关键阶段，要点是想方设法造成一种亢奋、激昂的气氛，使与会者能突破种种思维障碍和心理约束，让思维自由驰骋，借助与会人员之间的相互碰撞提出大量有价值的构思。

5. 加工整理

畅谈结束后，应该会有比较令人满意的创意构思出现。主持者应对大家一致认可的创意构思指定专人进行具体的创作，以便在较短的时间内拿出广告创意作品初稿来。到此，头脑风暴会议就完成了预期的目的。如果在本次头脑风暴会议中仍然没有碰撞出创意灵感的火花，则可以召开第二次会议。

重要术语

抽象　概括　逻辑思维　思维能力　感知觉能力　记忆储存能力　思维的爆发能力　想象　消极想象　积极想象　再建想象　幻想　事实型思维方式　形象思维　表象　记忆表象　想象表象　联想　接近联想　相似联想　因果联想　对比联想　创造想象　垂直型思维　水平型思维　放射型思维　头脑风暴

推荐书目

1. 明斯基，卡尔沃. 如何做创意——13位美国杰出创意指导和文案撰稿人的创意观念、方法与作品〔M〕. 钱锋，译. 北京：企业管理出版社，2000.
2. 路易斯. 蔚蓝诡计——颠覆市场的广告创意智库〔M〕. 刘家驯，译. 海口：海南出版社，1996.
3. 张惠辛. 4A杰出人性创意96例〔M〕. 北京：华夏出版社，2004.
4. 许舜英. 大量流出〔M〕. 台北：红色文化事业股份有限公司，2000.
5. 曾玉萍著. 中兴百货的意识形态〔M〕. 台北：滚石文化股份有限公司，2001.

思考练习

1. 以小组的方式对你所熟悉的品牌产品进行模拟广告创意活动。在创意活动中，应针对同一品牌分别采用不同的思维方式进行广告创意构思，然后，再对这些创意的构思进行比较、分析，指出各自的优点与缺点。
2. 以小组的方式进行一次模拟的头脑风暴，并将模拟的全过程及其结果或感想、体会写成报告书。

第七章 诉求方法——广告创意的策略

广告创意的诉求方法有很多种，每种创意诉求的方法本身无所谓优与劣，只有合适与不合适。因此，无论是广告主还是广告创意人员都应该对自身的商品或品牌有非常充分的研究，并在此基础上选择采用诸多创意诉求方法中最适合本商品品牌的一种方法。掌握这些方法是开展广告活动的最基本的前提。

本章的学习目标

- ■ 了解 吸引目标受众注意的诉求策略
- ■ 掌握 广告理性诉求的基本方法
- ■ 理解 广告感性诉求的基本方法
- ■ 认识 广告代言人策略的运用策略

第一节 吸引注意的诉求策略

吸引目标消费者的注意力是实现广告传播目标的第一步，也是最关键、最重要的一步。因为，再优秀的广告创意如果不能吸引目标消费者的注意则所有的诉求信息等于付之东流，广告活动也将毫无意义可言。所以，如何引起并保持目标消费者对广告作品的注意是广告人员在开展广告创意活动之前首先必须思考解决的问题。

一、关于注意的基本理论

1.选择性注意理论

注意是指人们把心思、思想放到某一方面。今天，绝大部分消费者几乎在任何场合都无时无刻地被大量的信息和刺激裹挟，这些信息包括印刷媒介、与营业员的沟通以及充斥于电梯、车身、电视、广播、户外、灯箱、海报等无所不在的商业广告。据一些研究估计，消费者每天要面对几百条乃至上千条信息，但只有很少的信息能够得到消费者的注意。那么，哪些信息会得到消费者的注意呢？

选择性注意理论认为：消费者会忽略大部分他们感受到的信息，而只注意其中的很少一部分，通常一次只注意一条信息。

(1)选择性注意的理论观点

选择性注意理论对消费者为什么会对一些信息或刺激物形成系统性的选择模式提供了三种观点：实用主义、消费者偏好和一致性。

一般而言，实用主义是解释消费者选择性注意理论运用最广泛的观点。从人的生理和心理角度来说，一个人不可能在同一时空下同时注意两件或两件以上的事情，更不必说要注意到每天所接触到的成百上千条信息了。一个人的最基本的生存方式和行为方式都要求他通过潜意识或本能来有选择地注意与其本人最相关的刺激信息。如一个车手就必须注意前方的道路交通状况，尤其是在高速公路上以时速110公里的速度行驶时，注意力更是高度集中；而同是这个人在其他的场合接受其他的信息刺激时其注意力就远没有那么集中。这一事例充分证明了一个人对其所接受到的信息刺激物是否能够引起注意取决于该信息刺激物与其相关的程度。选择性注意理论除了适用于非商业性的传播行为外，也同样适用于商业信息的传播。近期有购车打算的消费者更有可能注意与汽车相关的资讯和广告信息，想购房的消费者自然更有可能注意房地产资讯。所以，实用主义是每一个消费者判断信息刺激物的内容与自身的相关程度的标尺，有关联的信息则予以注意，否则就不予以注意。而且，这种注意或不注意是在瞬间的无意识或下意识的判断行为。

偏好是解释选择性注意现象的第二个观点。该理论观点是：消费者在面对众多的信息刺激物时更倾向于去注意他们喜欢、熟悉或亲身经历过的资讯。例如，两个在候机厅百无聊赖的乘客有可能在机场书店购买自己感兴趣的书刊：其中体育爱好者很有可能选择一期《体坛周报》，看看有关体育赛事的资讯；而从事文化传播工作的人士则很可能选择一份《南方周末》，阅读有关时事、文化、经济等方面的深度报道与评论。(图7–1)

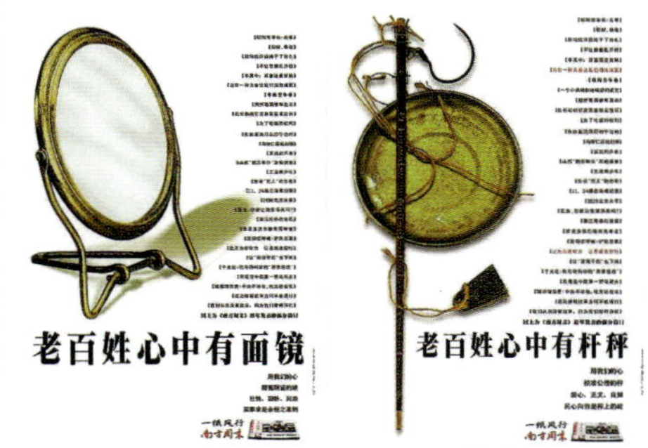

图7–1　《南方周末》系列平面广告创意作品

《南方周末》是国内不多的一份有着强烈社会责任感的报纸，该报社对自身在业内的地位和影响也有着十分清醒的认知，其广告创意的诉求主题即以此为内容：用我们的心，校准公理的秤，爱心、正义、良知，民心向背是秤上的砣。在当下，还有这样操守和理想的报纸，您的心灵是否也被感动？

一致性是解释选择性注意现象的第三个观点。该理论的观点是：消费者在面对众多的信息刺激物时更愿意选择能够与自己的认知保持一致性或者与自己的价值观念及其行为保持和谐的资讯。比如就大多数烟民而言，虽然他们多年来耳濡目染于众多的关于吸烟有害健康的科学证明的信息刺激，而且社会环境似乎也逐渐形成了对吸烟行为的敌意及更多的限制。按理来说，他们放弃吸烟行为似乎是接受科学观点并融入社会环境的最佳选择。但事实是，大多数烟民并没有放弃其吸烟的习惯行为。这样，从心理学的角度而言，烟民们的认知与行为之间就必然会产生严重的不协调。为了减轻这种认知不协调的压力，烟民们会对他们所接受到的信息按照符合自己价值观和行为方式的一致性来理解，如对吸烟有害健康的科学证明予以质疑，或认为每个人都有选择自己生活方式的权利等。这样，烟民们就会对众多的禁烟信息刺激物视而不见、充耳不闻，并反而对犹如沧海一粟的支持吸烟者的选择权利的信息予以注意和关注。(图7–2)

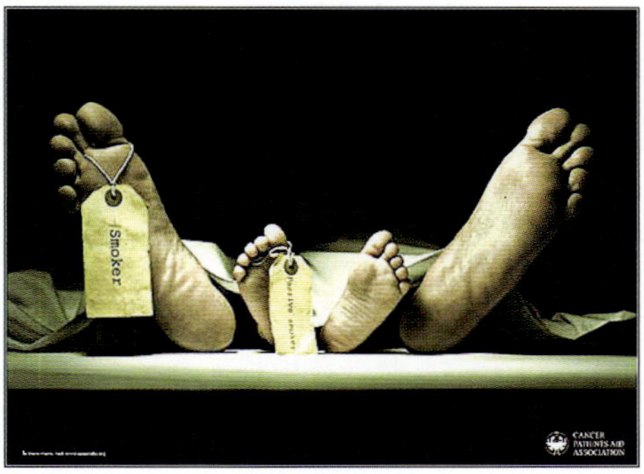

图7–2　戒烟公益平面广告创意作品

此广告兼具夸张和恐惧，只是其恐惧的视觉效果比较含蓄。画面中所表现的是一大一小两个停放在太平间的死者。大脚上挂着“吸烟者”的号牌。显然，这是因过度吸烟而导致的死亡；至于那个小孩，肯定是死者的儿子，由于从其出生起便长期吸入父亲的二手烟，结局当然一样。广告画面阴郁，相信可以震撼到你。

(2)选择性注意理论的运用

选择性注意理论对广告创意人员而言具有重要的意义。实用主义与偏好原则使得对某种产品有消费欲望的消费者特别关注和注意此类商品的广告信息。针对消费者的此种信息接收心理，广告主可以通过精心选择更有针对性的媒体来传播相关信息，以便更有效地接触目标消费者，从而增加商品销售的可能性。

相反地，对那些希望在新用户中扩大市场份额的广告主来说，选择性理论对于他们的市场推广的目标而言似乎是不太有利的。因为，消费者会习惯于忽略一切他们不熟悉的产品的广告信息，即使这些广告信息对于他们或许是有利的。比如，长期对选择性投资分析的结果表明，股票的共同基金是优于大部分其他投资途径的较好的理财方式之一，相对于银行存款更是如此。但是把所有的钱都存于银行的某些顾客可能并不熟悉共同基金，因此他们也就不会注意关于共同基金的广告信息，即使这些广告的诉求内容对他们的投资选择大有益处。结果是，消费者的选择性注意的心理倾向使得共同基金的广告诉求传播大打折扣。

不过，消费者的选择性注意的心理倾向对于知名品牌的广告诉求与传播而言就具有相当大的优势。消费者的认知一致性的心理倾向表明某一品牌的忠实用户总是更为关注他们所喜爱的品牌广告信息而忽略那些新品牌的广告信息，即使后者比前者质量可能更好。由于知名品牌拥有相对更多一些的忠实消费者，因此这些品牌的广告诉求信息更容易因消费者的选择性注意这一心理倾向而取得较理想的传播效果。

那么，新品牌或者不知名的品牌其广告诉求与传播又该如何进行呢？也就是说，广告主应该如何使目标消费者的选择性注意心理倾向成为自己可利用的优势呢？下面就这些问题展开讨论。

2. 消费者的信息处理

大多数消费者都认为广告对于企业而言至关重要，但消费者对广告的评价却以负面居多。有研究表明，消费者对广告诉求信息的处理方式主要有以下四种情况：寻找、积极处理、消极处理、逃避。

(1) 寻找

寻找是指消费者因需购买某一商品而目的明确地努力收集各种相关商品品牌的资讯与广告信息的行为过程。总体而言，消费者更倾向于在准备购买那些较为昂贵的或科技含量较高的商品之前主动寻找相关商品品牌的资讯及广告信息。有调查表明，消费者对低价(低于50元人民币)商品的信息索取率仅为14%，而对中高价(300元人民币以上)商品的索取率则为46%。很明显，广告活动的首要任务就是要尽可能地吸引那些正在主动寻找广告信息的目标消费者的注意力。广告人员所面对的关键的问题就是如何向消费者诉求使他们认为更加可信的信息并说服他们相信本企业的商品品牌要优于其他竞争品牌。不过，广告人员想要达成这一首要任务的难度非常大，因为许多消费者对他们即将购买商品的相关信息搜寻并不积极，即使是价格较为昂贵的和不经常购买的商品亦是如此。前述调查的另一组数据表明，随着商品价格的下降，不搜寻广告信息的消费者的人数将从54%上升到86%。

(2) 积极处理

积极处理是指消费者对其将要购买商品品牌的关注状态。有些商品对于消费者而言可能并不需要搜寻相关的资讯，而且这些商品也是消费者经常使用的日常消费品，但这并不妨碍他们对所接触到的信息进行思考(比较分析)。例如，经常购买食品的消费者可能不会对商品构成成分进行研究，不过，消费者会对一些他们偏爱的品牌的相关信息诸如碱性含量、降血脂、无糖成分等予以积极关注。对于此类消费者而言，广告主就处于相对比较有利的地位，因为消费者大都是根据这些广告的诉求信息的引导而关注此类品牌的食品的。所以，广告人员只要精心创意出有劝服力的广告信息，并选择恰当的媒体将本品牌的资讯传递给目标消费者，就有可能达成预定的目标。(图7–3)

(3) 消极处理

消极处理又称低涉入处理，即消费者对大量低成本且经常购买的产品如啤酒、肥皂、麦片和卫生纸等的广告信息予以一般性的关注。

图7-3 荣威纯电动汽车报纸广告作品

随着社会对环保的重视程度越来越高，以及充电混合动力车、甚至纯电动车的技术日益成熟，许多消费者在购买汽车时，自然会更加关心此类汽车的广告信息。

以往广告传播效果研究的一个假设前提就是消费者大都是对商品信息的积极处理者，因此，许多广告主普遍认为只要通过创作有针对性的广告诉求信息，并选择有效的媒介，即可达成广告目标。但是，近年来的研究表明，消费者在许多情况下对广告的诉求信息仅仅只是一个消极处理者。处于这种状态下的消费者虽然也接受广告信息，但往往并不会主动处理这些信息。

消费者采取消极处理某些广告信息的原因，是他们可能不认为积极搜寻有关低价商品的广告信息能给自己带来什么利益；或者，他们可能觉得对于这些经常购买的商品已掌握有足够的信息；再者，就是他们对广告信息抱有不信任的态度。广告人员如何使这部分消费者获取并保持对本品牌的广告诉求信息的注意力是极具挑战性的事情。（案例见图7-4）

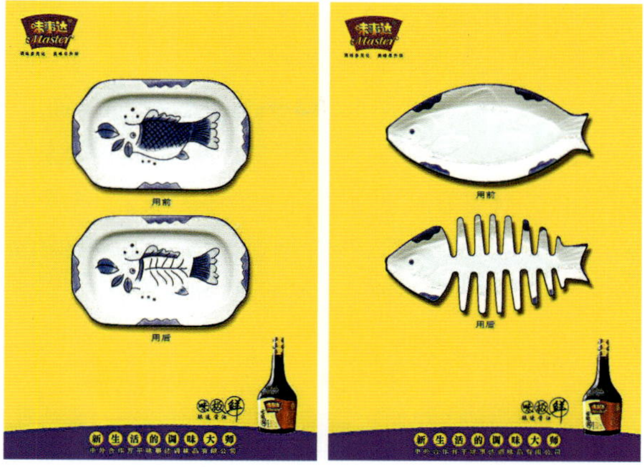

图7-4 味事达酱油平面广告创意作品《用前、用后篇》

从广告创意的角度而言，此广告实际上属于比较广告，只是这种比较并不着眼于具体的竞争品牌，而仅仅是品牌的用前与用后的比较，使产品的功能一目了然。普通的酱油能做出如此精彩而独具匠心的创意，实属不易。但是从消费者的角度而言，大多数消费者对这类商品的信息一般处于消极处理状态，因此，这类广告就难以达成理想的传播效果。

(4) 逃避

即指部分消费者对所接触到的广告诉求及相关信息刺激物采取有意识地回避的态度。消费者逃避的原因可能有以下几个方面：一是消费者对于低价、经常购买的产品已经自认为有比较深入的了解而不想接触更多的信息；二是消费者可能被电视节目或书报文章的内容所吸引，对不时插入的广告信息因为影响其正常观看而十分反感；三是消费者可能对某一品牌比较喜爱而对其他品牌的广告信息熟视无睹；四是消费者可能认为广告诉求信息无法吸引人，甚至无聊、品位低下。此类消费者是广告主最不希望遇到的目标对象，但遗憾的是，此类消费者的人数正在日益扩大。如何使此类消费者对广告诉求信息至少不采取逃避的态度，是广告创作人员所面临的严重挑战。

以上即消费者对广告信息处理的四种情况，但实际情况更为复杂。有研究表明，三分之一的汽车购买者是从他们接触的第一个汽车经销商那里购买汽车的，一些消费者宁愿一时冲动或不作调查而购买较贵重的商品，一些消费者即使对于日常消费品也喜欢剪下优惠券来进行最划算的购买行为。广告创作人员需要通过事先调查研究来确定目标消费者处于何种状态，然后再确定对应之策。

二、引起消费者注意的基本策略

1987年，雀巢为它的Gold Blend速溶咖啡策划了一则广告，该广告分为11个系列，在英国实施了6年。广告讲述了一对爱侣从相识到相爱的浪漫过程，这一过程紧紧围绕着Gold Blend这一品牌而展开。故事情节并不是事先拟定的，而是续接前期广告及受众对虚拟故事的兴趣而逐步发展的。其结果是当男主角对女主角表达爱意时，受众已经被浪漫的爱情故事所陶醉了。这一成功的广告活动成为当年英国各大传媒的头条新闻，并自1987年起，该品牌在英国的销量每年年均增长40%。1990年，为雀巢Taster's Choice设计的类似故事在美国上演，它在受众当中同样激起了巨大的反响，并导致该品牌的销量增长10%。(图7-5)

图7-5 雀巢平面广告作品

创意就是将旧的元素予以新的组合。衣柜里的香袋与咖啡组合，这看似不可能的事情竟然被雀巢咖啡做到了。这幅作品的成功再次证明：世界上并不缺少美，而是缺少发现。

1.吸引目标消费者注意的方法

Gold Blend的广告活动之所以大获全胜，就在于它通过一系列感人肺腑的浪漫故事唤起了目标受众的情感共鸣。通常，广告创作可以通过四种方法吸引消费者注意：增强刺激的物理强度、提供信息、唤起情绪、提供价值。

(1)增强刺激的物理强度

增强对广告受众刺激的物理强度，是吸引消费者注意力的一个行之有效的创作方法。所谓物理刺激，是指包括可以影响消费者的五种感觉(视觉、听觉、嗅觉、味觉和肤觉)的手段来刺激受众对信息产生注意。在广告传播活动中，其诉诸受众感觉的最重要的就是视觉和听觉。对于人的视觉而言，其感受到的色彩、尺寸、形状、明暗和动感是关键刺激物；对于人的听觉而言，其感受到的音调、时间和结构是关键刺激物。上述这些刺激物一旦组合成流动的音乐、画面或静态的画面，就会对广告作品的基调产生极大的影响。物理刺激可以通过上述各种要素组合生成不同的表现方式，哪一种方式更能吸引目标消费者的注意，则似乎没有一个明确的答案。不过，有两种理论观点对如何运用增强刺激的物理强度的方法提供了参考性建议，一是韦伯法则，二是适应等级理论。

韦伯法则是关于人对刺激感觉的理论，该理论的观点出自19世纪物理学家恩斯特·韦伯的研究。该法则认为，一个人对其所接受到的刺激物的感觉强弱要依赖于刺激物本身的强度大小。例如，当环境噪音很大时，一个人只有大声喊叫才能让他的谈话对象听见；相反，当环境四周寂静无声时，一个人的轻声细语也能被它的谈话对象听见。因此，根据此种现象的逻辑推演，刺激物的强度大小与该刺激物能否被信息接收者所注意的概率成正比关系。所以，为了吸引目标受众的注意，广告诉求的方法就必须尽可能地加大信息刺激的强度等级。①

① Gerard Teiiis. 广告与销售战略〔M〕. 张红霞，王晨，译. 昆明：云南大学出版社，2001：142.

不过，广告创意人员在具体运用时应注意以相对的概念来理解此理论。比如，广告信息的传递必须依赖于承载广告的媒介物，而每一种媒介物都实际存在一个承载和发布众多信息物的媒介环境，如果媒介环境的其他信息刺激本身就比较强烈，那么广告信息的刺激强度就应该更大一些。如果媒介环境的其他信息大都是彩色的，则本广告信息的创作可以考虑使用黑白构图来增强刺激效果以吸引目标受众的注意；如果媒介环境的其他信息的音响效果比较劲爆，则本广告信息的创作可以考虑使用柔和或片刻的寂静来吸引目标受众的注意。

适应等级理论是心理学家哈里·赫尔森根据广告的物理刺激在消费者大脑中形成各种不同的有形模式或意义而提出来的解释个人如何感知并对这些刺激模式进行反应的理论。该理论确定了三种影响此过程的重要刺激物：主要刺激或注意的物体，连续性刺激或物体的背景，残留刺激或已形成评价标准的个人的过去经历。[①] 例如，如果一个消费者正在观看图7-6这则广告作品，此时，广告作品中的构图形状就是主要刺激，广告和媒介上的其他要素是连续性刺激，而消费者由广告中的主要构图形状联想到自己过去的经历就是残留刺激。

该理论的核心理念是，由于个人比较容易适应所处的环境刺激或过去已经经历过的类似刺激，并对这些刺激形成一定的比较标准或适应等级。因此，当某人在接受新的主要刺激时，其对新的主要刺激的反应程度（评估）要依据它们与残留刺激或消费者适应等级的相关程度而定。在此，主要刺激本身并不具有绝对意义，而是相对于它们所处的环境及信息接收者个人的经历所产生的作用力。比如，一杯温水对于刚从温泉浴池出来的顾客而言可能就是冷水；人们清晨醒来时不会觉得室内的空气有什么问题，但对于刚从室外进来的人而言则觉得气味难忍。

图7-6　德国维卡塑钢门窗集团平面广告作品

此广告作品颇有创意，受众在不经意间看过去的时候，肯定会被这种突破传统视觉构图的画面所吸引。广告的诉求主题自然是塑钢玻璃窗，因此，画面的中心部分突出的就是大面积的玻璃，而上下倒置的两个家庭透过窗外的景色（旧金山和伦敦）则暗示该品牌的塑钢玻璃窗在不同的国家被众多的开发商所选用。广告创意新奇、构图大胆、主题突出，是一则非常优秀的平面广告作品。

① Gerard Teiiis. 广告与销售战略〔M〕. 张红霞，王晨，译. 昆明：云南大学出版社，2001：143.

适应等级理论的一个重要的概念是刺激创新。所谓刺激创新，是指当信息刺激物与其周围的环境、信息接收者的比较标准（参照点）或适应等级有所不同时，才有可能吸引受众的注意。从理论上说，两者之间的差异越大，其信息刺激物的创新能力就越大，也就越有可能吸引目标受众的注意。对于一个特定的广告作品，消费者可以有几个比较标准（参照点）：以前的同类商品的广告、承载或传递广告的节（栏）目、广告本身的创意（情节、画面、音效）等，这些比较标准在很大程度上决定了消费者是否对新的信息刺激物产生注意。比如，如果竞争对手的广告创意全部采用名人代言的方式向消费者进行广告信息的诉求刺激，而本商品品牌同样也采用此种模式予以广告信息的诉求刺激就很难吸引消费者的注意。因为消费者已经被相类似的信息刺激得疲劳甚至麻木了，而本商品品牌的广告诉求刺激又毫无创新可言，自然也就不可能吸引消费者注意了。

虽然创新是吸引目标受众注意的关键所在，但在实际运用当中仍然需要根据实际情况灵活处理，也就是说，在某些特定的情况下不应使广告诉求的信息刺激创新与该广告所承载或传递的节(栏)目内容反差太大。比如，如果在严肃的新闻节(栏)目中刚刚报道了一起悲剧性事件(如山西的黑砖窑奴工)，紧接着就播放一则幽默搞笑的广告，就有可能在感情上冒犯受众，从而可能使消费者对本商品品牌产生负面的评价。正是基于这样的原因，"9·11"事件发生之后的第一天，美国的各大广告商均纷纷撤掉与当时整个国家气氛不相符合的广告，各大传媒机构蒙受了巨大的损失。

(2)提供信息

通过向目标消费者提供有趣的信息以满足他们对知识的了解与掌握，是吸引消费者对广告诉求信息产生注意的另一个比较有效的方法。采取这种方法之前，必须首先了解什么是消费者认为有价值的信息，消费者对那些信息最感兴趣。

社会学家莫瑞·戴维斯认为，人们对与自己潜在的价值观念或文化信仰不一致的资讯比较容易产生兴趣。[①] 比如，西方人普遍对西藏的宗教、文化、人文等相关信息怀有浓厚的兴趣。但是，如果信息内容严重违背受众所持的价值观念，那么消费者就会认为该信息荒谬无稽而拒绝接受该信息。因此，兴趣与信息这一对要素对消费者观念的影响程度呈倒"U"形的关系。(图7–7)

① Gerard Teiiis.广告与销售战略〔M〕.张红霞，王晨，译.昆明：云南大学出版社，2001：144.

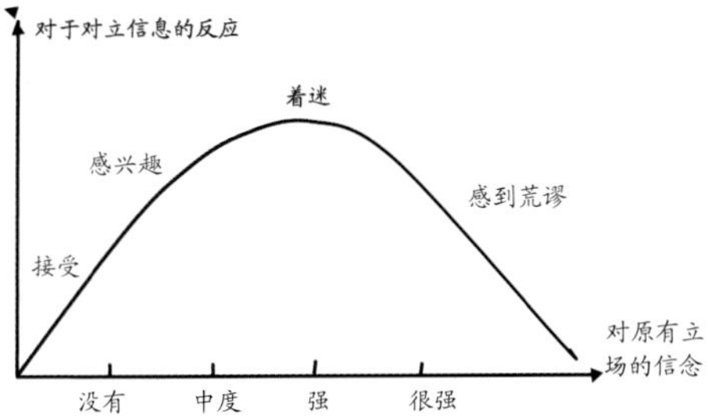

图7–7 兴趣与信息这一对要素对消费者观念的影响关系

下面是几则关于维生素E的广告诉求：

· 维生素E有助于身体健康
· 高剂量的维生素E可以有效地缓和动脉硬化
· 高剂量的维生素E可以使你活到120岁

第一条广告诉求没有多少可以增长消费者相关知识的信息，消费者自然没有兴趣；第二条广告诉求向消费者提供了与他们过去的看法不太一致但有益于健康的信息，因而可能使较多的消费者感兴趣；第三条广告诉求提供的信息虽然是新的，但与人们的生活经验有着明显的距离，人们更可能拒绝这条广告信息。

另一个提供信息的广告诉求方式是在广告创作中使用长文案来详尽地描述有关商品的特性、使用或购买的信息。这种广告用电波媒体予以传播就被称为告知性广告，用印刷媒体予以传播则被称为社论式广告。告知性广告和社论式广告获取消费者注意的能力取决于它们向消费者提供相关、合理及客观信息的承诺。

(3)唤起情绪

这是吸引消费者注意力的第三种方法，旨在刺激人们的情绪。情绪是指受众被外部环境和信息刺激所唤起的一种状态。例如，愤怒、兴奋、悲伤都是一个人在接受具有一定强度的刺激后所唤起的情绪。情绪包括思想活动，但又区别于思考。情绪具有非理性的特点，在情绪的导引下，人往往可以做出非理性的行为。

虽然广告主试图通过唤起情绪的方法来吸引目标消费者的注意力，但在实际操作中广告主们常常使用的方法（情绪指向性）则集中在以下几个方面：关爱儿童的本能、喜爱动物、恐惧、性感和好奇心。在广告的诉求信息中，利用儿童作为画面视觉的中心可以较好地唤起父母以及成人对儿童关爱的本能情绪，它对于父母及成人目标消费者来说有一种强烈的吸引力。（图7-8）许多孩子和成人对动物有一种由衷的喜爱，所以，在广告创意中动物常常也是视觉表现的中心。

图7-8　劲量电池平面广告创意作品

此广告作品创意的思路是如果没有使用劲量电池有可能会产生的后果。受众可以看到广告画面上有一些玩具被放置一边，显然是电池已经用完了，而且该作品中的孩子使用的也不是劲量品牌的电池，于是，孩子们没有玩具可玩，其后果就如受众所看到的广告画面一样。不过，这种后果也不是那么可怕，反而是那么的可爱、天真和具有童趣，对于成人而言（许多成人在幼年时可能也都会有如此的经历）具有一种强烈的吸引力。

对于一些以青少年和成人为目标市场的商品而言，性感的表现方式无疑效果明显。不过，性感诉求也要注意不可滥用，否则，对于品牌的长期建设将带来负面的影响。性感广告的使用应注意把握以下四个基本原则：

- 将受众看成是有高智商的人。
- 性感形象的表现应含蓄，具有暗示性，而不可过于直露。
- 广告创意的风格应有幽默感，对代言人和受众都应有所尊重。
- 使用的性感形象应与产品的特点有必然的联系。（图7-9）

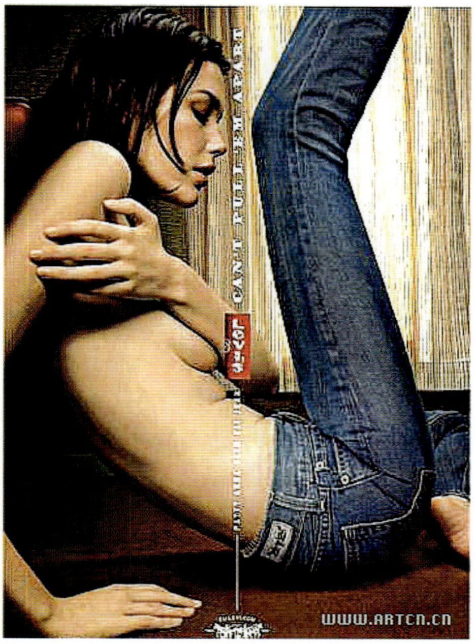

图7-9　李维氏的平面广告创意作品

该广告创意使用了性感的手法，只是较为含蓄。该广告构图用文字将画面予以纵向分割，画面的左方利用上半身裸露的女子来吸引受众的注意力，而画面的右方则强调和突出了李维氏牛仔裤的贴身这一诉求主题。广告画面精致、色彩艳丽、线条柔和，充分突出了李维氏牛仔裤型的贴身，自然。

另一种吸引消费者注意力的情绪指向是人与生俱来的好奇心。广告主可以通过创作并传播一个将真实或虚构事件的谜底引而不发的方法来唤起目标消费者的好奇心。比如，某汽车广告主计划于近期向市场投放一款新型越野车，其首先是宣布投放日期，接着是宣布该款车型的具体参数（但车型的外观仍然秘而不宣），最后才将车型外观通过广告等方式向目标消费者传播。

通过唤起目标受众的情感来吸引他们的注意力的最大风险是，如果刺激过于强烈，受众就有可能仅仅注意到视觉画面的刺激物而忽略广告所要诉求的商品信息。调查表明，就可读性和短期记忆品牌而言，性感广告比非性感广告要强一些，但一周以后对消费者的品牌记忆率的调查结果却是非性感广告比性感广告要强得多。显然，消费者之所以注意到广告，是因为它的视觉画面的性感，但消费者的注意力完全被性感的视觉画面所吸引，直接导致其对广告诉求的商品信息的漠视，自然也就谈不上有什么记忆可言。

同此，如果利用恐惧来唤起受众的情绪以吸引他们的注意力的方法如果强度太大，也有可能使受众因免于痛苦的刺激而拒绝接受此种广告信息。

利用唤起情绪来吸引消费者的注意的广告诉求方法，其创意的关键就在于所唤起的情感与广告诉求的商品品牌是否有着直接或间接的关联。如果没有任何关联，受众就会认为广告是在廉价地利用人们的情感，其导致的结果就是消费者对广告诉求的商品品牌形成负面的评价和判断。(图7–10)

图7–10　贝纳通品牌平面广告创意作品

这是贝纳通典型的品牌广告。该广告并不直接诉求服装产品，而是传播贝纳通品牌的价值理念。这幅作品更像是一个新闻特写镜头：一个非洲10来岁的小男孩身背一只AK–47冲锋枪，手拿一个死者的大腿骨，估计是其父兄的。画面真实得近乎残忍，但却荡人心魄，并引起人们对战争、和平、人生的深刻思考。

(4) 提供价值

趋利是消费者与生俱来的本能，因此，吸引目标消费者注意力的更加有效的方法就是利用消费者的趋利心理向他们提供一些有价值的商品信息。这种价值既包括商品本身优于竞争品牌的功能价值，也包括商品所提供的竞争品牌无法做到的服务价值，更包括商品促销活动期的打折或赠品的价值。此种方法针对中低端消费者时，广告效果会更好一些。

以上讨论了吸引消费者注意力的四种广告诉求方法：强化刺激强度、提供信息、唤起情绪和提供价值。这四种方法各有侧重，但它们所包含的运用原则基本相似，其中的三个原则尤其重要：创意、加大刺激强度、视觉表现(刺激物)与商品品牌之间的关联性。

2. 如何确定吸引注意的诉求方法

吸引目标消费者注意力的广告诉求方法各有所长，也各有所短。广告创意人员在确定自身商品品牌的诉求方法时至少应考虑三个因素：消费者对广告信息的接受状态、产品类型、创意方法。

消费者对广告信息的接受状态是广告创意人员所要考虑的最重要的因素。虽然对处于任何一种特殊状态的消费者而言，广告创意人员使用任何一种方法都有可能产生效果，但相对而言，总有一些方法比另一些方法更有效果。

当消费者处于搜寻或积极处理广告信息的状态时，唤起他们的好奇心以吸引其对广告诉求的注意力是更有效的方法；向他们提供一些有价值的信息也是比较理想的广告诉求方法。这两种方法都与消费者的关注指向是吻合的：搜集信息，然后决策。(图7–11)

图7–11　新西兰奇异果的平面广告创意作品

此广告一方面将奇异果与苹果的营养价值进行本质上的比较，另一方面又将两者的外表形式予以有趣的组合，从而构成了一幅人的笑脸，生动而形象地传达出了奇异果的维生素含量是苹果的19倍的诉求信息，让人留下了深刻的印象。

当消费者处于消极地处理广告信息的状态时，选择情感诉求的方式会更适合一些，这种方法对于消费者而言实际上是以一种间接的渐进的方式来吸引消费者的注意力，即先是想方设法地使消费者被广告作品的故事情节或美好情感所吸引，继而不知不觉地注意到广告商品品牌的相关信息。

当消费者处于主动回避广告信息的状态时，强化广告信息刺激的强度也许是最合适的方法。此时，新颖别致的创意和强烈的音画刺激有可能引起消费者注意。而对于那些对广告持怀疑态度的消费者来说，提供简洁可信的真正有价值的商品信息可能是有效的。(图7-12)

图7-12 吉普汽车平面广告作品《只有吉普》

凡是广告当然都是自卖自夸，但是，露骨的叫卖只能让人反感甚至产生怀疑；而含蓄的、间接的、艺术的自夸则使人对你产生尊敬，至少你会让人感到你是一个富有智慧的人。这幅作品所表现的只是一个事实：由国际影星安吉丽娜·朱莉所扮演的未来超级警察所驾乘的只能是Jeep，广告的诉求非常清晰而自信：只有吉普才具有这样的越野功能。该广告给受众的感觉就是：事实胜于雄辩。

另外，商品品类的性质也是广告创意人员选择确定诉求方法的参考要素。对于一个有着显著竞争优势的新产品而言，选择向消费者提供有价值的信息自然更容易吸引他们的注意力；而对于一个技术比较复杂的产品而言，向消费者提供一种简单而有效的鉴别方法将会吸引他们的注意力；对于一种时尚商品而言，强化信息刺激的强度或使用性感诉求的方式，则一般都会取得比较理想的效果。

三、精心策划和设计广告的表现形式以吸引目标消费者的注意力

对于如何吸引消费者的注意力，上面从广告诉求内容的角度介绍了一些策略和方法；下面将从广告表现形式的角度探讨如何通过广告设计来吸引目标消费者的注意力。

1、广告作品的构成要素

广告作品主要由两部分构成：语言符号和非语言符号。语言符号是指广告文案部分，包括标题、正文、随文和广告语；非语言符号包括图形、色彩、编排、音效。目标受众对广告作品的注意往往通过语言符号的文案标题和非语言符号的图形共同产生作用，有时是由标题引向图形，有时又是图形导引标题。因此，创作一则标题与图形相辅相成的广告作品无疑将会大大增加广告传播的效果。电波媒体中、音效则非常重要。下面重点谈这三点。

(1)标题

以印刷媒体为表现形式的广告作品，其文案的标题具有关键性作用。标题有两个作用：一是吸引目标受众的注意，二是导引目标受众阅读广告正文。为了吸引目标受众的注意，广告文案的标题就必须简短，且常常运用文学修辞的手法。据美国的一项抽样调查研究表明，多达74%的广告标题均采用文学修辞的手法进行创作，运用最多的是双关和比喻。[①]

①卡普斯.增加19倍销售的广告创意法〔M〕.孟庆姝，武齐，译.呼和浩特：内蒙古人民出版社，2000:17.

(2)图形和音效

图形和音效是广告作品的非语言符号要素，也是广告作品中非常重要的组成部分。图形主要运用于印刷媒体，音效主要运用于电波媒体。图形和音效在广告作品中具有多重作用，如吸引注意、加强沟通、增强劝服力

和帮助记忆。不过，其中最重要的作用还是吸引目标受众的注意力。如一幅优美的图形、一段极具震撼力的音效或一个戏剧化的动作等，都能迅速地吸引受众的注意力。有调查数据显示，广告作品中的图形或音效可以有效地吸引受众的注意力。总体而言，图形越大，其吸引力就越强。但是，在使用较大图形时应注意与文案诉求信息之间取得平衡。另外，有生命的图形比没有生命的图形更具吸引力。

2.广告作品发布

广告作品在发布媒体上所占据的空间大小、时间长短和前后位置在很大程度上影响目标受众对诉求信息的注意。一般而言，平面广告作品所占据的媒体空间越大，其吸引力也就越大。不过，此两者不是呈正比关系，而是呈非线性关系。即注意力的增长是媒体空间增长的开方、次幂。因此，36平方米的广告作品的注意力仅仅是6平米广告作品注意力的2倍。同样，30秒的电视广告比15秒的电视广告更能引起受众的注意，但15秒的电视广告仅比30秒的电视广告的注意率少20%。

广告作品在媒体中出现的位置对引起受众的注意力也是有影响的。在平面印刷媒体中，出现在页面的前10% 部分的广告较之出现在之后的广告更能吸引受众的注意力。因为随着页数的增加，媒介的相关信息内容被受众阅读的可能性大大降低。受众普遍认为被安排在后面的信息多数不重要，所以不会仔细阅读。但处于页面左半部分或右半部分的信息则没有什么区别。同样的道理，在电波媒体中，被安排在两个节目之间由众多广告所构成的广告时段里，第一个播出的广告引起的注意力要比之后播出的广告所引起的注意力大得多。（图7-13）

图7-13 瑞典绝对牌伏特加酒的绝对城市系列广告作品《绝对的柏林》《绝对的布鲁塞尔》《绝对的维也纳》

绝对伏特加的广告作品分为不同系列，此三幅作品属于城市系列。绝对伏特加作为瑞典的品牌，当年欲进入国际市场与正宗的俄罗斯伏特加进行竞争，但无论在品牌的历史还是品种上都没有优势可言。于是，创意人员就从文化入手，以不变的视觉元素（瓶形包装、一语双关的“绝对”概念）和针对不同国家的历史文化的主题进行构思，创意出一系列精彩绝伦的平面作品，赢得了当地消费者的好感甚至喜爱。

第二节 理性诉求策略

在广告创意中运用得比较多的方法是理性诉求策略。所谓理性诉求，就是以充分的事实根据、周密的逻辑推理、冷静的分析论述为特点，对目标受众进行劝服，以达成广告主与目标消费者沟通的目的。本节将从两个方面对此加以论述。

一、消费者的信息加工过程

人类的大脑对所接收的信息予以加工的方法有三：**知觉、认知和记忆。知觉是将外在刺激信息予以选择、组织和解释；认知是由外在刺激引起的直觉所激发的思维；记忆是指人类对信息进行编码以备将来之用。**

1.知觉：使外在刺激变得有意义

知觉通过感觉发生作用。人的五官感觉(视觉、听觉、嗅觉、味觉和肤觉)好像五扇大门，将外部刺激信息接收至大脑并将其作为神经信号加以引导。大脑内神经细胞中发生的多种电化学过程形成了对外在刺激信息予以选择、组织和解释的各种意义的模式。

(1)知觉的过程

知觉的过程包括两个阶段：分析与综合。分析就是把外部刺激和记忆中存储的形象加以比较，以此来识别不同模式。整体事物(一个单词、一只动物)或其组成部分(单词里的字母、动物的羽毛)都可以被比较。综合是通过模式发生的情景归纳出适当意义的过程。比如，熊猫和袋鼠在全世界分别只有中国和澳大利亚才有，因此，人们一看到这两个动物，自然就会联想到这两个动物所代表的意义——中国和澳大利亚。

知觉的这两个过程表明记忆对于知觉至关重要：记忆提供了形象，而形象则可以用来与外部刺激及语境进行比较并得出意义。一个五官健全的新生儿不能知觉事物，因为新生儿几乎没有存储的形象和情境来与新的刺激进行比较。但是，经过重复的接触，尤其是教育和学习，新生儿可以逐步形成对模式的识别，并最终对有意义的刺激形成认识。

知觉是有选择的。由于大脑必须把外部刺激和内部存储形象进行比较才能得出意义，这就使先前存储于记忆中的形象具有决定性的作用。由于各人对形象意义的解读和记忆有所不同，这就使得即使两个人接收到同样的外部刺激，但由于其记忆中的存储形象不同而使两人对外部刺激的理解完全不同。正如鲁迅所说，面对《红楼梦》这一外部刺激，“经学家看见《易》，道学家看见淫，才子看见缠绵，革命家看见排满，流言家看见宫闱秘事”。

因此，广告创意人员在进行广告创作时必须对广告的目标受众的经历和记忆存储的形象给予高度的重视，尤其是广告诉求在含蓄地贬低竞争对手的品牌时更应该慎重，因为消费者很可能将这种批评竞争对手的广告诉求进行完全相反的理解。

(2)理解程度

理解的主观性 受众对信息的理解程度是由信息刺激物、个体、环境特点所共同决定的。对广告信息而言，广告所赖以传播的媒体及其广告出现的背景等各个因素都会影响受众对广告信息的内容的理解。就像对具体的词语或符号的理解一样，受众对广告诉求的语气和对广告信息的感受多少都会进行一定的主观理解。例如，某公司由于生产与营销效率提高，以低于市场同类产品的价格推出一款高质量的新产品。如果受众将其价格降低理解为质量降低，那么不论客观现实如何，这个新产品都不会成功。因为目标受众是依据其对广告信息的主观理解而非客观事实本身来影响自己的消费行为的。

事实上，受众对广告文案的诉求信息多从字面含义和心理含义两方面分别进行理解。字面含义是指某句广告文案(词语)的一般意义，即词典的解释；心理含义是指受众对广告文案(词语)基于个人或某个群体的经历、文案(词语)使用的具体环境而给予的特定理解。广告创意人员必须对广告文案(词语)的心理意义予以高度重视。比如，“降价销售”的字面含义是“商品价格降到正常价格以下”。然而，同样的文案如果使用在时装广告诉求中，受众可能会认为“这些衣服已经或马上就会过时”。这种现象很好地证明了为什么受众会对广告诉求信息产生较大误解的原因所在。

创作有效的文案 最近在美国的一项调查结果表明，平均而言，受众对广告诉求信息的误解率为23%到36%。因此，除了注意力和说服方式，广告创意人员还必须创作出简洁清晰的广告文案诉求信息，以降低或减少受众对文案信息内容的误解。(图7-14)

2.认知：思考进入大脑的信息

(1)认知过程

认知指的是一个人的思维过程。比如，受众接触到一条广告信息时会有何反应呢？受众通常不会立刻接受这条信息或者努力记住它，但有可能对信息进行思考。这种思考就被称为认知反应。受众的认知反应可能是简短的或较长时间的，深入的或肤浅的，积极的或消极的。

受众对广告传播活动所引起的积极的想法被称为支持性观点，消极想法被称为反对性观点。比如，面对中国移动的广告词“沟通从心开始”，受众有可能产生如下的支持性观点：

- 我应该更多地与家人和朋友保持联系
- 现在打电话很便宜

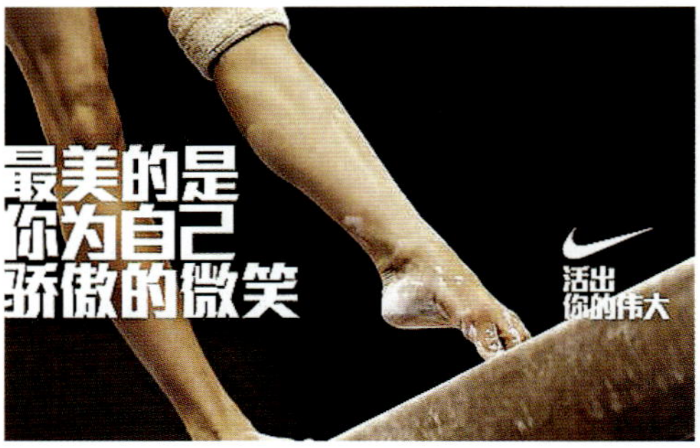

图7-14 耐克平面广告创意作品《活出你的伟大》

耐克的这组平面广告创意作品是在2012年英国奥运会期间发布的，广告最打动人心的，不是其画面的构图和色彩的视觉元素，而是一组令人思考并广泛认同的文案，这些文案实际上所诉求的是一种价值观、一种体育精神和人们应该持有一种什么样的生活态度。如果受众认同了耐克所诉求的价值观，自然就会认同耐克这个品牌。

- 我的家人接到我的电话会很高兴

当然，这条广告词也有可能引起受众相反的观点：

- 中国移动只不过是在利用人们的情感纽带
- 手机有辐射，打多了不利于身体健康

通过调研，收集受众对广告诉求信息的看法，广告创意人员就能够及时了解广告与受众沟通的效果，并根据受众对广告诉求信息的理解反应做出适当的修改，以使受众对广告诉求信息尽可能产生正面的支持性观点。

(2)影响认知的因素

影响认知的因素主要包括认知一致性、论证的力度、反复和情绪。如果广告创意人员能够有效地利用影响受众认知的这些关键因素，那么就可以控制和避免受众对广告信息的负面认知。

认知一致性　是指受众个体都希望所接受的信息与他们固有的价值观念、偏好和行为保持一致。如果受众所接触的新信息与其之前的经验不相吻合，则一般会导致两个可能的后果：要么受众对信息予以质疑、抵制；要么受众对新信息进行重新理解并被接受。假设广告诉求的信息与受众对此类商品所形成的理解不一致，且这种不一致的广告诉求信息观点明确且极具威胁性，受众往往就会对此信息加以反驳并拒绝接受。例如，烟民都会下意识地抵制“吸烟会导致肺癌和其他疾病”的正确说法。另一方面，假如不一致的信息观点模糊且威胁性较小，受众就有可能对新信息加以重新解释，使之与自己固有的价值观念、偏好和行为保持一致。他们甚至有可能对此较模糊的信息加以利用，以进一步支持自己的价值观念、偏好和行为。例如，持有截然不同观点的经济学家常常会对相同的经济数据作出符合自己观点的解释以支持自己的学术观点。

消费者在接触广告信息的过程中，其对广告信息的内容与自身固有的认知是否能够保持一致，对广告创意人员是一个重大的挑战。显然，广告诉求从正面去改变消费者已经形成的观点的努力不会有多大效果。比较有效的方法是从侧面对消费者进行诉求，即广告创意人员重新定义主导品牌的活力或强调自身品牌的新活力。此种方法运用得最成功的案例是当年伯恩巴克为艾维斯出租车公司重新定义的广告诉求主题：

老二主义，艾维斯的宣言

我们在出租业，面对世界强人只能做个老二。最重要的，我们必须学会生存。在挣扎中我们也认识到在这个世界里做老大和老二有什么不同。做老大的态度是：不要做错事，不要犯错，那就对了。做老二的态度却是：做对的事情，找寻新方法，比别人更努力。

老二主义是艾维斯的信条，它很管用。艾维斯的顾客租到的车子都是干净、崭新的，雨刷完好，烟盒干净，油箱加满，而且艾维斯各处的服务小姐个个笑容可掬。结果，艾维斯由亏转盈了。艾维斯并没有发明老二主义，任何人都可以采用它。

全世界的老二们，奋起吧！

论证的力度　广告诉求信息的论证力度的大小对受众的认知也会产生相当大的影响。不过，在什么情况下使用论证力度大(小)的广告诉求，广告创意人员只能根据其目标受众处理信息的动机和能力来调节。如果目标受众对本品牌抱有比较积极的态度并且有能力处理信息，论证力度可适当加大。否则，一旦受众对诉求内容提出质疑，就会把无力的论证批驳得体无完肤。例如，AT&T曾有一则论证无力的广告诉求：“既然你拥有了更好的电话，那就毫不犹豫地打吧！”显然，这样的诉求难以产生劝服的效果。因为并不是所有的消费者都会随着新技术的开发而更换他们的手机，而且他们也想不出太好的理由去打更多的电话。但是，如果把上述内容以强有力的论证予以诉求：“每分钟周末长途话费在一年内降了25%，没有别的交流和传递手段会如此便宜。”这样的诉求显然更有逻辑性，也更有劝服力。过去没有意识到这一事实的消费者很有可能被这种价格下调的幅度所诱，进而认同这一多打电话的理由。

重复　对受众的认知产生影响的第三个要素就是重复。一般而言，适当的重复会导致受众产生积极的反应；但是，当信息的重复超过了一定的限度，受众则会因厌倦而产生消极的反应。

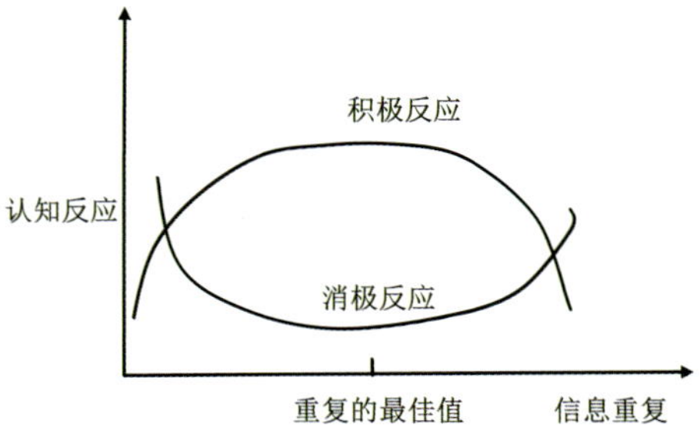

图7-15　对信息重复的积极反应和消极反应

这个上下倒置的U型图显示了受众对信息重复所产生的积极的或消极的反应指数。即随着信息的适当重复，受众对信息诉求的积极反应会随之上升，但上升是有临界点的，即当重复的次数超过一定的量的话，受众的积极反应就会呈下降的趋势。因此，最佳或最大数量的重复点就处在积极反应和消极反应之间距离最大的那一个点上。

情绪　情绪是影响认知的第四个要素。总体而言，受众在其情绪处于良好状态的情况下，对于信息的接受往往会产生积极的认知反应；反之，当受众处于焦虑或郁闷的情绪状态时，对于信息的接受往往会产生消极的认知反应。因此，广告创意人员在广告创意过程中，应充分利用音乐、色彩、幽默和鼓励等表现手法以唤起目标受众的积极情感，从而使其产生有利于本品牌的认知反应。

3.记忆：锁定进入大脑的信息

记忆是指受众对所接受的信息予以保持从而形成难以忘记的印象。消费者首先通过知觉了解相关商品的广告信息；其次，消费者还要通过认知对相关信息进行分析和思考。但是，如果消费者不记得自己所看过的广告，或是只是记住了广告而忘记了广告所诉求的商品，对广告传播活动而言仍然是毫无意义的。因此，判断一则广告创意作品是否优秀的一个关键要素，就是该广告所诉求的商品能否给目标消费者留下比较深刻的印象并产生记忆。

根据信息处理理论，人的大脑存在三种记忆系统：感觉记忆、短期记忆和长期记忆。消费者在处理与商品或品牌有关的信息时，这三种记忆系统都会被用到。这三种记忆系统的彼此关系见图7-16。

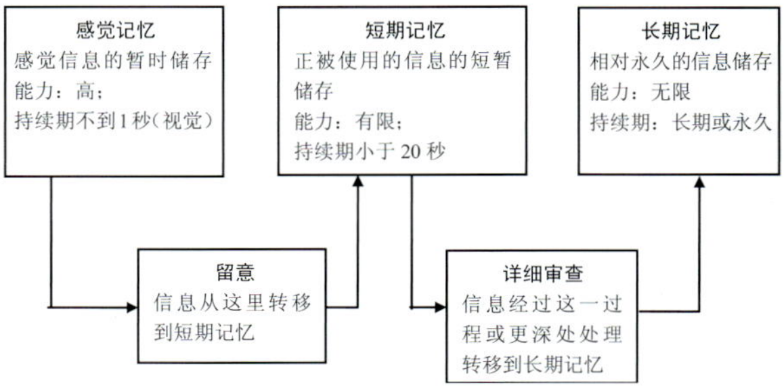

图7-16　记忆系统的相互关系

感觉记忆　是指人们对通过感觉器官所得到的信息予以储存的过程。这种储存的过程时间很短暂，至多持续几秒钟。比如一个人在大街上路过一家烤鸭店时，很可能会受到烤鸭的香味的诱惑而迅速看一眼烤箱中正在烘烤的烤鸭。尽管这种感觉（视觉和味觉）只持续几秒钟，但这段时间已足够让这个人作出是否留下来进一步观察或就餐的决定。如果这个人认为有必要对这条信息予以保留以便做进一步的处理，这条信息就会在记忆系统中通过“留意”这条管道进入“短期记忆”。

短期记忆　是指人们对其感知过并认为有一定价值的信息在有限的时间里的储存过程。这一过程主要是将其感知过的视听觉信息（事物）转换为语言符号以便记忆。一个消费者通过电视广告感知到了奔驰汽车的诸多信息，如汽车豪华的外观、顶级的配置、超常的速度甚至尊贵和地位的象征等，但消费者会对这些信息压缩为“奔驰”这一品牌的语言符号，以便于记忆。

长期记忆　是指人们对大脑中众多短期记忆的信息进行筛选，对认为于己有价值的信息进行长期储存的过程。广告主常常使用重复的方法以图加强目标受众对商品的长期记忆。

二、广告诉求的论证策略

以论证的方式对诉求内容进行创作是创意人员经常使用的策略。这种方法层层递进，逻辑性强，以理服人，具有比较理想的劝服效果。论证策略主要有以下几种方法：

1.对比论证

所谓**对比论证**，是指将诉求产品(品牌)与某个竞争标准物进行比较，并用论述和求证的方式对诉求产品(品牌)的利益点予以充分的诉求。至于这个标准物，广告主可以使用一个知名的竞争品牌，也可以使用不知名的竞争品牌，或者是整个行业的竞争情况。

使用对比论证的方式进行创意的广告作品又被称为比较广告。比较广告在美国的发展是在1970年以后。之前，自由贸易协会组织担心比较广告会导致消费者的思维混乱并失去对商品的客观判断力。同时，企业无论是大公司还是小公司都对比较广告持保留态度。大公司是因为害怕小公司或新产品利用比较广告与本品牌进行有选择性的比较从而牟取不太正当的利益；而小公司则担心大公司利用比较广告对其进行打压。尽管如此，在消费者协会的压力下，自由贸易协会组织还是于1971年正式允许各企事业组织在其商业活动中使用比较广告来开展市场竞争。理由是，运用比较广告可以向消费者提供更为全面和真实的商品信息，有利于消费者作出判断。同时，使用比较广告在某种程度上可以保护或促进优秀品牌传播其信息。

从理论上说，所有企业都可以使用比较广告来开展营销活动。但从实际效果而言，处于从属地位的品牌比处于领导地位的品牌更喜欢使用“比较广告”。因为，“比较广告”可以有意地将从属品牌与领导品牌相提并论，从而使消费者对两者的品牌产生联想，有利于提升从属品牌的市场地位。

以下是一则比较经典的对比论证的广告案例：

MRI五年的趋势：所有的成年人
三种杂志，三种不同的故事
谁说所有的新闻周刊都是一样的?

你甚至不需要拿起笔就可以得出结论——新闻周刊又一次荣登榜首

根据最新的MRI结果，我们在过去五年里非同寻常地和成年人打交道。增长量几乎达到13%。至于《时代》和《美国新闻》……“非同寻常”这个词就不太合适了。如果谈到具体的成人目标市场，差别就变得更明显了。

就拿专职经理来说，《新闻周刊》在这一读者群中的销售量比《时代》多了三倍，而《美国新闻》则下降了16.3%，我们认为如果《美国新闻》不是如此热衷地努力提高自己的身份，就不会在商业界造成如此令人尴尬的事实。

最令人惊讶的是，《新闻周刊》的读者质量从来没有如此之高，尽管流通量比《时代》略少，《新闻周刊》仍然拥有更多的专职人员/经理人，创意人员/总监以及大学毕业生，他们每周翻阅我们的杂志。

考虑到我们的竞争者，我们就说到这儿，但是你们可以致电《新闻周刊》以获得关于MDI的其他细节内容。正如你所想象的，我们很乐意告诉你一切!

需要说明的是，我国至今使用的《广告法》及其相关法规仍然不允许企业或事业组织使用对比论证的方式创作广告。

2.反驳论证

所谓**反驳论证**，是指广告主在其广告诉求中将有利于自身的事实提炼成一种理论，来否定竞争对手的批评。

运用反驳论证型的广告常常能够达到比较理想的传播效果。对于反驳论证型的广告的作用和关于反驳论证型广告为什么有效以及什么时候有效的问题，一直是广告学界研究的课题。

有研究显示，当诉求内容直接触及目标受众所关心的领域时，采用反驳论证型的广告往往是比较有效的。在大多数情况下，反驳论证型的广告诉求对象都是该产品(品牌)的消费者或者竞争对手产品(品牌)的消费者，这些人对广告主产品的优缺点比较了解。因此，如果广告主在反驳论证时对自身产品的不足避而不提，却一味地对对方的产品进行反(批)驳，有可能使消费者对广告主的诚信产生怀疑，同时也将促使竞争对手与之进行再反驳，从而使双方的品牌形象都受到伤害。因此，使用反驳论证型的广告一定要注意自身的诉求事实的准确性，要使竞争品牌难以进行再反驳，以避免形象都受损的广告战。

3.接种免疫论证

接种免疫的论证方式是指事先告知消费者并且帮助产品防御竞争对手的进攻，以免本品牌的市场地位受到竞争对手品牌的挑战。

先发制人的论证广告方法对消费者产生作用的原理，与医学上的免疫理论相似。比如我们每个人都要接种牛痘(小剂量的病毒感染)以使我们的免疫系统能够轻松地承受这个剂量并被激活，当疾病真的出现时我们的免疫系统便能够有效地杀死病毒。同理，当消费者在接受竞争对手品牌大规模并且是强有力的广告诉求之前，如果采用先发制人的广告诉求策略，也就是给予竞争对手以微不足道的支持，然后再予以有力的反驳，从而使消费者由于事先接受了本品牌的广告影响(接种)，对今后竞争对手的广告诉求自然就容易产生怀疑(免疫)的看法。

接种免疫的广告诉求策略是对付新产品进入市场或竞争对手采取价格策略的有效手段。

第三节 感性诉求策略

如果说广告创意过程中的理性诉求策略是以充分的事实根据、周密的逻辑推理、冷静的分析论述为特点，以达到使目标消费者相信广告诉求商品的目的的话；那么，感性的诉求策略则不大顾及信息内容的前因后果，来龙去脉，而主要是通过调动目标受众的情感、打动受众的心扉、煽起受众的情绪，以达到使目标消费者喜欢广告诉求商品品牌的目的。

一般而言，感性诉求比理性诉求的劝服效果更加明显。正如施拉姆所言：“大量实验表明，动感情的诉求较之逻辑的诉求更可能导致受众态度的转变”。[①]

①施拉姆，波特.传播学概论〔M〕.陈亮，周立方，李启，译.北京：新华出版社，1984：228.

一、情感的基本概念

1.什么是情感

情感是人类精神生活中最难以把握的部分，却又是决定人们态度的最重要的因素。我们可以将情感定义为一种主体需要对客观对象的知觉状态。比如生气、骄傲、喜爱和伤心等都在一定程度上暗示着主体对客观对象的直觉状态。情感不同于思想和意识，情感可以独立于理性思维而存在。如汶川大地震后许多网民受民族情感的驱使，纷纷指责外资企业捐款太少，甚至搞了个与事实有很大出入的“国际品牌铁公鸡榜”，就是很典型的例证。当然，情感也可以通过理性的引导而得以建立或逐渐消失。如汶川大地震中众多教师舍身救学生的事迹，经过媒体的报道不知感动了多少人。在一定的条件下，外在的刺激(如地震)与主体的某种情感(恐惧)是有关联的。这种联系一旦建立起来，即使理智知道这是毫无根据的，但情感还是会自然而然地产生，所以情感是独立于理智而存在的，并且是人类的一种强大而特殊的能力。

情感可以依据多种细微的差别组成具有几个象限的矩阵。图7-17所表示的是建立在两个量度指标上的简单归类：情感的强度：从正面过渡到负面；情感的对象：事物还是事件。

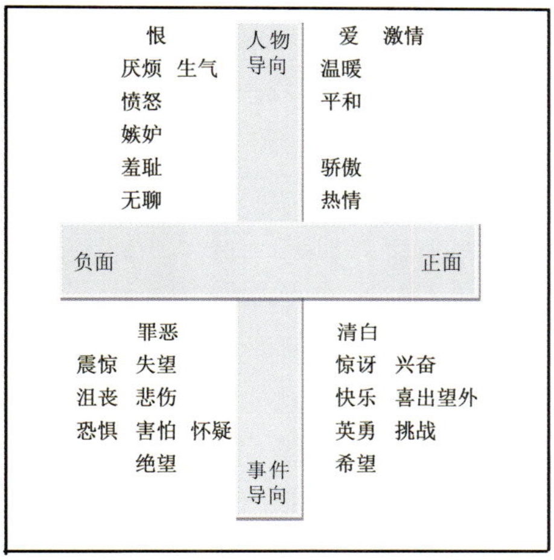

图7-17　人类情感分类

对于广告主而言，最关键的是要把握和控制好受众对于广告诉求的品牌所持有的介于肯定与否定之间的情感。追溯受众情感的程度和方向是非常重要的，因为受众对广告所唤起的情感往往会转移到品牌上来，肯定的情感可能会使受众对诉求品牌产生正面的态度和行为，而否定的情感却可能导致受众对诉求品牌产生负面的态度和行为。进而言之，强烈而肯定的情感将会促使受众产生强烈的积极的反应；强烈而否定的情感则有可能促使受众产生强烈的消极反应。比如，一则意图唤起受众对艾滋病后果产生恐惧的广告作品，如果采用过于强烈否定的情感诉求，则将导致受众对AIDS这一缩写单词产生反感从而拒绝接受广告诉求信息。(图7-18)

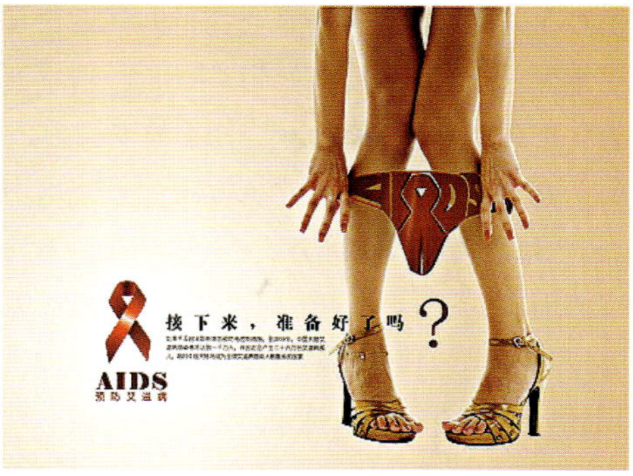

图7-18　预防艾滋公益广告

预防艾滋病的公益广告创作可以有两个构思方向，一是意图表现艾滋病人奄奄一息的惨状使受众产生恐惧；二是以积极健康的心态面对和预防艾滋病感染。显然，该条广告创意属后者，使得其诉求理念更容易被受众所接受，大大提高了传播效果。

在分析情感时，除了要研究情感的主体之外，还要注意研究情感的客体，即什么人或什么事唤起了主体的情感，也就是主体的情感指向是什么。情感的对象可以是某个客观实体(如人或物体)，也可以是某个事件。有的人看见狗便产生恐惧感，有的人看见足球便产生兴奋感，这些人的情感指向都是客观实体。另外，人的情感指向也可以是事件，如大地震会导致许多人因为亲人的遇难而感到悲伤。而台湾民进党的重新执政，则让许多人对海峡两岸的和平及未来充满了忧虑。此时，人们的悲伤和忧虑都是因事件而产生的。

2.情感诉求方法的优势与劣势

与论证型广告诉求方式相比，情感诉求的广告创意方式具有以下优势：首先，不会引起受众的抵触情绪，尤其是通过比较含蓄的表现方式时，其唤起情感的刺激将使受众在不知不觉间接受广告诉求从而达到广告劝服的目的。其次，情感诉求多以故事情节予以表现，更容易引起受众的兴趣；而受众在接受论证式广告诉求时，为了能够跟上论证的逻辑，就不得不集中自己的注意力来认知广告所传播的信息。再次，利用图片、音乐这些诉诸受众视听觉并唤起情感的刺激比客观的富有逻辑的论证要更容易感染受众，而且，情感本身在人的大脑记忆中所保持的时间更长且更牢固。最后，相对于论证诉求而言，情感诉求方式更容易使受众在短时间里改变行为。

同样，情感诉求的广告方式如果使用不当，也可能产生负面效果，主要体现在以下几个方面：首先，情感的酝酿需要故事情节、需要较长的时间予以呈现，不可能像论证型广告那样有较多的时间来诉求产品的利益点。其次，受众在接受情感诉求时，有可能过于投入情感而忽略了对广告的中心信息的认知，尤其是当运用情感诉求的广告创意情节与广告产品之间缺乏关联时尤其如此。再次，如果是以消极的情感(如恐惧、悲伤等)为表现元素时，会使受众产生不快的感觉，从而导致受众有意忽略广告所暗示的产品信息，使广告诉求的效果受到影响。最后，如果使用强烈的情感诉求但与广告产品没有必然的关联，受众就会对广告传播的产品产生反感，认为是广告主过于矫情、滥用资源、利用受众的情感以达到自身的商业目的。(图7–19)

图7–19　贝纳通品牌平面广告创意作品

此广告当年在意大利发布之后遭到罗马教会的强烈抗议，在社会各界引起广泛的争议。从品牌传播的角度而言，争议对贝纳通的品牌影响力的扩大反而更加有利。该广告创意是想表明贝纳通反对压抑人性。从人性的角度而言，这种观点无可厚非。但广告作品的表现主题与其服装产品之间不存在必然的关联性，这就难免被人指责为过于矫情了。

因此，广告主或广告创意人员在利用情感诉求的方式时，一定要使情感诉求的情节、主题与诉求的产品产生密切的关联。

3.情感诉求应具有针对性

由上可知，无论是理性诉求还是感性诉求，都有其自身的优势与劣势，关键是要使用得当。具体而言，在什么情况下使用情感诉求的方法，取决于以下两个要素：受众对商品购买决策的重视程度和商品的利益点。

受众对商品购买决策的重视程度　一般而言，受众在商品购买决策的过程中，参与重视程度越高，其对商品的相关资讯的掌握就更丰富，对广告的理智、客观的信息也就更容易产生认知。此时，对此种商品和目标受众来说，论证型的广告创意当然是首选。反之，如果受众在商品购买决策过程中参与重视程度有限，其对商品的选择购买具有较大的随意性，此时，运用情感诉求的方式将更有效果。

我们还可以消费者对商品购买决策的重视程度将商品分为理智型和情感型两大类别。如此划分，就使我们非常清楚理智型商品当然更适合采用理性诉求的方法进行广告传播，而情感型商品自然也就更适合采用感性诉求的方法进行广告传播了。

将消费者的关注程度和商品的性质(感性或理性)作为量度标准，可以将商品在一个二维矩阵中进行分类(图7–20)。矩阵的右侧为感性商品，左侧为理性商品，上半部分为消费者关注度高的商品，下半部分为消费者关注度低的商品。

关于商品的利益点　不同的商品对不同的消费者来说其利益点自然也就不同，大致归类为两种情况：显性的、直接的利益与隐性的、间接的利益。前者较适合于以情感诉求的方式进行广告传播，后者则更适合于以理性诉求的方法进行广告传播。如涉及安全、健康等为利益点的商品就更适合理性的广告诉求，而涉及身份、地位为利益点的商品就更适合感性的广告诉求。

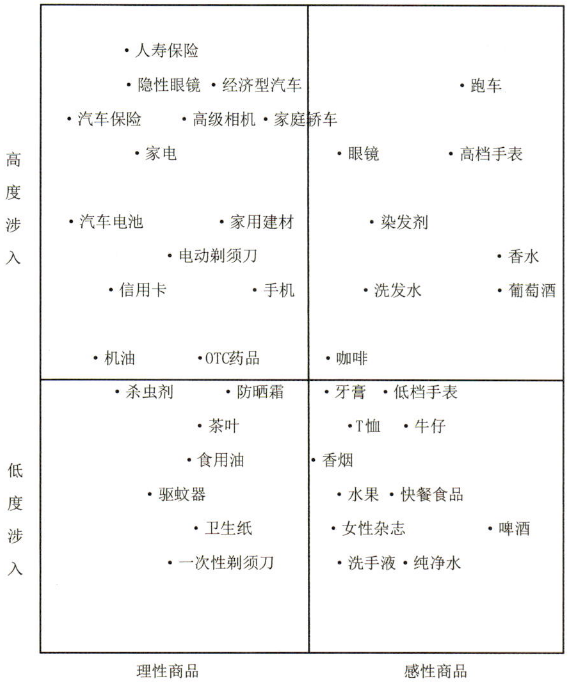

图7-20　理性/感性商品分类

二、唤起情感的广告表现方法

在情感诉求广告创作过程中，具体的唤起注意的表现方法主要有幽默、性感、恐惧、焦虑、热情等五种。

1. 幽默

幽默是将看似毫不相干的两个事物予以“不和谐”的组合，从而引人发笑又耐人寻味。幽默透露出传播主体自信的气质和过人的智慧。

早在20世纪60年代，西方的许多广告学者就发现幽默广告往往能够将严肃的营销目的淡化在轻松诙谐的喜剧气氛中，使消费者在愉悦的心境中不自觉地改变对商品品牌的态度。这种理论引发了幽默广告创意的大行其道。直到今天，幽默广告仍然是广告界最常使用的且最具效果的创意方法。

幽默的元素　在广告创意中常常使用的幽默的元素主要是创意人员将两个不和谐的因素组合在一起，造成出乎意料的视听觉效果，使受众在第一时间产生惊讶的反应。不和谐的因素包括不相关的事件、不相关的画面、双关语等。[①]

① Gerard Teiiis. 广告与销售战略〔M〕. 张红霞，王晨，译. 昆明：云南大学出版社，2001:193.

虽然幽默常常被人们定义为“无害的不合时宜”，但近来一些广告学者对幽默中的无害说法提出了质疑。因为某一个幽默对一个群体来说是无害的，对另一个群体来说可能就是有害的。比如，2005年丰田霸道汽车的广告创意使用中国的石狮子向霸道汽车敬礼的作品，其幽默的表现方式就在一定程度上对部分中国人产生了伤害。对广告主而言，其创意的幽默广告中的“不协调”元素必须不仅是对社会主体无害，而且还必须是对其他民族和国际受众也是无害的。(图7–21)

图7-21　Smart汽车平面广告创意作品

Smart汽车的广告诉求点从表面上看当然是其小，这不禁会使人想到当年伯恩巴克为金龟车创作的广告《想想小的好处》。Smart汽车的广告创意诉求点从两个方面展开，一是诉求其小，二是诉求其动力。本则广告以十分幽默的对比手法表现了其小的好处。在如今寻找车位难于上青天的背景下，此广告诉求在引起受众哈哈一笑之后，也留给受众较为深刻的印象。

另外，我们有必要从复杂的幽默中区分出所谓的**闹剧幽默**。闹剧幽默是用一种简单的方式来达到令人捧腹的搞笑效果，其典型的做法是将两个画面进行拼贴组合形成一个可笑的视觉图像。这种简单的拼接不会使受众产生紧张感，欣赏起来毫不费力，因此它不要求过于深思熟虑。(图7–22)

图7-22 TYLENOL头痛药广告《克林顿篇》

这是一则典型的具有闹剧幽默色彩的广告创意作品。该广告的药品是TYLENOL，其广告文案是：强力止疼，专治剧烈头痛。1998年，取得连任的美国总统克林顿同白宫女实习生莫妮卡·莱温斯基的性丑闻被曝光，受到司法部门调查。共和党在国会提出了弹劾议案，但未获通过。这就是著名的“拉链门”案件。一般认为此案的政治意义大于其法律意义。该广告创意将莱温斯基的照片直接贴在克林顿的脑门上，既巧妙地传达了该药品的疗效作用，也道出了令他头痛的原因，使受众产生捧腹爆笑的效果。

幽默的作用　越来越多的广告主偏爱于使用幽默的方法创意其广告作品。据2006年的调查数据表明：36%的英国电视广告、24%的美国电视广告、31%的广播广告、15%的杂志广告都使用了幽默手法。那么，幽默广告到底有哪些作用呢？

第一，幽默有助于消除受众对广告的不信任感，并使受众的情绪处于轻松愉快的状态，这种状态对于信息的接受是十分有利的。

第二，幽默有助于吸引或维持受众的注意力。在许多硬性推销式的广告或其他常规的广告表现手法中，幽默是令人欢迎的解闷方式。并且，幽默广告更能促使受众产生比较深刻的印象。

第三，同戏剧一样，幽默也可以深深地吸引受众的兴趣，从而在相当程度上减少受众对广告中心信息的抵御，使广告受众在不经意间受到广告的影响。

幽默广告好处多多，但如不加选择地运用则有可能使受众降低对广告信息的接受程度。所以，运用幽默必须注意以下问题：首先，幽默元素要与广告诉求的产品有一定的关联性。其次，广告创意人员必须考虑受众的情感状况。在受众处于严肃紧张的状态时，温和的幽默可能会带来愉悦；而在悲伤痛苦的时候，同样的幽默却可能冒犯受众。最后，不是所有的商品都适合做幽默广告，那些消费者关注度低的感性商品更适合运用幽默的方法进行广告诉求。

2.性感

广告诉求的对象是人而不是神，因此，在广告中采用性感诉求方式本身并没有问题。问题是性感诉求的广告是否具有增加销售的效果呢？从表面上看，答案是否定的，因为没有任何东西包括性可以左右人们的商品购买行为。但是，如果说性感诉求的广告完全没有作用，似乎又与实际情况不符。应该说，性诉求广告确实可以引起受众的注意，并且偶尔还会使人产生亢奋情绪，进而间接影响目标消费者对广告商品的态度。有些广告主在其广告创作的过程中对性背景的表现效果坚信不疑，虽然目前还没有足够的证据来证明性诉求的具体作用。

对性感广告的具体创作的细节历来都是一个充满争论的话题。如对性的诉求究竟有没有表现限度？如果是要暴露身体，应该暴露多少为宜？对美女的关注是否会影响受众对广告商品的注意？等等。对这些问题的把握没有通用的标尺，只能是各不相同的广告主根据实际情况作出自己的判断。

利用性诉求来建立品牌形象似乎是很多人难以想象的，不过，事实上如范思哲、香奈尔5号、CK等都是通过性感诉求成功地塑造了品牌形象。但这些品牌大都与性关联程度较密切，对与性毫无关联程度的产品在使用性诉求时，其广告则基本不起作用。（图7-23）

图7-23　CK服装品牌平面广告创意作品

CK品牌长期以来所秉持的传播个性就是坚持使用性感广告的视觉表现，并形成自己有别于其竞争对手的品牌风格。一般而言，走性感路线的广告创意，对于品牌营销与传播而言还是有一定的风险的。不过，该作品的性感尺度拿捏得很有分寸，使作品既富于美感，又不至于淫秽，黑白摄影的效果营造出经典的感觉。

3.恐惧

恐惧是人失去安全感时的一种基本心理状态。作为心理学的一个概念，其被定义为“恐惧是一种企图摆脱危险的逃避的情绪”。与此相对应，快乐则是一种“接近”的情绪。可见，恐惧和快乐都是在外界的刺激下人们所产生的心理情绪状态，只不过这两者对人们所引起的情绪反应是相反的。

所谓恐惧广告，可以界定为通过引发受众的恐惧心理以促使受众摆脱某种危险或有害行为的诉求方式。在马斯洛的人类需求理论中，安全需求处于第二层次的基础性的本能需求，因此，恐惧实际上是安全需求的一种反面表达。大量事实表明，在人类的心理活动中，恐惧是一种最普遍、最基本、最具共性的心理状态，也往往是一种影响最广、力度最强、传播最快的心理情绪。[①]利用人们的恐惧心理进行广告创意是广告主经常使用的策略之一，而且，恐惧广告的创作数量近年来有不断上升的趋势。(图7-24)

图7-24　Baygon 牌杀虫剂广告创意作品

恐惧广告的诉求内容大多是戒烟之类，不过，有些类别的商品也比较适合采用恐惧广告的手法进行广告创意，该广告商品——杀虫剂就非常合适。其实，该广告的恐惧对象并不是广告受众，而是家里的害虫。或者，换句话说，就是消费者使用了这个牌子的杀虫剂，就完全不必因为家里还有害虫而感动恐惧。因为这些害虫早已被Baygon 牌杀虫剂消灭殆尽。

恐惧广告的作用　人们往往难以克服自身的习惯(如吸烟等)，或者在心理上存在着软弱的一面(如贪生、避害等)，或对这些行为所可能导致的严重后果认识不足。此时，通过正面的诉求传播的效果可能是相当有限的，甚至产生不了任何作用；使用恐惧诉求则犹如在受众面前大吼一声，让受众吓出一身冷汗，往往效果明显。

受众对恐惧的反应　利用恐惧进行广告诉求虽然能够产生一定的效果，但是，这种效果并非立竿见影。也就是说，强烈的恐惧不一定会导致受众强烈的反应。据研究表明，

①程宇宁.广告文案创意〔M〕.长沙：中南工业大学出版社，1999：195.

受众对恐惧的反应呈倒U型：即中等程度的恐惧诉求要比低等程度或高等程度的恐惧诉求有效得多，其原因是由于恐惧诉求的程度较低而往往容易被受众所忽视；而恐惧诉求的程度过高，则又往往使受众产生防御心理，认为这种恐惧诉求只不过是夸大其词而加以否定。因此，明智的恐惧诉求应该是在强调听从建议的同时尽可能表明不听从的危害，把温暖、惊讶或者幽默与恐惧交融在一起，从而产生更为显著的诉求效果。

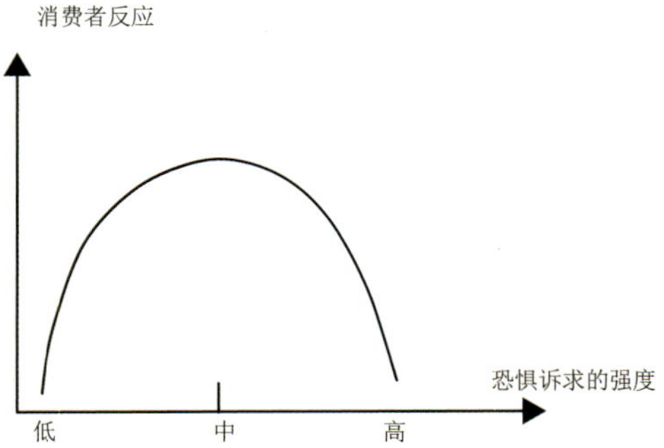

图7-25　受众对恐惧的反应

恐惧广告的诉求内容大多是突出表现目标消费者如果不使用广告商品或不采纳广告提出的建议所产生的危害或其他不利后果。许多广告主之所以从直觉上相信恐惧可以作为一种策略，是因为他们认为对目标消费者进行恐惧诉求可以促使他们为摆脱由于恐惧所带来的心理焦虑而购买广告商品。如许多涉及驾车安全的公益广告、戒烟广告等多是采用恐惧内容为主的广告诉求方式。

然而，调查表明，利用恐惧诉求的广告传播效果似乎并不尽如人意，并且此种方法也已引起许多社会心理学家和营销研究人员的异议。传统的观点认为，过于强烈的恐惧刺激实际上会妨碍受众对诉求信息的理解，并导致受众对广告诉求的品牌形成负面的态度。因为受众对引起恐惧本身的信息过于关注，以至于他们只注意到恐惧本身而忽略了如何去克服这种恐惧。另一些人认为，过多的恐惧可能会占据受众太多的认知空间，以至根本无法进行理性判断，并作出购买决策行为。（图7-26）

图7-26　贝纳通系列平面广告创意作品

贝纳通的广告别具一格，甚至就不像广告。因为其所诉求的内容与服装不仅毫无关联，而且大都表现的是意识形态领域的普世价值观。这两幅作品是用恐惧的表现方法反对恐怖活动和反对战争，视觉刺激效果强烈。贝纳通的广告历来颇受争议，原因就是其广告创意的主题与其产品之间缺乏关联性，导致许多消费者难以理解其广告主题。不过，从品牌个性的角度而言，贝纳通的广告倒也逐渐形成了其品牌风格，你认同了其广告所诉求的观点，你也就会认可贝纳通的品牌。

4.焦虑

和恐惧一样，焦虑也不是一种令人愉快的感觉。事实上，焦虑非常令人不舒服，许多人都想方设法地努力回避焦虑感，或者尽力减少和降低自己的焦虑。也有些人通过购物或消费来减轻自身的焦虑感。一些广告主正是利用目标消费者的这种焦虑感来达到其有利于本商品品牌的消费行为。这种广告主要通过以下两个方面来体现诉求内容：一是强调目标消费者正面临着显而易见的危险；二是诉求避免这种危险的方法——即购买广告推荐的商品。

实际上，P&G多年来一直始终如一地在使用这种方法，以至在某些范围内，人们把焦虑诉求策略直接称之为P&G法。P&G有一条描写一对夫妇因参加社交活动而产生焦虑的广告堪称经典：广告表现一对夫妻正在手忙脚乱地擦拭玻璃杯上的污点，原因是他们没有使用P&G 的Cascade洗碗剂，如果用了的话，玻璃杯上就绝对不会有污点了。

5.热情

在以情感为诉求的广告创意中，渲染热烈的情绪是比较有效的策略。在热烈的情绪影响下，受众对广告的注意力将会得到加强，并且对商品信息容易产生正面的理解。因为热情可以使受众的心理得到放松，进入一种肯定的情绪状态之中。通过适当的重复，这种肯定的情绪就会转移到商品和广告信息上，从而增强广告的劝服效果。(图7-27)

图7-27　真维斯服装平面广告作品

一般而言，定位于中低端消费市场的品牌更有必要选择此种广告表现策略，而哪些定位于高端消费市场的广告表现方式则绝不会使用这种表现策略。因为大众品牌就应该通过广告表现出亲和、愉快的氛围；而高端品牌所针对的只是一小部分消费者，其广告就必须表现出冷艳、令人仰视、可遇不可求的感觉。

渲染热烈的情绪是一种精心策划的广告辅助手段，一般是通过广告画面的背景予以呈现。其视觉基调往往是充满了关爱、友情以及温馨的场面，以期激起受众的热烈情绪。另外，人与动物及自然的和谐相处，能激起受众的热烈情绪。音乐和幽默也能增强热情的气氛，加强广告的劝服效果。(图7-28)

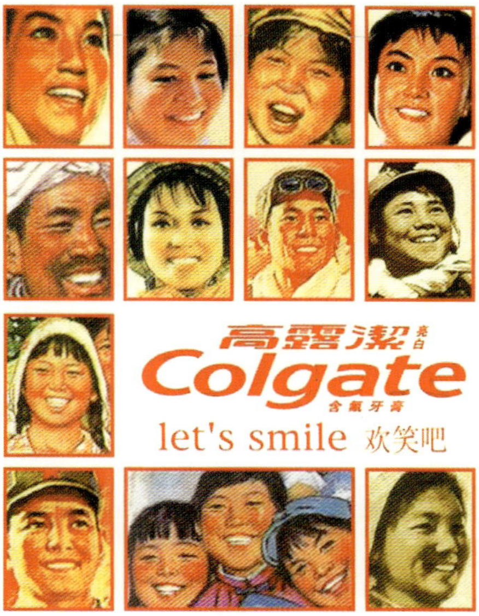

图7-28　高露洁牙膏平面广告创意作品《欢笑吧》

高露洁的这则广告的创意意图是想通过对过去年代的生活场景表现，来勾起中年消费者对逝去年代的回忆，从而拉近与高露洁品牌的距离。广告人物的绘画手法完全采用的是“文革”期间流行的宣传画或称波普艺术，这种画作的特点是色彩浓重、线条粗犷、人物表情夸张、姿态模式化。高露洁的这幅广告真正要表现的是这些人均有一口洁白的牙齿。

第四节　代言人策略

利用代言人进行广告诉求是大多数广告主最常使用的策略之一，国内外知名的演艺界明星几乎都为广告主做过代言人，而代言人所代言的品牌商品也确实为广告主带来了较大的销售业绩。不过，代言人策略也有一定的风险，即当代言人自身因为有违法行为或丑闻被媒体曝光后，其所代言的产品也必将受到极大的影响。

一、代言人的类型

代言人是指在广告作品中推荐产品的人或组织。代言人可以大致分为三种类型：专家、名人和普通人。

1. 专家

专家是指目标受众可察觉并认可的在特殊领域具有专业水平的个人或组织。各种组织例如中国口腔医学会、中华预防医学会、中国人民财产保险公司等在某种程度上可以确认产品的质量，有时还使用正式认可作为标记。正式认可是认证组织的专用标记，在产品的包装上或广告上可以看到认证组织为产品所做的担保。在某些情况下，广告主付钱给这些组织，以获得这些组织对广告产品的认可；而有的时候，一些认证组织为了公众的利益而免费为一些产品作认证。

2. 名人

名人是指公众所熟知并具一定影响力的个人。名人之所以有影响力，是因为公众大都向往名人的生活方式，并常常将名人的生活方式(所使用的商品)作为自己生活方式的参照物。国内大多数的名人代言主要来自娱乐界、体育界和传媒主持人。(图7-29)

图7-29　李冰冰为巴黎欧莱雅(欧洲市场)所代言的广告作品

国内的名人代言广告比比皆是，但是真正成功的案例却不多。笔者以为，使用名人代言至少需要满足以下几个条件：一是名人的气质或个性与所代言的商品相契合；二是名人个性气质能被其所代言的商品的目标对象所认可；三是为本商品所代言的名人之前或之后不为竞争品牌代言。

3. 普通人

普通人是指在广告中出现的产品推荐者。由于普通代言人与目标消费者的生活情形比较贴近，他们推荐的商品容易得到受众的认可，家用日用品、医疗服务等商品尤其如此。

二、代言人的作用

广告代言人在广告诉求和传播的过程中的作用，可以用三种模型来解释：信源可信度模型、信源吸引力模型和意义传递模型。①

1. 信源可信度模型

信源即信息的制造者和传播者。在广告中的信源包括代言人(信息的传播者)和广告主(信息的制造者)。信源可信度模型的研究前提是受众愿意接受他们认为可信的信息。而受众判断信息可信与否的标准则取决于信源的两个品质，即专业性和可靠性。

专业性是信源以权威的身份或形象向目标受众进行商品诉求，并使受众感觉到该诉求信息的专业色彩。在一定程度上讲，大多数受众不太可能会像专家一样去理解一个信源，更倾向于接受专业性强的信息。

可靠性是指目标受众对信源真实诉求的信赖度。人们普遍认为，只有那种在广告中没有利益诉求和无外在压力下所诉求的信源才可能是真实的。由于大多数广告主都能从广告中得到好处，而代言人则又是在收取广告费的前提下为产品进行代言的，所以消费者多认为广告信源不可靠。因此，代言广告的有效性只能依赖于受众对代言人的信任程度是否可以超过对广告信源的偏见。

2. 信源吸引力模型

信源吸引力模型是假定信息的接受者对信息的接受是由信源的吸引力所决定的，而信源的吸引力又是由三个主要因素所决定：熟悉度、喜爱程度和相似性。

熟悉度是指受众对信源的了解程度。通俗地说，广告暴露的频次越多，受众对广告信源的熟悉程度才会越高。红牛功能性饮料就是采用高频次地投放广告，使受众先对其信源产生一定程度的熟悉之后，再达成其信源的吸引力的。

喜爱程度是指受众对于信源正面的认可是由其外在的形象和行为所决定的。动感地带的广告之所以吸引人，与其所选定的代言

① Gerard Teiiis. 广告与销售战略〔M〕. 张红霞，王晨，译. 昆明：云南大学出版社，2001：214.

人周杰伦有密切的关系。

相似性是由信源和接受者之间的关联程度所决定的。中国联通的新时空品牌传播效果不佳，很大程度上是由于其代言人姚明与该品牌的目标消费者缺乏相似之处。

上述三个因素中的任何一个相关程度越高，对受众的吸引力就越大，广告信息被接受的可能性也就越大。

3.意义传递模型

意义传递模型的前提是假设如果使用恰当的名人进行代言的话，代言人就可以将广告主所要诉求的品牌理念予以意义转换并传递给受众。其传递过程有三个阶段。

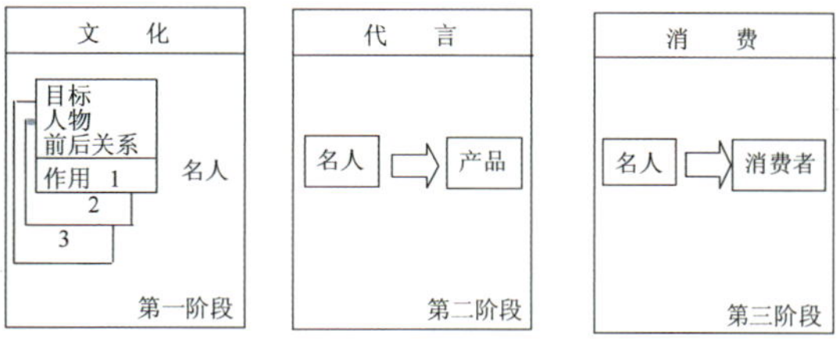

图 7－30　意义传递模型

第一阶段是文化。名人在广告代言中不可能完全客观地将商品信息予以传播，必然会带有自身的主观理解，对品牌的文化理念进行演绎(译码)，并通过代言人的行为和围绕角色所演绎的故事以及自身的气质和形象向受众予以呈现。名人还以其自身的各种象征性的符号，如年龄、性别、种族、财富、职业、个性或生活方式、价值取向等，向目标受众予以暗示并潜移默化地影响他们的消费行为。

第二阶段是代言。名人代言广告比普通人代言广告更具优势。因为通过名人形象所进行的演绎(译码)显然比普通人更精确、更有感染力，也更容易得到受众的认可。广告主在选择名人进行代言时，应该对名人的形象所代表的意义予以评估，以便确认这些意义与目标受众的期望是否一致。

第三阶段是消费。意义传递模型是假设消费者购买商品不仅仅是购买商品的使用价值，更是购买商品的文化象征意义(价值)，即消费者购买广告商品的动机，是想满足名人广告中所激起的对商品象征意义的渴望。

上述三种模型应该说没有哪一种模型可以单独代言所有类型的广告创意，其每一种模型都只能更适合于某种类型的代言广告。如信源可信度模型就更适合于使用专家做代言人，因为专家的特征就是专业性和可靠性；信源吸引力模型则最适合于普通人代言广告，因为对于受众而言，代言人的生活形态与自己的生活形态的熟知性和相似性才是其接受信息与否的关键所在；而意义传递模型更适合于名人代言广告，因为它可以通过名人与商品内在的联系提供比较丰富的文化象征意义。

三、广告代言人的选择

许多广告主往往凭着自己的主观愿望选择代言人，这种没有选择标准的结果常常导致广告主付出了较高的费用，但效果甚微。

一般而言，广告主选择代言人的标准至少要考虑以下几个方面：受众特性、代言人与商品之间的关联性、诉求模式、成本有效性。

1.受众特性

广告主应该选择哪种类型的代言人主要取决于品牌商品所确定的目标消费者的特性。代言人对目标受众的影响力取决于受众对商品需求的动机和受众对商品信息处理的能力。比如，当一个电脑程序员需要购买一台个人电脑时(高动机、高能力)，他对代言人的诉求往往会不太在意，而是会选择一台诉求理由充分的电脑；但如果这个消费者只是一般的非电脑专业人士(高动机、低能力)，此时，他就有可能对电脑专家的代言广告做出反应；如消费者购买的是洗发水(低动机、高能力)，这种商品的广告就比较适合于选择普通代言人；如消费者购买的是香奈尔香水(低动机、低能力)，广告主选择名人代言可能更适合一些。

另外，选择代言人还应考虑目标消费者所大体认同的价值观特性。也就是说，目标消费者对代言人的行为价值观持认同的态度时，该代言人的广告诉求才有可能对目标受众产生影响力。否则，代言人的广告诉求就无法影响受众。

图7-31 欧诗漫化妆品牌平面广告作品

欧诗漫是国产化妆品牌，在外资品牌充斥中国市场的情况下，欧诗漫能够在国内市场有一份自己的天地已属不易。该广告创意的代言人是著名台湾艺人伊能静，笔者以为此代言人选择策略是比较正确的。原因有二：一是伊能静之前很少为其他品牌做代言；二是伊能静是一个敢于表达自己价值观的有着正义感的艺人。这就容易使伊能静的粉丝因为认同或喜爱伊能静而认同或喜爱欧诗漫化妆品。

2.代言人与商品之间的关联性

广告主选择代言人，尤其是名人代言人，一定要考虑代言人与代言产品之间是否有一定的关联性，否则，代言人的诉求就缺乏说服力。比如，金嗓子喉宝选择罗纳尔多做代言人就不合适，因为罗纳尔多是著名的足球明星，其赖以成名的“脚”与“嗓子”没有任何关联，其对受众自然就没有说服力。

3.诉求模式

代言广告最常用的诉求模式主要有以下类型：

权威型：“你应该使用这个商品”；

直白型：“我代表这个商品”；

含蓄型：“我正在使用这个商品”；

平淡型：代言人仅仅与商品同时出现。

代言人广告与目标受众的诉求模式取决于代言人的类型。采用权威型模式一定要谨慎，因为大多数受众是最反感别人的说教的，尤其是广告的说教。运用权威型模式的一个可能就是让代言人扮演父母或顾问。专家学者适合于直白型模式，因为他们具有令人信服的知识和经验。名人适合于平淡性模式，因为他们对受众具有强烈的暗示性魅力。普通代言人一般适合于含蓄型模式，因为他们既没有直白模式的专家的可信度，又缺乏平淡模式中名人的魅力，这种模式的诉求实际上就是一种推荐，代言人在广告中会描述自己使用商品后的经验。在广告中，普通代言人扮演的角色和布置的场景应显得自然而不做作，如果过度地在虚构的情节中反复推荐，反而会降低广告诉求的效果。

4.成本有效性

广告主在选择代言人时，一个相当重要的考量是为此付出的成本是否会产生最大的边际效益。具体要考虑以下几点：

第一，最具影响力的代言人固然是最受欢迎的，但其收费也是最昂贵的。与其追逐当红的明星，不如寻找一个能与品牌相匹配并对目标受众同样也有吸引力的明星。选择代言人更像是在选择股票，发掘一个能与品牌共同成长的代言人无疑会使广告主获得最大的利益。

第二，选择名人作品牌的代言人需要承担高风险。因为每个人都有弱点，名人也不例外。许多名人常常由于在公众场合的失态（如法国球星齐达内在2006年的世界杯冠亚军决赛场上以头撞击马特拉奇事件），或不自重（如当年赵薇身着日本太阳旗和服事件），或尴尬的私生活丑闻（如陈冠希“艳照门”事件）而在不同程度上影响了这些名人在公众心目中的影响力。

第三，一些名人同时为众多的品牌代言，有些甚至是同类品牌，这就容易使受众能够识别代言人，却无法准确地认知代言品牌，名人重复曝光，但广告的真正主角——产品却无人知晓。

总而言之，利用代言人策略进行广告诉求，应尽可能地避免出现主次颠倒的尴尬情况。在任何情况下，商品/品牌永远都是广告的主角，代言人则只是配角。广告传播的目的是要让更多的目标消费者认知和记忆广告商品或品牌，而不是去认知或记忆代言人。

重要术语

注意 使用注意 偏好 一致性 寻找 积极处理
逃避 韦伯法则 适应等级理论 刺激创新
情绪 理性诉求 认知 认知一致性
对比论证 反驳论证 接种免疫论
意义传递模型

推荐书目

1. William Wells, John Burnett, Sandra Moriarty. 广告学原理和实务〔M〕.5版，张红霞，杨翌昀，译.昆明：云南大学出版社，2001.
2. 格塞雷，埃伯格.广告创意解码〔M〕.沈吕百，黄振家，译.北京：中国物价出版社，2003.
3. 朱勒，朱奈尼.广告创意策略〔M〕.7版.郭静菲，黎立，译.北京：机械工业出版社，2003.
4. 费尔顿.广告创意与文案〔M〕.陈安全，译.北京：中国人民大学出版社，2005.

思考练习

1. 请收集房地产楼盘、汽车、服装、饮料等相关品牌产品的资料，选择确定某一具体的品牌产品以小组的形式讨论、分析在广告传播活动中应该采取哪种诉求策略，并开展可以实施的广告创意。
2. 请对当地市场比较流行的品牌产品进行分析和研究，并对这些品牌所采取的广告诉求策略做出评价。

第八章 视觉传达——广告创意的表现策略

视觉传播既需要借助眼睛来接受信息，更需要借助大脑来理解信息，只有大脑才使受众所接受到的信息产生意义。深入地了解众多的视觉形象，有助于广告创意人员分析呈现在人们面前的各种画面，如果能够批评地分析这些画面，就有能力创作出让受众过目不忘的高质量的广告视觉形象。

本章的学习目标

- ■ 了解　视觉形象的基本构成要素
- ■ 理解　视觉传播的相关理论及其运用
- ■ 掌握　吸引受众注意的视觉表现的方法
- ■ 认识　影视语言的基本常识及其运用

第一节 视觉形象的构成

理解视觉信息的是大脑，而不是眼睛。人们在处理形象的视觉信息时，依据四种基本的视觉信号：色彩、形式、纵深和位移。了解大脑划分和整理视觉信息的方式，有助于利用这些原理创意视觉形象。人类的大脑借助庞大的细胞列阵，以最快的速度、最便捷的方式，对被视物体形象的上述四种信号作出反应。只有掌握了这四种视觉信号，广告创意人员才能创作出被受众长久记忆的视觉形象。

一、色彩

与现实形象或媒介形象的其他属性相比，色彩往往更能唤起受众的情感反应。因此，色彩是一种高度主观，且极具影响力的与人沟通和交流的手段。吉姆斯·麦克斯韦尔是1961年发明彩色摄影的苏格兰人，他曾经在一篇文章中写道："色彩科学必须从实质上被当成是一种精神科学。"[①]正是因为这个道理，世界上还没有两个人能够以完全相同的眼光看待同一种颜色。

① 莱斯特.视觉传播——形象载动信息〔M〕.霍文利，史雪云，王海茹，译.北京：北京广播学院出版社，2003：33.

对于色彩的描述有三种方法：客观法、比较法和主观法。

1.客观法

所谓客观法，就是依据已知的度量标准对色彩进行描述。其描述色彩所依据的事实是：色彩感是不同波长的光线刺激人的眼球后部视网膜上的感色视锥细胞产生的结果。人类可见光谱包括波长400–700毫微米之间的光能，也就是说，人眼只能看到这个数值范围之内的颜色，因为只有这个狭小区域内的光才能刺激人眼视网膜上的视锥神经。

色彩还可以它的温度作为物理度量标准，因为每种颜色都有不同的色温。色温的度量单位是卡尔文(K)。零度是卡尔文温标中可能出现的最低物理温度，该温度相当于摄氏零下273度。红色的色温大约为1000K，深蓝色的色温大约为60000K。一年之内正午时分的阳光温度在4000K到5800K之间变化。卡尔文温标的制定是以改变一块黑色金属的颜色所需要的热量为依据的，随着温度的升高，金属物体的各种颜色会逐渐发生变化。我们在户外观察篝火时，可以发现火焰的颜色是有区别的，而黄色和红色的火焰比绿色和蓝色的火焰的温度要低。

2.比较法

所谓比较法就是依据色彩接受者通过对色彩与某自然物体的比较辨别所作出的评价。比如，红色在字典里比作血液的颜色，蓝色则往往比作晴朗的天空。在使用比较法的时候，要注意被用来作对比的颜色应该是大多数人公认的色彩标准。如把红色比作血液的颜色，可能会让生理学者感到困惑，因为人体内的血液在没有暴露在氧气中时并不是红色的，而是褐色的；再则，每个人心目中的红色的概念并不一样。人眼可以分辨出一种色调中大约150种深浅不一的颜色。人们通过国家标准局列出几千种色调来比较颜色。(图8-1)

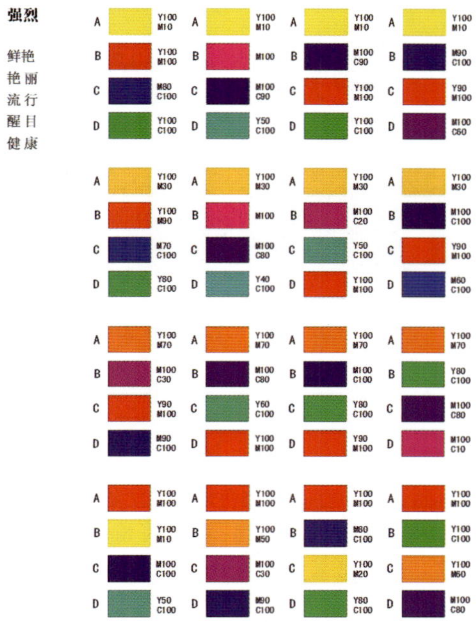

图8-1　色彩图谱

3. 主观法

所谓主观法，就是色彩信息的接受者依据自身主观的情绪和联想对色彩进行判断。即一个人的精神状态或对某个彩色物体的想象力是否丰富，在很大程度上影响着他对这个物体信息的情感反应。

美术专业人士很早就发现暖色(红色和黄色)比冷色(蓝色和绿色)显得距离更近。事实上暖色和冷色这两个术语本身所显示的就是心理差异，与色彩的实际温度没有任何关系。浅色使人们感觉比较柔和愉快，深色则带有生硬阴郁的情感色彩。(图8-2)

图8-2　法国Contrex 矿泉水平面广告作品

该作品的最大特点是色彩运用炉火纯青。深浅不一的浅红底色，使画面的质感温暖人心；而以绿色为背景的画面则又给人以清新的感觉。分别由五位女性人体所组成的花朵和一位女性人体所构成的松鼠，暗示出产品与活力、青春、健康、美好的关系。整个作品给受众的感觉是色彩明净、柔和，构图简洁、华丽，具有较高的审美价值。

人们倾向于把愉快或悲伤的经历与其中物体的颜色联系起来。如血红色联想起意外事故，绿色回忆起愉快的散步。因此，对色彩的记忆影响着人们对它的感觉，也正是由于人们总是把色彩和物体或事件联系在一起的缘故，所以人们对色彩的感觉是非常主观和情绪化的。

色彩比其他视觉元素更能影响受众的情感，所以，一幅广告创意作品可能会因为色彩使用得当而使受众产生深刻的印象；也可能因为色彩使用不当而被受众迅速遗忘。因此，在广告创意过程中应该尤其注重色彩的正确运用。

二、视觉形态

人类的大脑能够对视觉形象作出反应的另一个属性是形式。形式是指一个物体的外部形态和内部结构，包括三个部分：点、线、形。

1. 点

点是最简单的可书写形式。实际上，它只是用书写工具在纸上完成的一个实心圆。一个图框中处于任何位置的一个点都会立即引起人们的注意。如果这个点在图框的中心部位，受众看起来就会感觉这是一个轮子的轴；如果这个点在图框的一侧，受众就会感觉画框的失衡而产生张力。如果在画框中出现两个点，也能够形成张力，因为受众将被迫分散注意力。同时，在画框中的两个点还可以显示两者之间的空间距离。当画框中出现三个以上的点时，受众就会很自然地将它们连成一条假想线，它可以是直线或曲线，也可能构成矩形、三角形或圆形等基本形状。数以万计的点则可以构成一幅图画。19世纪点彩派画家乔治·修拉就运用点画法的技巧进行艺术创作，其作品由众多的细小的彩点构成。(图8-3)

图8-3　点彩派大师乔治·修拉作品《大碗岛星期日的下午》

修拉是法国19世纪新印象画派的代表人物。他为了制作这一幅巨作，整整花了两年的时间。他每天早上到海边写生，下午回到画室研究构图和色彩。为了获取正确而且逼真的写实效果，他还对当时流行的服饰和发型等进行研究。比如为了真切表现画面前景一个妇人用鲸骨支撑而高高隆起的裙子，他曾经买来同样的实物拆开来观察，作了大量的黑白写生和笔记。据统计，为创作这幅画，修拉共制作了400幅素描稿和颜色效果图。在画面中，共有40个人物形象，每一个人物形象都是画家经过千锤百炼概括而成。他们好像彼此毫无关系地被摆放在一起，画面上却洋溢着一种宁静而幽雅的秩序美。

2.线

当同样大小的点紧密地排列在一起，彼此之间没有丝毫的空间的时候，它们就组成了一条线。线这个单词的使用率极高，因为它是一个非常重要的概念。

无论是直线还是曲线，或者两者结合，都蕴含着一种能量，这种能量来自无数独立的点组合而成的序列。因此，线条总能在受众心中激起某种感情。直线对受众所传达的感觉往往是僵硬和呆板；水平线，尤其是位于画框下部的水平线，常使受众联想到有大量空间的地平线；如果水平线的位置在画框的上部，则又会使受众产生拘束感，因为这种布局让人感到沉重和压抑；垂直线常常使受众的视线逗留在那里，并试图在它周围的空间转动；斜线在人的视野中有一种强烈的刺激效果，其中最平稳的是从画框右上角延伸到左下角的对角线，因为它是水平力和垂直力之间一个理想的折中。(图8-4)

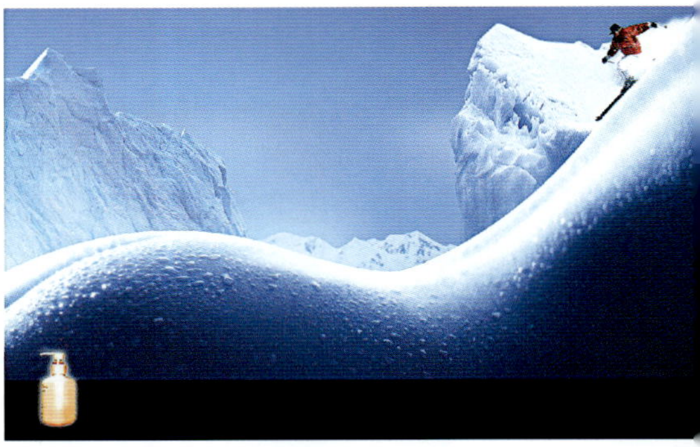

图8-4　某沐浴露平面广告作品

此作品以女性人体线条为主要视觉元素，此外，还有背景的雪山(形)及人体上的露珠(点)作为次要的构图元素，使画面透露出柔和、晶莹、纯净的美感，而这种美感正是广告所要传达的信息。

曲线可以传达出活泼、柔和、生动的情绪。如果线条又粗又重，其传达出的信息显得强烈、可信；如果线条又细又轻，彼此界限分明，其传达的情绪则纤细精致、甚至有些腼腆之意。

物体表面的轮廓线构成了一种图示或是一种自然的标志，能突出显示物体的位置。粗糙的表面有一些小曲线，形成高低不平的物体轮廓；光滑的表面几乎没有曲线，显出平整顺滑的表层。

3.形

形是由点和线结合而成的图案。形状以平面的形式出现在视野中，没有立体感，只是规定了物体的外部轮廓。形状有三种基本形态；平行四边形、圆形和三角形。所有已知或想象中的形状都能由这三种基本形态演变和创造出来。和其他视觉属性一样，每种形状都被赋予了特殊的文化意义。

三、视觉纵深

画面的纵深感实际上是由人的两只眼睛所观察到的景物有些微的差异而造成的，被视景物分别被投射到人眼的两个二维视网膜屏幕上，这两路信号到达大脑之后，由大脑将两者的差异解读为纵深感。

生理学研究者的研究成果表明，确定人的纵深感主要有七种因素，它们或单一作用，或组合生效。这七种因素分别是：空间、大小、色彩、光线、介入物、时间和透视效果。

1.空间

空间是物体存在的一种形式，由长度、宽度和高度表现出来。对自然景物而言，空间感取决于观察者距离物体的远近。站在视野开阔的地方，人所感觉的空间巨大，由此就增加了景物的纵深感；而如果观察者距离被视物体很近，其纵深感就会受到限制。

2.大小

如果观察者事先能够了解物体的实际大小，那么，其今后所观察到的同类物体的大小就能帮助他产生纵深感。因此，物体大小与人们对距离的判断紧密相关；而距离又与空间相关，它能帮助人们获得纵深感。

物体的大小及比例与人的注意力有关。如果人们不知道某个物体究竟有多大，往往会把它和另一个已知物体放在一起做参照，并以此作出判断。

3.色彩

物体的色彩也能够表现纵深感。暖色调的物体显得比冷色调的物体更近一些；亮部和暗部所形成的巨大反差的高对比度画面显得比亮度平均的画面要更近一些。

4.光线

光线的强弱也可以表现物体的纵深感。电视台演播室的技术人员通常都会在主持人的上方和后方各安置一盏灯，这种光源叫作“轮廓光”，其亮度略高于主持人前方的光源，以便将主持人从背景的画面中清晰地分离出来，形成纵深感。光影的面积可以暗示物体的体积，也是产生纵深感的又一因素。

5.介入物

介入物是指把一个物体放在另一个物体的前面从而产生纵深感。如果一个物体放在前景位置，另一个物体放在背景位置，判断前景和背景物体之间的距离是产生纵深感的一个重要的心理提示。(图8-5)

图8-5　大众高尔夫汽车平面广告创意作品

此作品的精彩之处就在于介入物——羽毛的使用，如果没有羽毛的话，此作品就只是一张没有多少意义的风景照；但是添加了羽毛之后，作品的意义便大大地丰富起来，画面表现的内容就有了故事情节、有了因果关系、有了想象的空间。大众汽车呼啸而过的气流所卷起的羽毛还在空中飘荡的时候，大众汽车早已消失得无影无踪。广告所要诉求的“速度快”的概念就这样在参与性理解思维中给受众留下了深刻的印象。

6.时间

时间是物体存在的一种客观形式，由过去、现在和将来构成连绵不断的系统。时间和空间有着千丝万缕的联系。时间概念作为纵深感的提示之一，表现为观察者看到图形中的第一个物体，这个物体在观察者的大脑中处于前景位置，而稍后看到的其他物体则处于背景位置。不过，时间作为一种文化元素的表现，其意义要更复杂一些。不同文化背景的人们对时间概念的理解也会不同，其在图形的创作过程中将时间用作纵深提示的表现方式也不一样。比如，如果一种文化注重历史，那么，它的图形表现艺术就有可能把近处的物体与远处的物体放在同一个距离层次上。北爱尔兰贝尔法斯特的壁画作品就时常表现出这种透视关系。而如果一种文化更强调长期的计划性和对未来的向往，它的图形创作就常常表现出无法辨别透视关系的视觉形象。日本和我国的传统艺术品就比较缺乏明显的纵深提示。

7.透视关系

最复杂的纵深提示可能就是透视关系。在解释透视这个问题上，一个人的文化背景可以得到比在其他任何方面都更加鲜明的体现。相对于整个西方艺术，透视还是一个比较新的概念。在文艺复兴时期，视觉传播者大都是艺术家和科学家，而其中最著名的就是列奥纳多•达•芬奇。他的绘画作品试图在二维平面中模拟现实世界的纵深感，其最杰出的代表作《最后的晚餐》中，画家用透视技法表现了基督这个人物形象在画面的中心地位。(插图8-6)

图8-6　达・芬奇的油画《最后的晚餐》

《最后的晚餐》高4.6米，宽8.8米，画面利用透视原理，使观众感觉房间随画面作了自然延伸。为了构图的需要，画家让门徒坐得比正常就餐的距离更近，并且分成四组，在耶稣周围形成波浪状的层次。越靠近耶稣的门徒越显得激动。耶稣坐在正中间，他摊开双手镇定自若，和周围紧张的门徒形成鲜明的对比。耶稣背后的门外是祥和的外景，明亮的天空在他头上仿佛一道光环。他的双眼注视画外，仿佛看穿了世间的一切炎凉。油画取材自天主教《圣经・玛窦福音》第26章，描绘耶稣在遭罗马兵逮捕的前夕和十二门徒共进最后的晚餐时预言“你们其中一人将出卖我”后，门徒们显得困惑、哀伤与骚动，纷纷询问耶稣：“主啊，是我吗？”的瞬间情景。唯有坐在耶稣右侧(即画面正方左边第三位)的叛徒犹达斯(基督新教中称作“犹大”)惊慌地将身体往后倾，同时用手抓着出卖耶稣的酬劳，一个装有30块银币的钱袋，脸部显得阴暗。

四、画面位移

色彩、形式、纵深和位移一起构成了视觉形象的主要表现形式，它们的共同作用使人的视觉皮层上的细胞对接受到的刺激作出反应。察觉外部物体的移动是动物的本能，人类当然也不例外，因为只有敏锐地发现外部物体或别的什么动物向自己靠近，才可能避免危险。位移有四种类型：真实位移、假象位移、图形位移和暗示位移。

1.真实位移

真实位移是指人或物的实际移动。因为这种位移与广告创意的图形没有关系，不再赘述。

2.假象位移

假象位移又叫错觉位移，是指静态物体呈现运动状态，典型的例子就是电影画面。电影画面中的人物看上去是运动的，但实际上这些人物根本就没有运动，因为电影的画面图像是由一系列分布在大量胶片上的静止的画面构成的，只不过受众在观看的时候通过大脑的视觉暂留现象被感知为运动状态。而导致人视觉暂留现象的原因是人的大脑在接受和分析一个画面图形时需要一些时间，同时，一个画面图形在人的视网膜上消失也需要一些时间，这样，视觉图形在人的大脑和视网膜上的滞留，再加上静止的胶片以24帧/秒的速度转动时，静止的画面就使人感到是在运动了。

3.图形位移

图形位移实际上是受众眼睛的移动，即人的眼睛扫描整个视觉范围时的移动，或者说是跟随图形元素的布局而移动。结构主义理论认为，人在扫描景物的时候，需要一段时间观看画面中相继出现的各个部分，然后大脑再把这些分散的扫描部分整合起来，构成一幅完整的图像。

广告创意人员常常利用受众的视线在画面上移动的特点有针对性地设计图形元素的位置。受众在观看一幅视觉作品时，往往根据自己以往的经验和现在的兴趣关注图形中的某一部分，而忽略图形中的另一部分。受众对图形的扫描是一个主观的选择过程，而不是一种随机行为。一般而言，绝大多数人都遵循从左至右、从上到下的观看顺序。不过，如果受众在图形中发现了一个能够吸引他兴趣的特别的兴奋点，这种观看顺序就不再起作用了。广告创意人员可以在一定程度上将受众的视线导引到预期的方向上。

4.暗示位移

暗示位移是指观看者在物体、形象、眼睛都没有发生移动的情况下，从单幅静态的图形作品中所感觉到的动感。在广告创意中有许多优秀的作品就是利用暗示位移的方法来刺激受众的视觉以达到吸引受众注意力的目的。(图8-7)

第二节　确定传播主题与风格

主题是广告主用以创建并维护企业或品牌识别的最强有力的工具之一。由于主题具有激发联想和寓意的能力，它能以独特的方式使受众对品牌产生深刻的记忆。因此，任何一个广告创意活动在正式开始实施之前，最要紧的是首先确定一个明确的主题。

一、传播主题的确定

1.确定主题的基本步骤

确定广告传播主题之前，创意人员应该弄清楚与主题有关的三个战略性的问题：

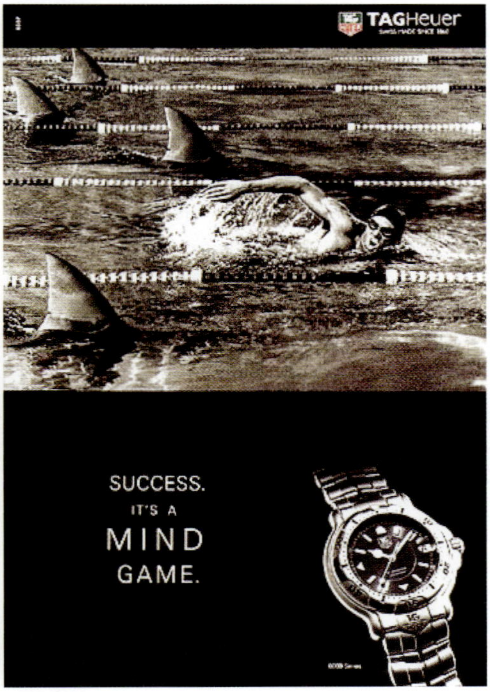

图8-7　瑞士美度手表平面广告作品《短跑训练篇》和《游泳训练篇》

此系列广告具有十足的动感，也就是所谓的暗示位移感。虽然这仅是普通的静止平面广告作品，但画面中所表现的是狼狗和鲨鱼分别在短跑选手和游泳选手的后面紧追不舍的画面瞬间，这就容易使受众主动将上一幅画面和下一幅画面连接起来，这种经过受众大脑思维的视觉诉求信息能在受众心中产生深刻的印象。

广告主或品牌的哪一个特征应当加以渲染描述？在哪里可以找到一套丰富的主题？应当如何表现主题才能体现广告主或品牌的特征？（图8–8）回答这些问题要分三个步骤：

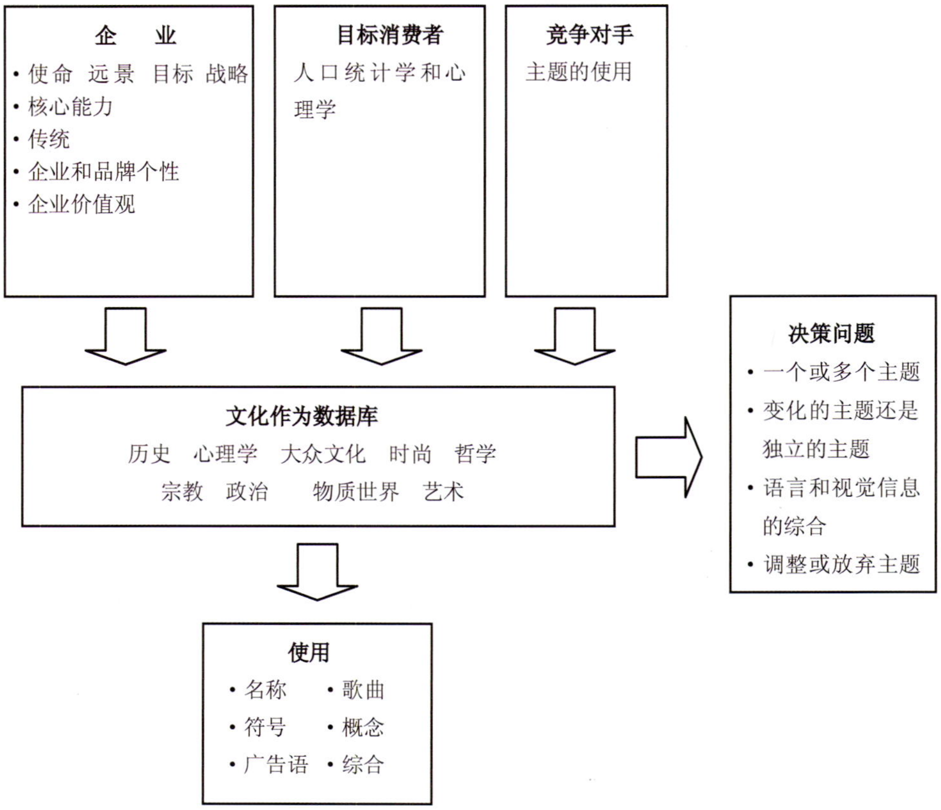

图8–8　确定主题的步骤结构图

第一，需要分析企业内部和外部营销环境中的核心要素：企业、消费者和竞争对手。这些分析能够明确各广告主或品牌在主题选择过程中受到的限制和拥有的机会。

第二，应当筛选出具有一定文化内涵的主题内容。通过分析特定的范畴(如宗教、政治、历史和时装等)，创意人员就可以更容易地找到适当的主题。

第三，要考虑在什么地方运用或融入企业或品牌的主题：名称、符号、广告语、歌曲、概念，或者是其中某些要素的组合。

2.挖掘主题内涵

主题的来源可分为四个领域：自然界、哲学、价值观、时尚。

自然界　自然界是品牌选择和确立主题形象的取之不尽的源泉。包括人们所能看到的周围的一切，从动物到人类及人们所创造的事物。如美国有一种香烟的主题形象是“骆驼”，而国内也有一种香烟的主题形象是“前门”。前者所暗示的信息是悠然自得，后者所暗示的信息则是皇家气派。

哲学　哲学所研究的是关于时间、逻辑、存在和道德的定义。一些企业在选择广告主题时也会以时间或道德作为传播内容。泸州老窖的“国窖1573”就是典型的以时间为传播主题的广告，苏格兰威士忌酒的广告诉求同样也是以时间作为传播主题。(图8–9)

图8-9　苏格兰威士忌酒广告创意作品《时间篇》

苏格兰威士忌的此套创意作品之所以经典，就在于其使用的是以时间为主题的视觉表现。这里，时间有双重含义，一是威士忌本身的酿造需要一定时间的窖藏期才能保证其优异的品质，二是该品牌的历史悠久。在该作品中，分别以音乐(一日，单音不成乐章；一年，乐音犹如肖邦)、爱情(一日，只是心动邂逅；一年，终成不渝爱情)作为时间表现的视觉元素，比喻巧妙，寓意深刻，有一定的哲理。既能够使受众感受到审美的愉悦，同时也能够促使受众对生活产生有意义的思考。最重要的是，在受众的心目中成功地塑造和强化了苏格兰威士忌品牌的形象。

又如20世纪70年代，日本本田摩托车进入美国市场时，因为当时美国的电影电视里所表现的反面人物大都是骑着摩托车，出于恨乌及屋的心理，导致许多美国人对本田摩托车没有什么购买欲望。为此，本田企业不得不以“道德”为传播主题，甚至其广告语干脆就改为“骑本田摩托车的都是好人”，从而大大扭转了销售颓势。

价值观　将价值观作为广告传播主题的商品品牌不是很多，贝纳通服装品牌是这方面的代表。将价值观作为传播主题的企业在广告创意的具体实施过程中应该非常慎重。因为，价值观是因人而异的，不同的人自然就有不同的价值观。如果企业的品牌通过表现价值观的主题向目标消费者传播相关商品信息，就有可能使一部分消费者认同而另一部分消费者不认同。再者，企业所选择并传播的价值观如果与商品之间没有任何联系的话，就会显得非常牵强。一般来说，选择以价值观为传播主题的广告主，大多是高端商品或是以高学历背景的消费者为目标消费对象的品牌。(图8-10)

图8-10　宝马汽车平面广告创意作品

宝马汽车的广告创意长期以来一直以自由、正义、艺术、环保等意识形态的价值观为诉求内容，特别是在由宝马公司投资拍摄、国际影星克里夫·欧文主演的著名的八条电影广告中，都非常清楚地表达了宝马品牌价值判断。

时尚　更多的企业在选择或挖掘传播主题的时候，偏向于以时尚流行文化为主题，尤其是那些以大众消费者为对象的商品品牌。因为这些商品的消费对象以年轻人为主，选择以时尚为主题的传播内容，更容易引起目标对象的共鸣，并进而认可广告诉求的信息。(图8-11)

图8-11　我是江小白广告作品

江小白系列产品的面世，给老气横秋的中国酒业增添了一股新风，迅速在年轻消费群体中获得高度认同，被评为“2012中国酒业风云榜年度新品”，并成为各地酒企争相模仿的对象。其广告诉求不说历史，而是刻意颠覆传统，回归简单。

二、主题选择的战略思考

广告传播的主题一旦确定，下一步就是对传播主题予以评估。评估的指标主要有三：使用变化或是固定的主题；如何使语言与视觉图形完美配合以使主题的表现更加清晰；什么时候可以放弃或调整主题。

1.使用变化的或是固定的主题

广告主完全可以根据市场营销的战略，考虑采取变化的或是固定的主题。比如，可口可乐公司在不同的销售市场就采用了不同的主题传播策略。在20世纪90年代，可口可乐为其子品牌芬达在三个主要市场——太平洋地区、拉丁美洲地区和欧洲地区分别确立了三种传播主题。其目标就是要利用“已经根深蒂固的区域性识别，为芬达的三个消费大本营制订不同的营销计划”。在太平洋地区，其广告传播的主题是青春与活力：通过电视画面展示了一个身着T恤，充满活力的男孩形象；在拉丁美洲地区，其广告传播的主题是幸福与欢乐：通过电视展示一个带着不可抗拒的微笑和爽朗的笑声并作滑稽扮相的男孩形象；在欧洲地区，其广告传播的主题是健康与环保：通过电视展示的是一头冒险的机器象正在狂饮芬达。①

相反，可口可乐的其他品牌在世界各个市场均以一致的传播主题与消费者进行沟通。也就是说，可口可乐的其他品牌采用的是固定的传播主题。至于企业应该在什么情况下选择使用固定不变的广告传播主题而不是选择各个不同的广告传播主题，取决于该企业市场营销战略的可行性而非企业自身的愿望。确定全球化的广告传播主题，可以产生全世界通行的联结力，企业所费资金也更少。而变化的广告传播主题则有着根据不同市场的文化特点予以调整的显著优势，由于其广告传播主题是为各个市场地区的消费者量身定做的，因而能比较有效地影响目标受众的参与意识和更强的消费兴趣。

2.调整或是放弃原有主题

在某些特殊的市场背景下，广告主在市场变化的形势下将不得不考虑改变或放弃过去确定的广告传播主题，而市场变化的主要内在因素主要包括文化、消费者和企业自身的经营状况。

文化　许多广告主的传播主题大都带有一定的文化内涵，因此当支撑广告主题的文化内涵发生变化或显得过时时，广告主就有

①施密特，西蒙森.视觉与感受——营销美学〔M〕.曾嵘，赵楠，沈浩云，刘颖，译.上海：上海交通大学出版社，1999：143.

必要考虑改变或放弃原先所确定的广告传播主题。

企业　广告主有时因为企业内部结构的调整、变动，也有可能需要改变或放弃原广告主题。

消费者　消费者的人口统计学特征和生活方式始终处于不断变化之中，这种变化使得企业不得不根据消费者的变化而改变广告传播的主题。比如，耐克在1977年的广告传播主题是“超越自我”，试图以此来不断激发运动爱好者的最大潜能；但进入1984年，新一代的消费者的价值观念发生了一些变化，他们对超越自我的激励已经失去兴趣，而是越来越认同自然、随意的生活方式。于是，耐克的广告传播主题也就随之发生改变。并在“自然”的主题之下创意出经典的广告语“Just do it”。（图8-12）

三、确立表现风格

广告传播主题的选择与确定，解决的是说什么的问题。而广告风格的选择与确立，则是要解决广告应该通过什么表现方式向目标消费者传递或暗示品牌所带给受众的整体感觉印象。

当我们提到一种风格时，往往指的是一种富有特色的品质或一种表达方式。风格是某个个人或某个群体的艺术作品在其长期的创作中自然形成的一种经久不变的表现方式。对广告创意作品来说，如果在长期的传播过程中能够形成自身的风格特

图8-12　耐克电视广告《足球大战篇》截图

如果说影视广告里也有大片的话，那么，拍摄于1995年的这部耐克《足球大战篇》就是典型的广告大片了。其以罗马斗兽场作为正义与邪恶的双方较量的足球场，给广告注入了恢宏的气势和经典的风格，而当时叱咤国际足坛的超级明星（巴西的罗纳尔多、葡萄牙的菲戈、法国的坎多纳、意大利的马尔蒂尼等）均纷纷登场亮相，就好比是在某部故事片里云集了众多的大腕。这部广告大片引起了轰动效应，受众在享受视觉盛宴的同时，自然也就把耐克的品牌深深地刻在了脑海之中。

征，无疑将十分有利于目标消费者对商品形成品牌识别和品牌记忆。形成广告风格并对受众所形成的整体印象的表现要素主要有以下几种：时间的表现、空间的表现、精致的表现。

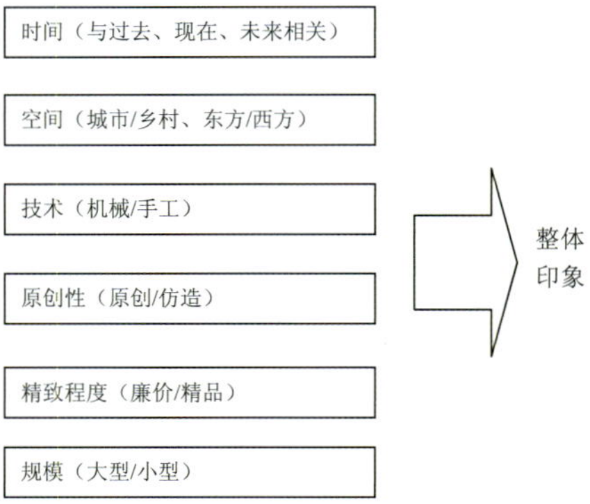

图8-13 受众整体印象的构成

1.时间的表现

如果以当前为原点，那么，时间要素可以表示过去、现在和将来，其所暗示或受众所感觉到的信息就是“传统的”“当代的”“未来的”。

传统的 如果广告创意的作品通过一些传统的设计元素或视觉形象来表现品牌的相关信息，受众就会产生该品牌具有传统风格的整体印象。处于不同文化背景下的个人对时间的看法不尽相同，也就是说，人们往往会对过去、现在和未来的重视程度不同：如果消费者认为传统是值得保存的东西，那就很可能对具有传统风格的广告作品产生比较积极的看法；反之，如果消费者对过去持消极的态度，那就会认为具有传统风格的广告作品是“过时的”，从而对具有这种风格的广告诉求信息予以排斥。

对某些商品而言，刻意地通过广告作品向受众传播出品牌的传统风格当然是一种不错的策略。因为“传统的”就意味着上乘的质量、顾客的忠诚和安全感。不过，选择这种风格的广告表现策略，也潜藏着一定的风险，即部分目标消费者可能会对商品品牌产生“过时的”印象。因此，在采用这种创意风格的策略之前，要跟踪了解目标消费者对具有传统美学风格的视觉形象的评价态度。否则，只是根据创意人员自身的审美喜好进行创作，其广告诉求的效果必然会大打折扣。（图8-14）

图8-14 可口可乐广告作品

可口可乐是一家对美国流行文化乃至整个20世纪的西方世界产生了重大影响的公司。他们的营销口号、图形和标志渗透进人们的日常生活，也是最有资格利用传统风格进行广告创意的品牌。

当代的 如果广告创意的作品通过一些当前的设计元素或视觉形象来表现品牌的相关信息，受众就会产生该品牌具有当代风格的整体印象。相对于“传统”风格的广告创意，许多广告主更倾向于选择使用“当代的”广告创意风格。因为使用这种风格的广告诉求策略的风险较小，尤其是对利用现代科技手段生产并以年轻人为主要消费市场的商品品牌就更是如此。（图8-15）

图8-15　娃哈哈小陈陈饮料广告作品

小陈陈何许人也？原来她是娃哈哈集团2014年全新推出的一款陈皮青梅植物饮品。据《本草纲目》记载，陈皮有“破滞气，益脾胃”的作用，而青梅则被誉为凉果之王。可以说小陈陈不仅是一瓶饮料，她更倡导了一种积极乐观、阳光的生活态度。

未来的　如果广告创意的作品通过一些未来的设计元素或视觉形象来表现品牌的相关信息，受众就会产生该品牌具有未来的风格的整体印象。未来风格的营造可以通过以下几种方式实现：前卫的设计、新材料、新字体、新的打印技术的使用等。受众对未来的印象可以产生诸如开创性的、前卫的或是高科技的、科幻式的，甚至是离奇的、不可思议的感觉，等等。（图8-16）

图8-16　宝马汽车广告创意作品

沧海桑田、海枯石烂，也许这就是未来地球的状况。此广告创意的构思是想表达无论时间如何改变，即便是未来的自然状态发生天翻地覆的改变，还有唯一不变的是宝马汽车。广告创意大气，极具行业领导者的风范。

复古的　广告主通过视觉表现的整体风格力图再现历史上的某一特定时期的文化与流行以寻求一种怀旧的印象。怀旧是人们在情感上的一种渴望，对那已逝岁月或情感重新回顾的一种愿望。怀旧的表现风格往往是针对某一特殊的目标群体，一般通过过去曾经流行的音乐、流行的视觉符号或叙述的语言以及其他要素予以呈现。（图8-17）

图8-17　可口可乐复古广告作品

可口可乐以其100多年的历史，已经成为美国文化的象征，这当然也是其竞争对手所无法比拟的优势所在。此幅作品所表现的是一位青年女性在餐馆里就餐前对侍者递过来的可口可乐所持的首肯和欣喜的态度。该女性的着装和发型暗示了20世纪30–40年代人们的一种生活形态和审美观念，而可口可乐正是那段历史的见证者。

不过，对复古的风格予以表现也有风险。一般来说，复古风潮的流行多具有不可预测性，且这种流行往往来得快去得也快。从某种意义上说，复古流行只是在通往未来的发展过程中对历史的暂时回望。这种广告传播的风格对于时尚类产品相对更合适一些，但其他产品的广告传播最好避免使用这种风格。

2.空间的表现

像时间要素一样，由不同的视觉元素所表现出来的空间整体风格是有所区别的，受众对这种风格的感受直接影响着其对广告传播的商品品牌的认知与评价。

城市/乡村 空间表现的一个主要方面就是城市/乡村这两者的区别。对于受众而言，城市/乡村是一个最基本的视觉识别变量，也是受众不同审美观念的标尺。受众对于城市/乡村的不同的审美偏好与他们的生活方式密切相关。一般而言，城市居民大都对乡村自然景色表现出更多的审美偏好；而乡村居民则对城市的高楼大厦表现出由衷的向往。表现城市/乡村的视觉形象是比较容易的。如表现乡村风格的视觉印象可由奶牛、青草、山水、田园、民间工艺品等元素予以营造；而城市风格的视觉印象则可由四通八达的高速公路、摩天大楼、车水马龙、拥挤的人群等元素予以营造。

比如，生产牛奶、阿胶等传统商品的企业，其广告传播的策略大都选择利用乡村风格的视觉元素来暗示其商品品牌的自然、新鲜。而生产汽车、电脑等现代商品的企业，其广告传播的策略则更倾向于选择城市风格的视觉元素来暗示其商品的现代与科技的含量。(图8-18)

图8-18 新西兰牛奶广告作品

图8-19 劳斯莱斯轿车广告作品

牛奶企业为了表现其产品的自然和新鲜，广告诉求主题即便不直接传达其新鲜，比如有些牛奶品牌在广告诉求中突出的是“健身健体”，但是在广告画面的构图中一般都会以原生态的草原为背景。而现代工业的标志性产品汽车则正好相反，此类企业所要诉求的产品主题大都是快速的现代生活节奏，在广告画面的背景处理上一般都会采用现代城市为背景，以突出该类产品的现代化特征。

东方/西方 从空间的角度将地域的区别加以放大，通过地域文化视觉识别的元素予以表现，就可以使受众对东方/西方的整体视觉印象有一个明确的认知。实际上，表现东方/西方的风格差异同样也是比较容易的，因为这种差异是显而易见的。同时，这两种风格的文化内涵差异较大。两种不同文化背景的视觉表现元素是取之不尽的，其营造的风格氛围所暗示的信息对受众的影响也是非常明显的。

比如，我国的茶叶生产商在海外市场上所选择的广告表现策略就应该努力传达出东方的文化风格，以使外国市场的消费者对中国茶叶产生地域与品质的认同；反之，绝对牌伏特加在中国市场销售的话，其广告表现的策略就只能努力表现出西方的文化风格，才能达成同样的目的。

3.精致的表现

有些广告作品通过其视觉形象的演绎，向受众传递出商品“不精致的”、“未经雕琢的”或“廉价的”感觉；而另一些广告作品通过其视觉形象的演绎，则向受众传递出商品“精致的”、“精雕细刻的”或“高性价比”的感觉。这种差异取决于企业对视觉传播符号是否具有规范的管理。受众对商品品牌产生精致的整体印象，依赖于对广告主所有视觉传播符号的每一个细节的观察。这就要求广告主不仅仅只是通过广告来传播自身品牌的精致的风格，而是要对企业所有与消费者接触的视觉识别元素予以全方位的精心的管理。否则，任何一个细节的处理不当，都将导致消费者对品牌产生消极的评价。

前卫的　与复古风格相反，前卫的风格所传递出来的暗示信息就是反传统的，这种表现风格在建筑设计或室内设计运用得更多一些，在商品品牌的广告创意中使用前卫风格的案例就要少得多。因为喜欢这种风格的人群比较有限，广告主不太可能只为少数消费者的喜好而放弃大多数消费者的审美观念。(图8-20)

经典的　经典的风格可以向受众暗示出品牌的源远流长、久经考验并且具有永恒的价值。就商品品牌而言，经典的表现风格主要是通过大气的创意、简洁的视觉设计和精致的图片处理等诸多要素所构成的。受众对于经典风格的印象有一个心理上认同的时间原点，也就是说，经典并不等于传统或一成不变。广告主如果期望通过广告向受众传播品牌经典的印象或感觉，就必须不定期地对过去的视觉表现元素予以更新，以便向受众传递出本品牌与时俱进的理念。需要指出的是，经典风格的形成具有前后的延续性，即品牌的主题保持不变，变的只是形式。(图8-21)

图8-20　迪赛尔服装品牌平面广告创意作品《自然篇》

迪赛尔的此套作品与其之前所创意的作品在风格上有较大的差异，具有明显的前卫风格。其画面人物众多，姿态各异，但都表现出纯粹的自然性，无拘无束，显示出人与自然的和谐相处，人世间的尔虞我诈在此全然不见。回归自然、享受自然、真情真爱才是生活的真谛。这就是迪赛尔此套作品的传播主题。

图8-21　Levis牛仔服装经典广告作品

此为麦肯广告公司为李维氏牛仔服所创作的平面广告作品，表达了李维氏牛仔服即使在中东不穿牛仔服的地区仍然有着深入人心的影响力，当地人用牛仔裤做成头巾使用便是明证。该作品构思巧妙、表达独特、诉求信息清晰、文化意味浓郁，被评为1992年戛纳国际广告节全场大奖，并被美国《广告时代》杂志评为当年“全球最佳杂志广告”。所谓经典，即是创意伟大而精彩，且能历久弥新，成为广告创意的标杆和传奇。

第三节　广告表现的视觉形式

广告创意的最终表现形式还是广告作品，而无论是平面或影视广告作品，都是通过视觉形象来传递商品的信息和品牌的风格。而不同的视觉形式所表现和传递的信息/意义也相应有所不同。

一、利用视觉形式吸引受众的注意力

广告创意除了必须对所传播的信息内容进行加工、选择之外，还必须对图形的表现形式进行研究，以使广告作品达到吸引受众注意力的目的。表现方法主要有虚拟与变形、滑稽视觉扭曲、画面人物的视觉处理、画面人物的背面处理和近视距处理等几种。

1.虚拟与变形

所谓虚拟与变形，就是将构成广告视觉画面的主要元素加以重新组合，使该图形与现实生活产生反差以引起受众的好奇，从而吸引目标受众的注意力。（图8-22）

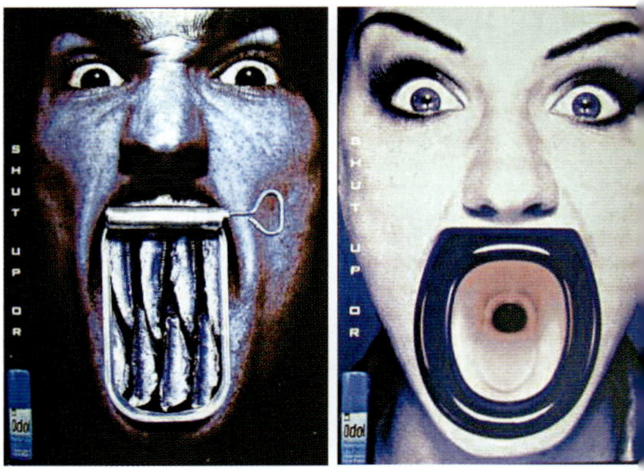

图8-22　Odol牌口腔清洁剂平面广告作品

此作品的视觉图形创意就采用了典型的虚拟与变形的表现方法。其通过将人的嘴巴与沙丁鱼罐头和马桶的组合，使图形具有虚拟和变形的效果，很好地刺激了受众的视觉神经，达到了吸引受众注意的目的。很明显，这是一则关于口腔清新剂产品的广告，该广告语是：*闭嘴，或用Odol牌口腔清新剂*。

2.滑稽视觉扭曲

实际上，滑稽视觉扭曲和虚拟与变形的表现方法并没有实质的不同，只是前者的虚拟与变形的主体视觉元素都是大多数受众比较熟悉的图形画面，经过变形之后所产生的效果非常滑稽、搞笑，与受众以往所习惯的图形产生巨大的扭曲和反差，从而深深地吸引受众对广告作品的兴趣。（图8-23）

图8-23　迪赛尔品牌平面广告作品《现代会议的诞生》

此作品是意大利著名的迪赛尔牛仔服的品牌广告。品牌广告语是*为了成功的生活*。该系列广告的广告标题是“*历史性的时刻，现代会议的诞生，雅尔塔1945*”。

此作品采用了当年雅尔塔会议的一张历史性的真实照片为视觉元素，不过，该作品已大胆地将史实照片的画面内容进行变形和重新组合，给受众在视觉上造成了极大的扭曲、失谐和滑稽感，为消除这种失谐感，受众自然会花点时间把这幅广告作品看完。

此作品中国受众可能不太容易理解，甚至会觉得拿三位国家领袖来开玩笑很难让人接受。实际上，该作品的主题是为了成功的生活，那么，其广告的视觉画面就要努力表现出这样的主题。广告创意人员或广告主理解的成功包涵了国家独立、民主法制、相互尊重、生活自由等内容，而雅尔塔会议是一个非常重要的会议。会议上，三巨头(美、英、苏三国元首)对战后的世界格局达成了相互谅解，并同意成立联合国组织来协调和解决国际纷争。因此，雅尔塔会议被创意人员称之为现代会议的诞生及历史性的时刻也是非常有道理的。应该说，雅尔塔会议是成功的，而会议本身的成功并不是目的，而仅仅只是一种手段，根本的目的还是让人们能够过上幸福、自由、平等的生活。所以，变形后的广告视觉画面加入了幸福生活的元素：活泼、独立、自由的几位美女与三巨头平等而愉快地交谈，给受众一种平和、轻松、返璞归真的感觉。虽然此画面确实有滑稽的感觉，但并不妨碍迪赛尔品牌所希望传递给受众的品牌理念：为了成功的生活。

3.画面人物的视觉处理

有研究表明，在以代言人为主体视觉画面的广告作品中，代言人的目光如与目标受众产生对视，会更吸引受众注意。(图8-24)

图8-24　Inner Strength牌手表平面广告作品

此作品以上下构图的方式进行版面处理。上部是两位代言人，下部是广告诉求的商品。该广告独具匠心的创意是对上部两位代言人的表情处理。两位代言人的目光与受众均为对视，表情却截然不同：一个欣喜若狂，一个沉稳冷静。她们为什么会有如此不同的表情？她们看到了什么？这些疑问无疑会引起受众的好奇，以促使受众全面认知和理解本广告的诉求主旨。

一般而言，在平面广告中如果要使用代言人形象为图形画面的主体，使用动态的视觉画面效果会更好一些，如右侧人物形象使用食指放在嘴上以表示安静，这种举止比较容易引起受众的注意，同时，也会使受众产生亲切感。另外，代言人的直视受众的眼神也暗示了其(广告传播者)一方面对受者的重视和在意，在现实生活中人与人之间的沟通交流最重要的一点就是你的目光不要东张西望，否则，会给人以失礼、缺乏诚意的感觉；另一方面，也显示了代言人(代言品牌)的自信。

4.画面人物的背面处理

与展示广告代言人正面直视截然相反的是展示其背影。采用这种方式的前提是必须突出广告所诉求的商品，而人物只是陪衬，居于次要地位。(图8-25)

此作品就是采用这种方法创意的作品，诉求主体是墙纸。人物虽然站在前景，但是为诉求主体服务的，表现上也就采用人物背面予以处理。这种表现手段实际上是利用了人们的好奇心理。以人物背面为视觉画面形象时，人物视线往往就会引起受众的好奇：他们在看什么？为什么他们看得如此痴迷？带着这样的好奇，受众的注意力自然就会被广告所吸引。

图8-25　国外某品牌墙纸的平面广告作品

5.近视距处理

视距是指画面想象主体与拍摄者（观者）之间的距离。在不同的视距下（由近至远）所拍摄的画面分别是特写、近景、中景和远景。不同视距的视觉画面给受众的感觉印象是完全不同的。在生活中，人与人之间的距离越近，往往就表明两人之间的关系越密切。同样，在广告的视觉画面中，特写的画面越大，电视屏幕越大，受众与画面的距离越近，就越能吸引受众的注意。（图8-26）

图8-26　阿迪达斯平面广告作品

二、利用视觉形式引发受众的情感

广告作品中的视觉形象不仅可以起到引起受众注意的作用，而且还可以刺激和引发受众的情感因素，以使受众产生对商品品牌正面的积极态度。这些视觉形象通过一些可操控的可变因素对受众的观看行为起着导引和控制作用：包括视角选择、代言人表情、认同等。

1.视角选择

人们对景物或物体的观看方式主要有三种：仰视角度、平视角度和俯视角度。不同的观看角度，给观看者的视觉感受是完全不一样的。

仰视角度拍摄的画面给人的感觉是高贵的地位和出众的品质（图8-27）。平视角度给人的感觉是平易的风格和轻松的氛围（图8-28）。俯视角度给人的感觉是谦逊和奋发进取（图8-29）。

图8-27 范思哲品牌平面广告作品

此作品采用的是典型的仰角画面。范思哲品牌的平面广告基本上均采用仰角拍摄的手法来表现其广告代言人的令人敬仰的感觉，给受众留下一种高高在上、可望而不可即的心理印象，塑造出高端的行业期望的品牌形象。

图8-28 美国嘉信理财平面广告作品

此作品是美国嘉信理财的平面广告。嘉信理财是一家总部设在旧金山的金融服务公司，该公司成立于30年前，如今已成为美国个人金融服务市场的领导者。该作品采取平视角度表现画面人物，可以使受众在接受诉求信息时产生亲切和轻松的感觉，从而达成比较理想的诉求效果。

有研究表明，当广告的代言人是被公众所认可的知名权威时(如专家、教授等)，受众对广告画面中代言人的仰角处理的形象反应比较积极，但如果受众认为广告代言人与自己处于同等地位时，则受众对广告人物形象的仰角画面就持拒绝态度。一般而言，在非民主体制的环境下，人们已经习惯于等级观念，通过仰角处理的代言人形象来提高商品品牌的地位的手法较容易得到受众的认可；但在一个崇尚平等和民主的环境中，平视角度的人物形象似乎更容易得到受众的认可。

图8-29 杜邦莱卡平面广告作品

总体而言，在市场上处于领导者地位的品牌，其广告视觉画面可以适当地采用仰角表现形式，而处于跟进者地位的品牌，可以采用平视或俯视的角度予以表现。另外，如果广告作品的视觉画面是以儿童、动物为主体，采用俯视的镜头画面更能够引发受众的关爱的情感。

2.代言人表情

在几乎所有的广告创意作品中，凡是以代言人策略进行广告诉求的作品，代言人的脸部表情无非是两种：面带微笑或者面无表情(图8-30)。但是通过仔细研究，可以发现高档时装的广告代言人大都带有明显的冷酷、不屑一顾的表情，而中档品牌的服装广告的代言人则大都笑容可掬。这种对比是如此强烈，以至于可以得出一个简单的规律：时装的档次越高，其代言人(模特)的表情就越酷。对于这种现象产生的原因，有研究者这样解释：是社会地位问题。模特脸上傲慢的神情会引起受众对自身社会地位的忧虑，同时也会对模特所代言的时装产生一种向往的情感。这种忧虑或者向往对广告所诉求的品牌而言是极为有利的。

图8-30　LV品牌平面广告作品

路易威登(LV)是法国著名的皮包品牌，也是全球顶级奢侈品牌。此作品中的画面人物大都面无表情，且画面的光影和色彩处理也是以朦胧和冷色调为主，以突出和强调品牌高人一等。

3.认同

鼓励目标受众认同广告视觉形象中的模特代言人是广告利用形象与受众进行沟通的最常见的方法。在现实生活中，人们往往通过对彼此的能力行为和价值观念的相互认同来形成各自的社交圈子。通过对他人的认同，人们可以观察到他人的行为所产生的后果，并使之成为自己的生活经验或教训。广告形象正是利用人们希望认同与被认同的心理倾向来试图加强受众在情感上与广告品牌的联系。许多广告的诉求内容都是以人们的真实经历为摹本，向受众提供在事业上取得成功的范式和希望受众效法的榜样。

在广告视觉形象的处理上，绝大多数产品广告，尤其是针对女性市场的产品广告，其代言人大都是面向受众展示正面的形象。因为人类可能具有一种先天的倾向：对他人向自己正面直视的面部表情给以善意的回应。

第四节　广告作品的印艺设计

广告作品的核心价值在于精彩的创意，无论广告的艺术设计和印刷工艺多么精美，如果缺乏一个创意的灵魂，广告仍然是没有生命力的。不过，尽管优秀的设计救不了蹩脚的创意，但是糟糕的印艺毁掉一个优秀的创意却是轻而易举的事情。因此，要想使精彩的创意得到充分的体现，就必须了解和掌握有关印艺方面的基本知识。

一、字体设计

1.字体所暗示的信息

不同的字体向受众传递的信息有着很大的区别。黑体字厚重稳定，宋体字隽永经典，隶书传统，行楷洒脱。

下面这两块招牌的字体就不一样。很多受众可能倾向于认同用手写体(方正舒体)，因为该字体所传递的信息是：该商店的经营者是一位淳朴而诚实的人，他/她刚刚用手写下这条讯息，字体没有经过任何修饰。让人感觉到这些鸡蛋还保有尚未散发的余温。相反，另一块用黑体字写的招牌则显得太整齐、太规范，经营者肯定为此花费了不少的时间，他的鸡蛋肯定没有上面那一家的新鲜，甚至他的鸡蛋是从外地收购的。

新鲜的鸡蛋　　新鲜的鸡蛋

2.字体使用原则

选用字体不可太多　在一则广告作品中，混合使用不同的字体时，应尽量节制。一般而言，在同一版面最多不要超过三种字体。随便混用各种字体最容易被人看出设计者在印刷方面的非专业性。广告的标题应尽可能用更大的字号表现，如果标题占用空间不止一行的话，在不影响意义完整之处可以断行处理。比如，本田CRX轿车有一则广告的标题是周游世界只要50箱油，可以断成两行：

周游世界

只要50箱油

本田的广告实际上是这样把广告标题分成三行的，这种断法也还合理：

周游
世界
只要50箱油

印刷字体的选择必须在两个目标之间寻求平衡：清晰与活力。换句话说，印刷最根本的任务是“清晰”——字体毕竟是以传播信息内容为首要目的，因此，就必须具备可读性，便于受众理解。不过，如果单纯追求字体的“清晰”又有可能导致广告作品单调乏味。所以，广告作品的设计人员希望广告受众在阅读广告的同时还能享受到视觉的乐趣。这样，他们往往就会考虑使用“有活力的”字体。但是这往往又会威胁到“清晰”的目标。

对于这样的矛盾，看起来不太可能有两全其美的解决办法，只能是把这一对矛盾看成是一个统一体，用寻找“平衡点”的思路考虑问题，而不要以“非此即彼”的方式考虑问题。

字体是艺术语言　字体是组成广告风格的构成要素之一，因此，我们应该将字体的设计过程看成提高广告劝服力的手段。使用始终如一的印刷字体，是塑造并增强品牌形象必不可少的环节。消费者对企业/品牌的认知，最重要的途径就是通过企业/品牌的标志和广告印刷字体。如果企业/品牌经常变换自己的广告印刷字体，消费者就会对企业/品牌的认知产生混乱。一些企业/品牌陷入经营上的困境，往往与其品牌形象变化太大、太频繁有关。

二、版面设计

印刷媒介的广告作品是由文案(标题、正文、字体)、图形(色彩、线条、图、标志)等诸要素相互整合为一个彼此呼应的整体，决不是上述几个要素之间的简单拼凑和堆积。广告创意既包括诉求内容的创意，也包括诉求形式的创意。因此，如果我们仅仅将广告诉求活动看成是为促进商品销售而向目标受众传播购买理由而阐述的话，这样的广告活动就纯粹是简单的商业行为，就会失去通过广告的文化影响力来影响消费者的消费行为的更高追求；但是，如果我们将广告活动单纯看成是艺术设计，这样的广告作品可能确实很好看，但却缺乏对消费者的影响力甚至毫无意义。所以，优秀的广告作品必须是上述两个方面的完美结合。

1.版面设计的基本方法

广告版面的设计元素　印刷广告的版面设计，其组成部分通常有：标题、副标题，主要插图和其他任何图像，正文、随文，广告语，标志和其他成分(如优惠券)等。在不同的广告中，这些元素的分布是不一样的。在一则广告中，某一种元素可能呈弱化态势甚至缺失状态。因为广告的版面设计并没有刻板的组合规定，设计人员对版面的设计只需遵循两个原则，即最大限度地表现广告的创意及努力将广告的诉求内容与印艺风格予以整合。

建立视觉分级体系　在进行设计之前，应先对上述诸项元素按照重要程度予以分级。通常，诉求内容最关键的部分(也就是视觉表现最重要的元素)应安排在最显眼的位置。一般的思考逻辑是先确定以下几个问题：广告作品是以字体为主还是以图形为主，广告的诉求策略是理性的还是感性的，标题与图形创意哪一个更精彩。当这些问题有了比较清楚的答案之后，版面设计的思路也就清晰了。

将分级的视觉元素在版式上予以表现的方法是用尺寸大小来衡量：即用字体的大小向受众暗示哪些信息是最重要的。受众的阅读习惯是从大字看到小字并将大、小与重要性联系起来。另外，还有一些方法可以控制分级体系。有些东西的视觉冲击力比较大，其给受众的感觉自然是具有更大的重要性。比如，彩色比黑白更有分量，不规则形状比规则形状更有分量，深色稠密区域比浅色空白区域更有分量。

导引受众的视线　与上述突出重点紧密

相关的是设计人员要有意识地引导受众的视线、控制受众的阅读顺序和视觉流向。在传统和习惯上，人们的阅读顺序是从上到下、从左至右的，因此可以利用这种自然倾向，把最重要的视觉内容放在受众最容易浏览的区域，而把最不重要的视觉内容放在这些区域之外。如香烟的广告主就把吸烟有害健康的警示语放在最不显眼的阅读区域。有人将人们眼睛阅读信息的模式称为Z形，以表示出视线在阅读物上的走向。

当然，也可以打破视觉习惯，将大号的字体或图像放在不恰当的地方，并使用超常的色彩饱和度迫使受众以某种特定的方式来阅读此处的信息。究竟采用何种方式，完全取决于设计人员的审美品位。

平衡版面布局 即版面中各构成元素之间的布局应有一种平衡感。营造平衡感的方法主要有两种：一是对称平衡，二是不对称平衡。

对称平衡的版面布局是版面的一半和另一半相似——有一条看不见的中心线或纵轴使两者保持平衡，给受众以井然有序、整齐稳定的感觉，能很有效地反映或表现某些商品的本质特征。不过，这种布局对有些商品未必适合。例如，保险公司或银行的广告可能很愿意使用这种布局，以暗示广告主的老成持重、令人信赖的经营理念；但运动系列和饮料系列的商品可能会对这种版面布局敬而远之，而采用不对称平衡的版面布局方式。

不对称版面布局是将各种视觉构成元素围绕着看不见的中心轴或中心点以取得平衡的效果，其版面不是那么井然有序，但各个视觉元素都能予以恰当的表现，且更具活力。相对而言，不对称平衡的布局要求设计人员对各种线条、色彩和形状的光学分量必须有良好的感觉，才能在各视觉元素之间建立起一种平衡的关系。

图文的表现比例 比例是一则广告作品中各个视觉元素之间的相互关系。处理好这种关系的关键是要多变：避免机械重复、平均分配版面、形状大小不变所形成的单调乏味感。多种多样的视觉元素的对比可以使版面更具活力，也更能引起受众的观赏兴趣。不要让文字占半个版面，图形占另外半个版面。应为各个元素寻找不同的大小和形状，视觉的节奏与语言的节奏的原理是一样的，相同的意思由不同的词语进行表达就能出彩。同样，营造相同的视觉感受也可以通过变化的视觉元素予以表现。不要简单重复，重复中应有变化。

视觉的整体感 将各视觉元素整合为一个整体，其关键之处就是要处理好空白的比例。如果版面中各视觉元素之间的空白面积太大，就会使整个版面显得支离破碎、散乱不堪。人们总是认为放在一起的东西彼此之间会有密切的联系(视觉上的邻近原理)，因此，要使广告作品的各组成元素浑然一体，就切不可使各视觉元素相互隔绝、断裂。

2.版面设计的种类

从理论上说，每一个版面的设计都是原创的、独一无二的，其图形和文案的组合也是前所未有的。但是在实践中，版面的设计还是可以从整体上分出常见的几个类型的。

文案主导的版面设计 一些广告作品整篇或绝大部分都是由文案所构成，没有图形或图形处于从属位置。在这种布局的广告作品中，标题和图形之间的比例关系是极为重要的。除了要确定哪一个因素应该占据主导地位外，还必须确定它应该如何主导。这两者之间如果能够配合完美，广告的创意就能很好地得到表现；而两者之间如果配合不好，则会导致广告活动的失败。(图8-31)

图8-31　长沙电信平面广告作品

这是笔者在长沙广告公司任职时所创作的作品。作品内容以文案为主，视觉画面不过是对文案内容的形象提示罢了，并没有传递多少信息。

图形主导的版面设计 有时也被称为观景窗式版面设计，这也许是目前最常见一种方式。这种方式的广告构图，图形占据大部分版面，其余的部分才由标题和正文填补。换言之，即图形为主，文案为辅。(图8-32)

图8-32 爱普生打印机平面广告作品

这是笔者的学生创作的参加2005年金犊奖的获奖作品。此广告的视觉表现显然是以图形为主。不过，广告的精彩之处并不在于构图的方法，而在于广告作品通过画面中的人物与墙上的打印图所构成的互动关系，十分巧妙地传达了爱普生打印机逼真的打印效果。

多成分版面设计 有些广告的构图形式比较复杂，很难用上述两种方式加以归类，而只能称为多成分版面设计。这种版面设计大致分为四种情况：视觉平行式、分格式、成分分级式和紧密场式。

视觉平行式 即在广告版面中将文案与图形分处两边相等的空间，利用这种形状的重复形成广告整体的平衡和统一。

分格式 在一个版面上安排多种视觉元素的方法。即将一个版面的空间划分为若干个正方形或长方形(分成几块)，然后分别填入标题、图形等相关元素。(图8-33)

图8-33　奔驰汽车平面广告作品

此作品运用典型的分格式方法进行视觉表现，目的是试图通过多种画面来表现诉求产品的多种功能，即驾驶奔驰汽车可在春夏秋冬等不同季节外出旅游休闲，以领略不同的宜人景色，从而间接地表现了奔驰汽车出众的全天候驾驶功能。

有一种分格法被称为蒙德里安版面设计。蒙德里安是荷兰画家，其画作几乎完全是由几何图形构成的：用直线构成基色形体，用黑色界线从横向和纵向把画面分开。因此，有若干的正方形和长方形组成的广告构图就被称为蒙德里安版面设计。

其他的分格式设计比蒙德里安版面设计更整齐划一，即将版面的空间分格成若干个大小相同的正方形或长方形，然后再将各个视觉元素并列置于其中。杂志、报纸、年度报告、目录和其他多页的版式都适合于这种分格式设计，以取得一页接一页往下看的视觉连续效果。

成分分级式　即将广告作品中所要表现的各类视觉元素按照重要程度分成三个层次：主导性视觉元素、次主导性视觉元素和从属性视觉元素。也就是说，在一个广告版面中必须有一个视觉主导特征、一个视觉次主导特征和一个视觉支持性特征，才能形成一个有机的视觉整体。因为，除了确定视觉元素的重点及视觉的流程之外，这种视觉的三角关系可以使整个版面显得更加完整统一，使受众在阅读广告信息的同时很自然地将广告的局部与整体密切地联系起来。许多广告作品都使用过这种三点式的布局结构，以引领受众的视线按照1–2–3的顺序看完广告的全部信息。

紧密场式　这种版面设计对分格或主导—从属关系的依赖较少，主要靠的是视觉元素之间的紧密关系。多采用现状、色彩、结构、位置、重叠和其他美学原理，把版面的各视觉元素整合成有机的统一体。这种版面设计的方法在各个招贴和其他印艺设计中运用得比较多。

重要术语

客观法　比较法　色品　色调　饱和度
纯度　亮度　照度　主管法　暖色　冷色
纵深感　空间　轮廓光　介入物　时间
真实位移　假象位移　图形位移　暗示位移
虚拟与变形　传统的表现　当代的表现
未来的表现　复古的表现　前卫的表现
经典的表现

推荐书目

1. 明斯基，卡尔沃．如何做创意——13位美国杰出创意指导和文案撰稿人的创意观念、方法与作品〔M〕．钱锋，译．北京：企业管理出版社，2000.
2. 路易斯．蔚蓝诡计——颠覆市场的广告创意智库〔M〕．刘家驯，译．海口：海南出版社，1996.
3. 张惠辛．4A人性创意96例〔M〕．北京：华夏出版社，2004.
4. 许舜英．大量流出〔M〕．台北：红色文化事业股份有限公司，2000.
5. 曾玉萍．中兴百货的意识形态〔M〕．台北：滚石文化股份有限公司，2001.
6. 唐锐涛，劳双恩，等．智威汤逊的智〔M〕．北京：机械工业出版社，2005.
7. Richard W.Lewis. ABSOLUT BOOK

Published in 1996 by Journey Editions

8. 梅萨里.视觉说服——形象在广告中的作用〔M〕.王波，译.北京：新华出版社，2004.

9. 莱斯特.视觉传播——形象载动信息〔M〕.霍文利，史雪云，王海茹等，译.北京：北京广播学院出版社，2003.

10. 施密特，西蒙斯.视觉与感受——营销美学〔M〕.曾嵘，赵楠，沈浩云，刘颖，译.上海：上海交通大学出版社，1999

思考练习

1. 以小组的形式对目前市场上比较知名的品牌产品进行研究分析，尤其是从非语言符号的运用方面进行研究，指出其中有哪些地方值得学习，哪些地方需要改进，并创作出改进后的创意作品。

2. 为模拟的产品创意一则电视广告，并撰写出完整的故事版。

第九章　文案创作——广告创意的语言符号

广告创意的表现除了视觉形象的要素之外，另一个重要的要素就是广告文案。所谓广告文案，是指在广告创作中表现在广告作品中的语言文字部分。由于广告文案创作在很大程度上受到媒介的限制，因此，在具体创作上，根据媒介的不同而将文案分为印刷广告文案、广播广告文案、影视广告文案和网络广告文案四大类。

本章的学习目标

- 了解 印刷广告文案的基本构成要素
- 理解 电波广告文案的创作特点
- 掌握 广告创意的表现策略
- 认识 网络广告文案的基本原则

第一节　印刷媒介的文案创作

在印刷广告中，图形、标题、副标题、正文、广告语、标志是最重要的构成元素。如图9-1所示，文案可以将图形、标题和副标题这一创意金字塔的相关环节联系起来。图形的作用是为了引起受众的注意；引起受众的兴趣环节一般与标题、副标题以及正文的第一段相呼应；正文则负责建立受众对商品的信用和欲望；而行动环节则由标志、广告语这些元素来完成。

一、标题

1.标题的功能

有效的标题创意能够起到吸引受众、诠释图形涵义、将目标受众引向文案正文的阅读及表现广告商品的诉求信息的作用。

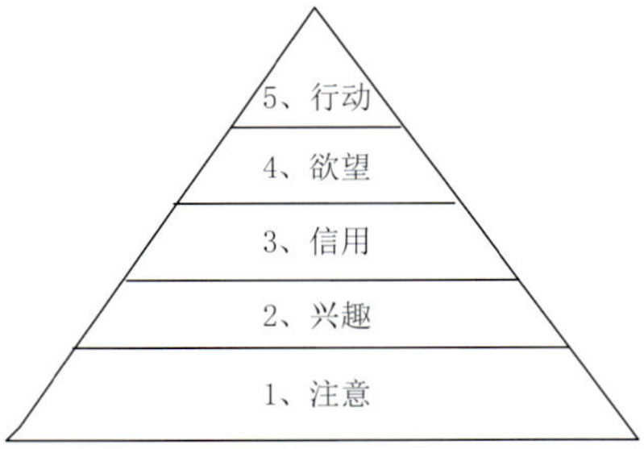

图9-1　创意金字塔

比如，2012年四川绵阳某房地产开发商为其楼盘所作的报纸广告的标题是：一个爱马仕鳄鱼铂金包都可以买套房了，那还是买房算了。该广告标题颇具视觉杀伤力，很容易吸引受众，并导引受众阅读有关该楼盘的相关信息，具有相当不错的传播效果。

引起受众注意的常用方法是采用大号字体设计标题，让标题占据尽可能多的印刷版面。

理想的广告标题应该传达最能吸引人的商品信息，同时，标题还应尽可能地视觉化，以便广告设计人员根据标题创作视觉图形。

调查显示，阅读标题的受众比阅读正文的受众平均多二到四倍。因此，如果创意的广告标题不能打动人心，广告的创作就几乎归零。奥格威曾说：“标题是大多数平面广告最重要的部分。它是决定读者是不是读正文的关键所在。”[①]（图9-2）

2.标题的结构

广告标题的结构主要有三种：直接标题、间接标题和复合标题。

① (美)奥格威.一个广告人的自白〔M〕.林桦，译.北京：中国物价出版社，2003：121.

图9-2 同升湖山庄报纸系列广告作品

此作品是笔者在长沙一家广告公司任职时所创意的一组系列报纸广告创意作品，广告文案的标题分别是：首付5万元，即可拥有同升湖山庄的美丽风光；首付5万元，即可拥有同升湖山庄的清新自然；首付5万元，同升湖山庄为你开启全新的生活方式。该组标题诉求明确，主题突出，信息量较大，效果较好。

直接标题 又称直接诉求式标题，它以简明的文字直接向受众表明广告诉求的主题。如教育是留给孩子最好的财富(某信托公司储蓄广告标题)。该广告标题简洁质朴、一目了然，受众即使不看广告正文也能大致了解广告诉求的基本意思。

间接标题 又称间接诉求式标题，它并不直接点明广告文案的诉求主题，而是以耐人寻味的标题文字将受众的注意力转向广告正文的阅读。如这幅画怎么有些不对劲？就属于间接式广告标题。

复合标题 又称多重标题，实际上是一个由引题、正题和副题三个标题组合而成的较为复杂的标题群。在这种标题群中，各个部分所起的作用是不尽相同的。引题，是为说明信息意义或交代背景时所使用的；正题，一般用来点明广告文案的主要事实；副题，主要是对整体起补充说明的作用。

复合标题在具体运用时主要有三种组合方式：

第一种是引题+正题+副题。比如1993年1月25日西泠电器在《文汇报》上发布的广告标题：

引题 今年夏天最冷的热门新闻
正题 西泠冷气全面启动
副题 显示豪华气派 发动强力冷气 解放今年夏天

该广告标题由引题渲染气氛、烘托背景，而正题则单刀直入、突出主旨，副题则从三个方面对广告产品进行较全面的诉求，构成一则典型的复合标题。

第二种是引题+正题。比如格力空调2014年发布的一则报纸广告的标题就是属于这种类型：

引题 哇，他们为什么要惊叫？
正题 全球首创的格力太阳能空调！

该复合标题由引题导出疑问，由正题给出答案，两者相辅相成，相得益彰。

第三种是正题+副题。比如美国电报电话公司在报纸上发布的一则广告的标题：

正题 伯乐万里觅良才
副题 2014年AT&T亚太奖学金，留学生活更无忧

该广告正题突出广告诉求主旨，副题则点明广告诉求的具体内容。

3.标题的类型

文案标题创作必须忠实地体现广告创意

的诉求策略。根据不同的广告战略，广告文案采用不同形式的标题。标题创作的类型可以划分为新闻/信息式标题、利益式标题、启发式标题、疑问式标题和命令式标题。

新闻/信息式标题 即以新闻通稿的标题方式进行标题创作，给受众的印象是直截了当、真实可信。如以下两则广告标题：

高薪聘请房地产专家

公告——最新“坐家赚钱”计划

利益式标题 即通过广告标题直接将广告商品的利益点向受众承诺，以引起他们的注意。其主要内容是：如果使用了某产品或服务，便会得到某种利益。以下是两则优秀的利益式广告标题：

高泰丝纤维，无论天上掉什么都令你温暖而干爽

50天内学会外语，否则退款

启发式标题 标题创作的目的是激起受众的好奇心，进而引起受众的疑问和思考。比如：美丽特啤酒的每一只酒瓶都是经过高温消毒的。怎么回事？为了获取更多的信息，受众只好接着阅读广告正文。不过，受众也有可能看完标题就不再继续往下看了。为了避免这种情况发生，创意人员可以考虑设计出有创意的视觉图形来进一步演示所诉求的信息或进行情节性诉求。

疑问式标题 一般通过设问的句式向受众提出问题，鼓励受众在广告正文中寻找答案。如固异特的广告标题：为什么我们的轮胎用户比别人更精美、更富裕？好的疑问式标题往往会激起受众的好奇心和想象力，但如果标题提出的问题让受众很快就能作出回答（更糟的是作出否定的回答），广告的其余部分就有可能被受众一晃而过。比如，设想一下这样的标题：你想买保险吗？受众可能会回答“不”，然后就转移其视线，翻看报纸的其他内容了。

命令式标题 即通过命令的语气促使受众采取一定的行动。不过，使用这种方式有可能显得生硬，使受众产生反感。（图9-3）

图9-3 雅倩冰点防晒霜广告作品《躲避不是办法》

此为笔者的学生（彭长河、胡人方、卜小飞、何玄静）在校期间创作的作品，获2004年中国广告协会学院奖的全场大奖。作品在创意之初很快便对创意的主题“防晒”达成了共识，但在怎么说的问题上费了许多周折，最后才逐渐确定“躲避不是办法”的创意主题。在视觉表现上同样也是在绞尽脑汁之后灵感忽至，在校园的一角完成了拍摄工作。此作品的精彩之处在于充分地利用了对比的策略：人数的多与少的对比、画面的明与暗的对比、学生打伞与不打伞的对比，等等，十分准确地表现了产品的独特功效。

二、正文

正文是指广告文案中旨在向受众传递大部分的商品品牌信息，居于广告主体地位的语言文字。正文和标题在作用上有所不同。标题的主要作用是吸引受众的兴趣，而正文的作用则是促使受众对商品的特性产生认知并激发起购买欲望。因此，正文就是要通过标题所提示的内容对商品信息作进一步的阐释和说明，促使广告受众接受广告所诉求的信息，进而采取购买行为。

正文由引起兴趣、增进信任、刺激欲望，促进行动这几个环节所组成，是标题内容的延展，所涉及的内容包括商品或服务的特点、利益和用途。

据调查，印刷媒体中的广告受众每十个

受众一般只有一个阅读正文。因此，正文的撰写必须努力引起受众的兴趣，并表现出广告商品或服务能够满足消费者需求的基本属性。(图9-4)

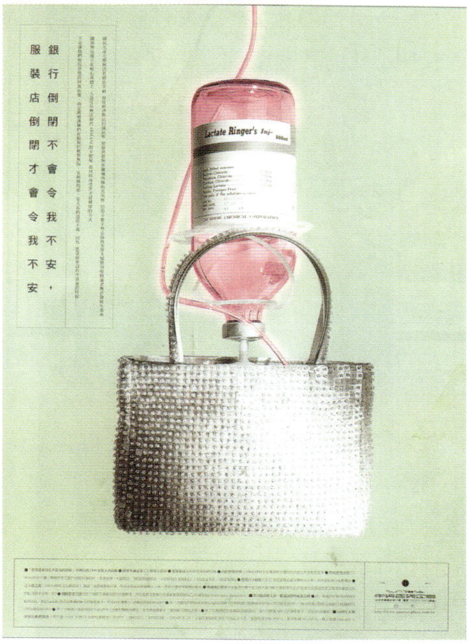

图9-4　意识形态广告公司为中兴百货创作的广告作品

此广告以文案见长，画面只是诠释文案的内容而已。女人的手提袋被比喻成购物欲望，而粉红色的葡萄糖则象征着消费美学的价值观念。其文案内容如下：

标题　银行倒闭不会令我不安，服装店倒闭才会令我不安

正文　国民生产毛额无法累计出幸福
泡沫经济无法幻灭品位
节制消费无法弥补南极的臭氧层
信用卡数字无法伪装美学天赋
惩罚唯物论者无法降低失业率
关系无法建立在唯心基础上
人造皮草无法取代ARMAINI的羊毛绒
看待时尚受害者最健康的方式
不是让她们服用禁欲的阿斯匹林
而是继续让她们在服装店无怨无悔
克制购物欲
是天真的道德主义
因为欲望从来没有不景气的时候

1.正文格式

印刷媒体的正文格式主要由预备段落、内容段落、收尾和结尾等元素构成。

预备段落　是连接标题和正文诉求点之间的过渡性文字，作用类似于副标题或新闻通稿的导语。预备段落属于兴趣环节，因而必须吸引受众，并将受众对文案的阅读兴趣转化为对商品的兴趣。

内容段落　以商品诉求的实质性内容为主，包括建立广告的可信度，通过语言启发受众的想象力，培养受众的消费欲望。广告主应借助调查数据、证言和担保来支持自己的产品承诺。因为这些有利于广告主避免代价高昂的法律纠纷，使消费者确信商品品质真实可靠、增强对企业的好感，最终达成刺激销售的目的。

收尾　正文的收尾置于内容段落之中，其内容主要是建议受众立刻采取行动。好的正文会不止一次地要求受众采取行动，邮购广告则会多次要求受众采取行动。受众往往在阅读完正文之后就已作出购买决定。

结尾　该部分内容继续鼓励目标消费者积极采取行动，并将如何购买商品的相关信息交代清楚。包括供货商的地址、电话、传真、网站等。

2.正文类型

正文的表达方式并没有固定的模式，只要能够达成销售目的就可以。常见的正文类型包括直接推销式、企业形象式、叙述式、对白/独白式和技巧式。

直接推销式　以开门见山、客观而直截了当的表现手法，向目标受众诉求商品或品牌的相关信息。此种方式一般按商品诉求点的重要程度进行简明描述，所以特别适宜需要受众仔细斟酌或使用难度较大的商品，尤其是适用于直邮商品。

企业形象式 即正文内容不涉及商品的具体诉求信息，而是推广企业的文化理念或品牌精神，旨在赋予企业真诚、亲切、可信的形象。银行、保险公司、公共设施机构和大型生产企业常常在印刷媒介的广告中采用这种方式撰写广告正文。

叙述式 即正文内容先设定一个故事情景，在最后时刻才亮出商品，让商品来解决故事中的问题。这种方式为情感诉求提供了平台。保险公司的广告就常常采用这种方式：首先是叙述一个人猝死给亲人带来的痛苦，最后，才表明不幸中的万幸——这个人刚刚购买了保单。

对白/独白式 即以对话或第一人称的方式撰写正文，以表现文案的真实性和纪实性。不过，对白/独白式正文若写得毫无创意，则会单调乏味，甚至令人生厌。

技巧式 即在正文的写作过程中，运用一定的修辞(如双关、比喻、谐音、排比、夸张等，有时甚至用散文风格)手法来增强受众的阅读兴趣。比如下面这则由台湾李欣频女士创作的广告文案：

引题　情人节书展

正题　新的“书”情方式

正文　亚当阅读夏娃，找到上帝创世纪中不存在的秘密花园

罗丹阅读卡蜜儿，发现哥伦布没有发现的美丽海岸线

萨特阅读西蒙波娃，发现一本不是用荷尔蒙书写的爱情白皮书

罗密欧阅读朱丽叶，相信爱情不能得到永生，却比任何事情都值得去殉教

爱情难求，情“书”唾手可得

今年情人节唯一可以取代玫瑰和巧克力的示爱品

2月3日至2月28日

全省五家诚品书店浪漫展出

三、广告语

广告语又称广告口号，是为了加强受众对企业、商品或服务的印象，在广告中长期反复使用的一种简明扼要的口号性语言或文字。广告语的内容主要是向目标受众传播企业长期不变的品牌理念。主要特性如下：

信息的单一性 广告语通常传播的是企业或产品的单一而明确的信息内容，因为毕竟广告语仅仅只是一句口号，它不太可能也没有必要负载全部的商品信息诉求内容。如菲利普电器的广告语 让我们做得更好 即是以这种方式创造的广告语。

句式的简短性 广告语通常都使用简洁精悍的句式。如 请喝可口可乐、农夫山泉有点甜 这类广告语即是典型的例子。因为复杂的、过长的语句会降低受众的理解程度、记忆度和他们自觉传播的积极性，从而难以起到广泛传播的功效。

语言的口语性 广告语通常使用大众所熟悉的词汇和表达方式，很少使用生词、新词和难以辨认的字或书面语言。如 味道好极了、学琴的孩子不会变坏等。因为受众对不熟悉的语言、文字的记忆较为困难，且书面语言也不太可能在受众中以人际传播的方式加以流传和扩散。

使用的长期性 广告语通常在一个相当长的时期内反复使用，很少轻易改变。因为受众从接触到认同，再到记忆直至自愿传播广告语，必然是一个较漫长的过程。而广告语的频繁变化将直接影响广告语的传播，至少会使目标受众产生对企业、商品或服务经营管理不稳定的印象。

第二节　广播广告的文案创作

电子媒介的文案创作与印刷媒介的文案创作没有本质的差别，只是在创作的格式上有所不同。

广播广告的独特之处就是通过声音来诉求广告信息，也就是是“以声夺人”。广播广告的声音包括人声(语言)、音响和音乐，即广播广告的三要素。

一、人声(语言)

人声主要指人的语言，同时也包括人的歌声、情绪声、呼吸声以及人群的嘈杂声、交谈声等等。语言是人际交流中最常用、最重要的手段。广播语言与印刷媒介语言有着本质的不同。印刷媒介语言是抽象符号式的书面语言，而广播语言则是有声的无形的口头语言。

广播又称“脑海中的剧院”，就是说它是以人声为主的声音来叙事的，通过调动听众的想象力，给人一种“如见其人，如临其境”的感觉。也就是说广播是在人的脑海中以声音来“塑造”视觉形象的。

1.广播语言的特色

通俗易懂　广播是典型的大众媒介，其听众人数众多，且听众在收听广播过程中没有任何障碍(印刷媒介的读者必须具备一定的文化水平)，要让众多的听众听懂广告的诉求内容是广播广告最首要的问题。因此，通俗易懂、深入浅出、一听就明白，是广播广告语言所必须具备的特点。

简洁明快　广播广告的时间很短，仅有几十秒，最长也不过一两分钟，所以一定要注意语言的简洁明快。一方面，语言的简洁可以为音乐或音响留出时间，有助于广告整体氛围的营造；另一方面，语言的简洁还可以给播音员或演员以停顿和喘息的机会，使广告的语言听起来快慢有致、抑扬顿挫，更富感染力。

塑造情景　广播广告通过听觉来调动、促进听众的想象力，所以如何塑造一个立体化的情景以强化听众对广告的整体印象就显得十分必要。这就要求广播广告的语言应尽可能形象、生动。

2.广播广告文案的特性

没有标题　在印刷广告文案中，标题起着提纲挈领、引起受众兴趣的作用，其重要性自不待言。广播广告由于没有标题，这就给创作增加了难度。创意人员必须考虑怎样在文案的开头部分就能够抓住听众的注意力，这是广播广告能否成功的关键所在。

主题内容必须强化　广播广告不同于印刷广告之处还在于其转瞬即逝且不可重复，因此，广播广告文案应想方设法突出和强调广告主题，以使听众即使记不清广告诉求的全部内容，也至少可以记住广告诉求的主题内容。

广告语的作用更加重要　广告语的特点就是简短易记，便于传播，且能够突出品牌或企业的个性，这些特点最适合运用到广播文案的创作上。大多数广播广告都用一种具有特质的语音来强调和突出广告语，听众即使记不清广告的全部内容，但只要记住了广告语，那么，广告的目的也就基本达到了。

二、音响

音响是广播广告的主要表现手段之一，其作用是可以大大增强广播广告的表现力和感染力。概括地说，音响可以创造一个声音环境，可以叙述或表现一个事件，也可以表达人的思想和感情。

1.音响的叙事性

现实中的一切生物和自然现象都有自己独特的声音，如风声、雨声、鸟鸣、马嘶、虎啸等。而且，声音总是伴随着形象的。这就是人们通过听觉(音响)产生视觉联想的原因。

著名电影导演希区柯克曾说过：“音响效果应该当作对话来处理，对话可以当作音响效果来处理，人的喊叫和笑声同样可以传达重要的信息”。[①]希区柯克所说的实际上就是音响的叙事性。

广播广告要表现喝饮料的过程，只需要使听众听到打开瓶盖的声音、人喝饮料的

①周建梅，路盛章，董立津.电波广告/平面广告〔M〕.北京：中国物价出版社，1997：277.

“咕嘟咕嘟”的声音、喝完后所发出的舒适愉悦的“哈——”的声音即可，而且声音还会使听众产生极为深刻的视觉联想和强烈的消费欲望。

2.音响的表现力

主要是通过听众的联想来实现的，而这种联想又是通过独特的创意而引发的。和视觉一样，声音同样具有非凡的表现力。因此，对音响的巧妙使用，可以把许多无法或难以表现的事物轻而易举地传达给听众。比如，获得2004年全国广播广告一等奖的作品《一心不能二用篇》就很好地将音响的表现力发挥到了极致。其文案内容是：

关车门的声音
汽车发动的声音
公路上嘈杂的汽车声、喇叭声
清晰的电话铃声
电话里的女声：“晚上有空吗？”
男生：“有空啊。”
女声：“那我在老地方等你，不见不散。”
男生：“好的，拜拜！”
公路上嘈杂的汽车声、喇叭声
清晰的电话铃声
电话里的女声：“老公，晚上回家吃饭吗？”
男生：“不行，我晚上还要开个会……”
紧急刹车声、强烈的物体碰撞声……
旁白：一心不能二用
　　请注意交通安全

3.音响的个性化

现代企业比较重视企业的形象视觉识别设计，以期通过统一的视觉识别系统使受众对企业/品牌形成认知与记忆。其实，企业也可以通过创作出有个性特征的音响来作为本品牌的标识。这种听觉的识别音响可以采用与商品有某种联系的声音。如海鸥表就采用了海浪的声音和海鸥的鸣叫声作为其电波广告固定的听觉识别标志。

三、音乐

音乐是一种抽象的艺术形式，具有强烈的情绪性，对于人的情感、态度、行为影响极大。音乐的最大的特性是共同性，常常可以超越种族、年龄、地位、民族的界限。

音乐不像人声(语言)和音响那样能够准确地表达特定的信息内容，但在表现人的感觉和情绪方面却有着自己细腻感人的独特优势。具体而言，广播广告中的音乐主要分为两种类型：背景音乐和广告歌曲。

1.背景音乐

主要是利用乐曲来烘托气氛，配合人声使用。如某品牌的旱冰鞋的广播广告，开头部分就是以《溜冰圆舞曲》的音乐缓缓混入并配合始终。听到这首熟悉的优美抒情的乐曲，听众的脑海里自然就浮现出溜冰者在冰上翩翩起舞的动人场景，并激发起听众溜冰的欲望。

2.广告歌曲

就是把广告中所要传递的重要信息用歌曲的形式表现出来。前几年的步步高产品的电波广告就采用了此法，起到了很好的传播效果：

世间自有公道，
付出总有回报，
说到不如做到，
要做就做最好。
步步高。

四、创作

广播广告的创作同其他媒体的文案创作的要求是一样的，即必须服从广告的整体策略规划，必须有明确的广告定位，明确的诉求主题和新颖的创意。但除此之外，广播广告的创作还有着自己特有的规律。

1.诉诸听觉的创作

创作听得懂的文案　文字是有声语言的符号，但又不完全是一对一地等同于有声语言。我国有许多文字音同字不同，写出来明明白白，听起来却莫名其妙。如“某某商店出售食油”，是食用油，还是石油？又如“每到三月，桑事繁忙”，听起来极易闹笑话。所以，广播广告的文案创作一定要多读、多听，一定要用口头语言进行创作，一定要创作能够让听众听得懂的文案。

整体规划三要素　一般而言，每一条广播广告都是由上述人声(语言)、音响、音乐三要素共同构成的。因此，在广播广告的创作中，应对三要素的整体规划加以全盘把握，否则，就可能使一则广播广告缺乏整体感，从而影响广告诉求的整体效果。

2. 诉诸情感的创作

精彩的开头　广播广告的听众大多是在无意识的状态下收听广播节目的，因此，广播广告要想达成信息诉求的目的，必须在广告的开始部分能够立刻吸引听众注意。

以情动人　广播广告使用的语言多是口头语言，口头语言相较于书面语言会更加亲切、动人。

3. 高度自由的创作

从表面看，缺乏视觉形象是广播媒介的最大的劣势，但事物都有两面性，这一劣势在某种程度上又可以转化为最大的优势。因为没有视觉形象的听觉信息更可以促使听众展开想象的空间，也给了创作人员很大的创作自由。

充分调动听众的想象力　广播广告只是依靠声音进行传播，因此它反倒可以激发听众丰富的想象力。借助于听众的想象，广播媒介可以完成其他媒介难以完成的使命。难怪有人说“描述天下第一美女，只能用广播”。美国营销学专家曼尔玛·赫伊拉说过：“不是卖牛排，而是卖煎牛排的吱吱声。”

努力塑造声音的个性　在众多的广播广告的海洋里，没有个性特征的广告是难以给听众留下印象的。因此，广播广告的文案一定要努力塑造与众不同的声音，塑造令人难以忘怀的音乐形象，使听众一听到你的语音或音乐就知道是你来了，而不会与其他品牌形成混淆。

第三节　影视广告的创作
（文案、画面组接与表现）

如果说平面广告作品是一种空间的艺术，即创意人员要在一定的空间范围内考虑如何运用色彩、线条等基本要素去表现出更具有审美品位的广告作品，那么，影视广告作品就是一种时间的艺术，即创意人员要在一定时间范围内考虑如何运用蒙太奇表现手法以创作出能够传达更丰富、更有感染力的广告作品。前面几节对平面广告视觉表现的各种手法进行详尽的叙述，本节将专门探讨影视语言的基本内容。

一、影视视觉语言

1. 镜头组接

镜头的组接　又称为剪接，就是将分散、零碎的镜头连接在一起。影视广告的诉求内容不可能一次拍摄完毕，它被分成一系列的镜头来拍摄。于是，镜头与镜头的组接就必须符合现实生活的逻辑和人们一般思维的习惯，这样组接起来的镜头画面才能被广告受众准确无误地接受和理解。

镜头组接的方法多种多样。由不同的剪接方式组接的镜头画面给广告受众的心理感受是完全不一样的，甚至会在很大程度上影响受众对广告讯息的理解与接受。镜头组接的方式主要有以下几种：

分切　是指把两个有内在联系的镜头直接衔接在一起，前一个镜头叫作切出，后一个镜头叫作切入。这种方法又被称为无技巧剪辑，利用这种方法剪接的镜头画面可以达到对比强烈、节奏紧凑的效果。这种方法简洁、朴实，是影视广告作品最常使用的方法。

叠化 是指将两个或两个以上不同时空中的不同景物与人物、画面重叠起来，复印在一条胶片上，相互重叠的各个画面内容之间有内在的联系。如表现一个人在回忆或梦幻中重叠交替隐现多种不同景象，可使人物的潜意识形象化，并表达出人物在情绪纷繁时的精神状态。

渐隐渐现 也称淡入淡出。即前一场景的画面逐渐暗淡直至完全消失(渐隐)和后一个场景的画面逐渐显露直到十分清晰(渐显)。这种手法用以表现某一个情节的终结和另一个情节的开始。利用这种方法剪接的镜头画面可以达到节奏舒缓、平稳的效果，给受众一种“间歇”的感觉。

划入划出 又称划变。表现形式是滑移，即后一个镜头从前一个镜头画面上渐渐划过，前后交替。这种方法主要用来加强某种视觉效果、情绪或节奏。划的技巧在广告中常常被采用，且花样繁多。如左右划、上下划、多角形划、菱形划、螺旋形划等。这种手法现在已很少使用。

2.蒙太奇

蒙太奇是法语中的一个建筑学名词，原意是安装、组合、构成，借用到电影里，最初指镜头和镜头的组接，现代已成为电影行业的通用语。

但至今为止，蒙太奇还没有一个统一的定义。《大英百科全书》的解释是：“蒙太奇指的是通过传达作品意图的最佳方式，对影片进行的剪辑、剪接，以及把曝光的影片组接起来的工作。”法国电影理论家马塞尔·马尔丹在其《电影语言》一书中对蒙太奇的定义是：“蒙太奇是电影语言最独特的基础。蒙太奇意味着将一部影片的各种镜头在某种顺序和延续时间内组织起来。”苏联著名电影导演艺术家爱森斯坦则认为：“蒙太奇不是用连接在一起的画面叙述思想，而是通过彼此独立的两个画面的冲突而产生思想。”

上述各家的解释虽有不同，但对蒙太奇的本质作用的看法还是大体一致的：蒙太奇是影视作品创作过程中的一种独特的思维方式；是画面语言的构成方法。

蒙太奇的表现方式主要分为两大类，即叙事性蒙太奇和表现性蒙太奇。这两种蒙太奇之间并没有明显的鸿沟，有些蒙太奇的运用虽是叙事性的，但却已具有了表现的价值。

(1)叙事性蒙太奇

顾名思义，此种蒙太奇的表现方式就是把故事讲清楚，把情节交代清楚。这是蒙太奇中最简明、最直接的一种表现方式。其作用是连接段落与段落、转场、贯穿动作线索以节约时间、压缩空间，使情节清晰、自然。叙事性蒙太奇又可以分为连续式、平行式、交叉式、积累式、复现式和颠倒式等基本形式。

连续式 是影视作品中运用得最多的、最基本的一种表现方式。其优点是有头有尾、脉络清晰、层次分明，受众易于理解。大多数影视广告创意基本上都是采用这种方法进行后期制作的，如迪赛尔品牌电视广告《人工呼吸篇》就是运用此种表现方式的经典作品。(图9-5)

平行式 是将两条以上的情节交替叙述，把在同一时间但不同空间的事件同时予以交代，使之具有共时性。许多警匪片就采用此法。一般而言，由于受到时间的限制，大多数广告创意都不太可能运用此法。

交叉式 即将具有共时性的两个以上的平行动作或场面予以交替出现，其情节画面互相交叉，相互加强。

积累式 即把一连串性质相近并说明同一内容的镜头组接在一起，给受众造成视觉积累的效果。

复现式 即在影视作品中前面曾出现过的画面、动作、对白，以及场面、道具、音乐等，在后面又重复出现，以产生前呼后应、首尾相接的强化效果。

颠倒式 即把故事情节从现在转到过去，又从过去转到现在，产生倒叙或插叙的效果。

图9-5 迪赛尔品牌电视广告《人工呼吸篇》(截图)

此作品曾获1997年戛纳国际广告节全场大奖。故事情节较为简单，讲述了一群学生在户外进行夏令营活动时，老师向学生传授人工呼吸的施救方法，只是画板上显示的是一位帅哥和一位美女，同学们以为会有美女参与体验，于是一个个都跃跃欲试。此时，上来一位比较蛮横的同学，推开众人，准备自己与想象中的美女体验学习人工呼吸的施救方法。不料，出现在他面前的却是一个满脸胡须的老人，蛮横的同学虽然极不情愿，但也不得不对自己的言行负责，只好勇敢地进行了人工呼吸的尝试。不过，蛮横的同学在勇于面对“残酷”现实的同时，并没有忘记其对美好生活的向往(与美女在一起)。广告的诉求主题是为了成功的生活。

(2)表现性蒙太奇

表现性蒙太奇主要不是用来叙述故事情节本身的，而是为了表现某种喻意、情绪、精神，其追求的是镜头与镜头组接之后所产生的“新的含义”。表现方式主要有对比式、隐喻式和象征式等。如电影中的某位主人公牺牲之后画面上出现的一颗高大苍翠的青松，就是典型的表现性蒙太奇。不过，在广告创意表现中，这种方法基本上不会使用。

对比式 即把不同内容、不同形象、不同声音的画面组织起来，从而造成强烈的对比关系。例如，一贫一富、一高一低等，以起到相互衬托、强调的作用。

隐喻式 即将貌似相同而实质不同的两个事物加以并列，以此喻彼。

象征式 与隐喻式近似，即将某一具体事物与另一事物并列以展示这一事物的意义；或用具象的事物比喻抽象的概念，如用鲜花象征幸福。

二、视觉形象的表现

1.隐喻式广告

视觉形象与语言文字的最大区别就是前者所传播的信息较之后者更具丰富性、模糊性、不确定性，这也是视觉形象的魅力所在。利用隐喻式的蒙太奇方法，可以使视觉形象充分发挥自身的作用。

在电视广告史上，能够充分发挥视觉形象作用的经典案例当属1984年播映的苹果电脑上市广告。该广告的背景设置在一个阴森恐怖、带有未来色彩、既像工厂又像监狱的建筑物内。广告由并列的两组形象构成，一边是剃着光头、身着相同的单调制服、神情呆滞的一群人；另一边是一位充满活力、体格健壮的妇女，她身穿紧身衬衫和短裤。画面中弥漫着的淡蓝色烟雾更突出了人物苍白的面色和像机器人一般整齐划一，毫无个性。第一组人群集聚在巨大的电视屏幕前，屏幕上一个男子气势汹汹地注视着他们，用单调低沉的声音念诵着单调的口号：我们是一个民族，拥有同一个意志，同一个决心，同一个事业。那位妇女的形象与上述场景不断交替出现在画面，在一系列的闪景中，她面向观众跑来，双手紧握一把长柄榔头。当大屏幕上的男子还在继续向观众发表冗长的讲话时，这位妇女冲到他们中间，抡动榔头，对准男子的嘴巴用力投去。此时，电视出现了屏幕爆炸的画面，爆炸时所发出的白光照亮了那群观众一张张充满敬畏的脸，这时的广告画面出现了唯一一次的广告诉求：1月24日苹果电脑公司将推出苹果个人电脑，你将看到1984年为什么不会像《1984年》。(图9-6)

图9-6　苹果电脑影视广告作品《1984》

只要看过英国知名作家乔治·奥威尔的名著《1984》的受众就会心领神会该广告所要诉求的主题：苹果将打破IBM的市场垄断地位。这条广告仅在1984年的橄榄球超级杯赛期间放过一次，但是它所产生的影响却被广泛分析和讨论。当然，许多没有看过《1984》的小说或者对政治形态或相关理论没有多少兴趣的受众可能并不十分理解该广告视觉画面到底在传达什么意思。不过，许多受众还是能够感觉到这条广告所诉求的内容有着某种对比的意味，但是这种对比的实质究竟在表达什么就比较困惑了。人们普遍认为这条广告取得了巨大的成功，因为它引起了受众对苹果电脑的强烈的兴趣。在广告学术界，这条广告被誉为有史以来最伟大的作品。显然，在这一经典广告作品当中，意义难以理解并不完全是广告成功的主要障碍，情况似乎恰恰相反，人们一直认为，正是由于这条广告的意义难以理解，才使得该广告产生了非凡的影响。①

确实，该广告没有向受众发出明确的诉求信息，但却反而引得受众试图去破解其视觉画面所隐含的意义。广告中所提及的由乔治·奥维尔创作的小说《1984年》可能会使受众联想到老大哥正通过监视器注视着人们，进而受众也许可以将新型的苹果电脑理解为一种划时代的全新工具，这一工具将帮助人们从某种形式的暴政(如其他电脑设计公司所要求的刻板的工作模式)下解脱出来；而广告的视觉风格与20世纪80年代初的科幻电影也有许多共同之处，那些电影一向都把未来描述成令人生畏的集权暴政，这种风格的相似性也在诱使受众隐约得出与上述相同的结论。另外，受众可能会把那位妇女手中的长柄榔头与苏格兰联系起来，因为扔榔头是苏格兰人的传统体育项目。至于那些聚集在一起的群众形象以及巨大的电视屏幕上的那张脸上的蓝色，可能还隐喻了国际商用机器公司IBM，因为IBM的标准色就是蓝色。于是，该广告的视觉结构就有了一层新的含义：即广告中的妇女隐喻了新生的苹果电脑，而工厂或者说像监狱一样的环境象征

① 梅萨里.视觉说服——形象在广告中的作用〔M〕.王波，译.北京：新华出版社，2004：168.

了IBM，那么，广告所隐含的整体信息就是向受众宣告：横空出世的苹果电脑将打碎官僚气十足的对手在电脑领域的统治地位。

广告活动的目的之一就是加强商品在市场竞争中的地位，为此，就不可避免地会在广告诉求中攻击竞争对手。问题是直接攻击竞争对手会导致两败俱伤，而且在一些国家的相关法律中不被允许，于是，采用隐喻的方式使广告的视觉形象产生更为丰富但并不确切的信息，反而会增加广告的吸引力。一方面，它使广告得以向受众暗示出无法或不愿以更为公开的方式所传达的信息；另一方面，它也可以吸引受众和评论家花更多的时间去思考、谈论这一广告，从而增加受众自己体会出隐喻信息的可能性，使受众对广告诉求品牌产生更为深刻的印象。

2. 视觉并列式广告

视觉并列式广告是指在屏幕画面上以左右并列的方式同时播放两个在情节或内容上有内在关联的视频画面。由于视觉并列式广告在画面上所诉求的信息较多，使得受众难以集中精力正确接受和理解广告主所要传达的商品信息。因此，不甚受广告主欢迎。不过，在影视广告创意中使用这种手法作为镜头表现的一种方式还是可以的。

视觉并列式广告的表现方法主要有以下几种：因果关系、对比、比喻。

因果关系　视觉并列式广告的构成元素主要有人物、生活方式、产品形象。在具体运用这些元素时可能会为广告主的创意策略所规范，有时会以人物形象为表现主体，即将产品与其“典型的”使用者相联系；有时又会以生活方式为表现主体，即所强调的重点在某一产品使用的背景或社会环境而不是特定的使用者；有时还会以产品形象为表现主体，即表现产品与某些比较抽象并非实用的领域之间建立象征性的关系，而不是仅仅注重其使用功能。但是，不管采用哪种方式，这些并列的视觉形象之间都有一个共同点，即因果关系。比如，将某一产品与支持该产品的名人并列就有可能向受众证明该品牌产品的品质，同时还可能暗示一种隐含的信息：如果你买了这款产品，那么在他人的眼里你就和这些名人所具有的生活品质产生了关联。

对比　即在视觉并列的广告作品中将两个或两个以上具有前后关联的影像向受众诉求有关信息，以使受众通过视觉形象的对比产生对诉求信息的理解与认同。这种表现方式便于受众对产品产生直观的认知。

比喻　文学表现的一种修辞手法。通俗地说，就是将甲事物比作乙事物。利用比喻是广告中视觉诉求的一种常规手法。仅在汽车广告这个类别中，人们就会看到各种各样的比喻：有比作雄狮的丰田、比作老虎的埃克森、比作猎豹的宝马等。广告主之所以喜欢将自己的产品比作上述这些动物，最主要的原因是并列的形象可能比产品本身的图片对受众有更大的吸引力。况且，根据学者的调查研究发现，有三种视觉形象最容易引起人们的关注，即美女(Beauty)、动物(Beast)和婴儿(Baby)，这是在广告界著名的创意法则，即3B原则。

与其他修辞手法相比，比喻手法比较含蓄，它往往通过与广告所诉求的商品本质特征相类似，而且又是受众所熟悉的事物来借题发挥、延伸转化，给人以深刻印象。

第四节　影视广告的文案创作

一、影视广告文案的特点

影视广告文案创作与印刷广告和广播广告文案创作有很大的区别，这种区别就在于，印刷广告和广播广告的文案都是通过语言文字的创作来表现的，受众是直接通过阅读或收听文案的语言文字来认知诉求信息的，这与人们通过语言文字阅读/收听文学作品的方式并无不同，这就自然要求印刷/广播广告的文案有文采，而且具有较高的艺术水准。印刷/广播广告文案的创作在表现手法上与文学艺术的创作基本是相同的，如均运用夸张、比喻、拟人、幽默、象征等修辞手段。

但是，影视广告文案创作完全是另一回事。影视广告文案创作必须经过视觉符号的转化，以画面/形象的方式向观众诉求广告信息。此时，影视广告的文案本身并不是展现在观众眼前的作品，展现在观众眼前的是经过影视导演二度创作的视觉作品。因此，如果说印刷/广播广告的文案创作还需要思考如何组织语言文字以最有效地传达商品/品牌信息的话，那么，在影视广告文案创作的过程中，则几乎不需要思考如何用语言文字去表现商品/品牌的相关信息。影视广告文案的创作实际上是创意主体首先将创意视觉化，之后再将其脑海中的视觉形象用语言文字予以再现的过程。因此，衡量影视广告文案是否成功的标准，并不在于其文字的表现力如何，而在于其是否具有创意，语言文字能否将移动的视觉画面予以还原，并创造性地加以表现。

影视广告文案创作涉及的专业较多，内容比较复杂，因此，影视广告文案创作大都由一个创意小组共同完成。但创作的文案阅读者只有两个人，一个是广告主，另一个就是影视广告的导演。

二、影视广告的创意脚本

影视广告的创意脚本（文案）又称“故事版”。当创意小组选定创意方向及相应的表现策略之后，创意（美术指导和文案）人员便可着手撰写脚本。

影视广告的脚本（通常也称故事版）的主要内容包括：广告诉求点、广告语或广告文案（歌词）、广告长度、景别、拍摄技法、镜头内容、镜头时间、配音要求等。

由于电视媒体的视觉影响力和表现力都非常强，因此，创意人员的责任相当重大，他们必须有能力与其他专家如美术、导演、摄影、服装、化妆、灯光、布景等全力合作，以使创意能够最终转化成优秀的视觉作品。

当文案人员将创意的大致想法用文字撰写完毕之后，美术指导就要负责将脚本中的关键场景画成草图（速写），这项工作类似给小说画插画（连环画）。

图9-7　某品牌产品影视广告故事版（截图）

草图是画在故事版上面的。故事版是一张预先印制好的纸张，上面有8至20个电视屏幕状的空白框，每个框的右边留有足够的空间以填写广告文案内容，包括在拍摄过程中的专业手法的设定等。(图9–8)

故事版的运用有助于创意人员从视觉上落实广告的格调和动作顺序，发现构思的不足，使创意提案具有一定的形象性和直观性，便于获得广告主的认可，还可以作为广告作品拍摄的样稿。

图9–8　Arla牛奶影视广告画面截图

此作品构思了一个小男孩练习跳高的故事情节，生动、形象、幽默、夸张地表现了Arla牛奶的功效，让人在捧腹之余对Arla品牌留下了深刻的印象。其故事情节是一个小男孩在练习跳高，连续三次都无法跳过基本的高度，小男孩十分恼怒，居然将粗大而又结实的标杆给弄弯了，这样放在标杆上，小男孩完全可以从标杆弯曲的部位轻松越过。此时，画面插入一杯被迅速喝完的牛奶，暗示小男孩的力气因喝了牛奶而大增。不过，令人捧腹的是，当小男孩对着标杆冲刺的时候，忽然向另一个方向跑去。这时，镜头中出现小男孩的父亲，拿着扫把向小男孩追去。

第五节　网络广告的文案创作

一、网络广告文案的特征

网络的最大特征就是交互性和融合性。这给广告人提供了无限创意的空间，既可以选择一般印刷媒体所采用的文图混编的模式；也可以通过动画演示，像电视媒体一样用生动的画面来吸引受众；还可以加入音乐元素，通过对受众的视听觉要素的整合刺激从而提升信息的传播效果。具体而言，网络媒体的特征主要有以下几点。

1. 多媒体性

互联网的存在是建立在无数台个人电脑连接的基础上的，它能够多方面、多层次地将信息整合发布，创造出一种新兴的传播媒体形式。同时，广告投放商还可以随时获得用户的反馈信息，建立完整的客户资料。网民也不再只是被动地接受广告，而可以有选择地接受或对之做出反应。

2. 及时性

广告发布的及时性是广告投放商最为关注的问题，直接影响着产品的销售情况。网络的自由链接的特性，使得互联网几乎成为一个没有任何界限的广告发布媒体。人们可以在第一时间了解产品广告的内容，并做出相应的反馈。

3.效果的可预测性

与传统的媒介广告到达率相比较，网络广告测算要简单得多。受众对某一条广告的点击率，以及在点击后的实际购买率，包括受众查阅信息的分布范围和时间等，都可以通过网络服务器查找。实际上，网络广告最为关注的就是点击率，这一点正是影响网络广告文案写作的重要因素。

4.无限制性

印刷媒体以及广播几乎都受到时间和空间的限制。而在网络上，这些都不成问题，无论何时何地，打开相同的网页，网络广告都能在受众面前及时出现。

二、网络广告发布策略及其文案写作风格

网络广告的发布策略有两种形式：定向传播策略与交互传播策略。根据其不同特点，文案的写作要求也有所不同。

1.定向传播的广告策略和文案写作风格

定向传播是指对某些特定的目标受众进行有针对性的信息传播，而信息接受者也能够对信息做出回应等，此时，信息传播者又可以根据受众的反馈信息及时修正或调整信息传播的内容或方式，从而使得信息传播更具实效性。

在互联网上，有些企业通过特定机构购买潜在消费者名单，利用电子邮件、电子新闻组等方式，向潜在消费者发布广告信息。这种做法与直邮广告比较相近。其好处是针对性强，广告投入较少浪费，但如果运用不当，极易引起受众的反感，招致大量抗议邮件，甚至导致企业声誉受损。因而，准确选择目标受众，把广告发给希望得到有关信息的受众是这种广告策略成功的关键。

把生动的网络广告放在能吸引某些特定细分市场的站点上，对提高企业或品牌知名度非常有效。网络可以细分成很多部分，这些细分的受众有特殊的兴趣与需要，给定向传播提供了更精确的传播途径。比如，一则关于跑鞋的广告放在与跑步相关的网站上，化妆品的广告放在女性网站上，会有较高的到达率。

2.交互式广告策略与文案写作风格

互联网突破了传统媒体单向传播的局限，为受众与媒体间的双向交流提供了可能。受众不再是被动的接受者，他们也可以发布信息，可以主动寻求自己所需要的各种信息，这种互动性使得传统媒介的发布者与接受者的主客体关系发生了置换，这就要求网络广告的发布者在进行广告文案的创作过程中切记要以目标受众为中心，根据目标受众的需求创作网络广告文案。

在各娱乐性、综合性网站上发布的图标广告、旗帜广告以及其他广告形式，可采用设置悬念或诱导性、号召性语言与形式，引发访问者点击甚至参与。很多广告主运用网络广告并不满足于仅仅提升品牌的知名度，传播品牌形象，还希望能吸引受众进行更深接触，因而将广告与企业主页相链接，这就要求提高点击率。以此为目的的广告，在文案写作中就应注意设置悬念，不把信息说尽；或者设置参与性内容，引起访问者兴趣，拉近他们与品牌的关系。

有时，主动搜寻相关信息的受众会利用搜索引擎或门户网站的链接，到达企业的主页。对于这些访问者来说，由于有明确的目的性，深入而详细的信息会有较大的影响力。

宝洁公司是较早认识到网络价值的大广告主之一。他们不仅建立了几十个专题网站，而且通过网络广告与其他活动相配合，推出了“润妍”洗润发系列产品。公司运用FLASH动画制作技术配合新颖的创意表现形式，创作了“润妍”网络广告，并选择了在综合门户网站、区域性门户站点、知名女性网站进行投放。据统计，由网络广告的点击而进入“润妍”品牌网站并成为其注册用户的人数约有1.5万人。

通过独具创意的网络广告投放，宝洁公

司达到了预期的广告目的及效果。一方面，提高了产品的知名度，增加了“润妍”品牌网站的访问量与注册用户数；另一方面，增加了线下推广活动(润妍女性俱乐部、润妍女性电影专场)的参加人数，达到一种从线上向线下的推广，成功创造了一个网络塑造品牌的典范。

三、网络广告文案撰写的基本原则

1.语言要简洁生动

由于各网站对广告尺寸有一定限制，而且网络媒体也不适合长时间阅读，因而简洁、生动的网络广告文案才会有较高的注意率。句子越短越好，最多不超过20个字，太长了就会让访问者视觉疲劳，没有耐心看下去。至于深入的信息传播，可以通过吸引受众点击，链接到企业主页来实现。目前，网上可供选择的广告位置有限，大多数只有图标广告，最常用的尺寸是15cm×2cm。

2.注意语言与画面的配合

动画技术的运用为网络广告增加了吸引力。在一般的网络广告中，语言更应服务于画面，充分利用动画技术所产生的视觉效果，利用字体大小、位移的快慢变化，来增加信息传播的趣味性和表现力，起到画龙点睛的作用。

3.语言风格的适应性

由于网络可以根据不同兴趣爱好，把受众高度细分化，因而在针对目标受众诉求时，注意运用他们所熟悉的语气、词汇，会增强认同感。网络广告还可以借助热点信息来作为网络广告文案的宣传素材。

4.语言形式由投放的网站决定

网络无国界，但受众还是会受到语言的限制，因而要根据企业的传播目标选择站点，决定运用何种语言。 不同国籍的受众，其文化背景不尽相同，对广告文案的表现形式也会有不同的认知，所以应根据受众的文化背景、不同嗜好等来及时调整语言形式。

第六节　广告创意表现的诉求策略

广告创意的作品也可以称为艺术作品，因此，从理论上而言，大多数文学艺术作品的表现手法都适用于广告创意。但是，由于广告创意作品的受众更具大众性，且广告创意的目的更具商业性，因此，笔者认为，在众多的文学艺术的表现手法中，只有部分内容可以在广告创意的表现过程中予以运用。

一、比喻策略

比喻属于文学创作与表现中经常运用的一种修辞手法，也是广告创意常常使用的表现策略。因为广告创意的目的就是要将商品的利益点向目标受众诉求和传播，但是有些商品的利益点是无形的、抽象的，如保险业、银行业、大学教育等，此时，消费者无法以感觉器官来直接感受产品的优点，广告的创意就不得不依赖于产品的替代物来向目标受众进行广告诉求。

1.单纯的比喻

在很多情况下，广告创意的最佳路径就是使用比喻。比如，我们做一则标题为谣言止于公开的公益性广告。此时，广告的诉求内容“谣言”和“公开”都是非常抽象的概念，不太可能直接以具体的图像来表现，只能通过比喻的方式选择一个能够代表谣言的形象来进行广告诉求，使其更生动，更直观。比如，我们可以将从山坡上滚下来的雪球来比喻谣言，用灿烂的阳光来比喻公开，而雪球越滚越小则形象地说明了谣言止于公开的诉求主题。

利用比喻进行广告创意，关键是创意人员要善于发现两个毫不相关的事物之间的相似点，也就是要有发现和创造这种关联的能力。

2.混合的比喻

所谓混合的比喻，是指在广告表现的视觉元素中选取一个最具代表性的元素加以改造或变形，然后再与其他事物融合在一起以创意出全新的视觉表现形象来。绝对牌伏特加，在广告作品中不断改变其酒瓶的形状，并与唐宁街10号的大门相融合，与奥克兰的私人游艇相融合，等等，采用的就是混合的比喻。单纯的比喻对无形的服务往往能够发挥很好的作用，混合的比喻则对有形的产品有很好的效果。（图9-9）

图9-9　绝对牌伏特加酒广告创意作品《绝对的伦敦》和《绝对的奥克兰》

将自己的产品/品牌与一座城市合而为一，确实有点异想天开。广告创意就是要敢于异想天开。绝对牌伏特加还真完成了这种不可能完成的任务。在广告的创意构思中，创意人员精确地把握了伦敦和奥克兰的文化或生活状态的标志性象征物（伦敦的唐宁街和奥克兰的私人游艇港湾），并使之与绝对伏特加完美融合。

3.文字比喻

这种比喻与传统的比喻概念是有区别的，即将商品或服务脱离其原先大众所普遍认可的固定位置，也不用另外一个事物来比喻或替代它，而是将它植入另一种语言体系之中，使受众乍一看还以为广告是以“错误的”名称在称呼商品或服务。

例如，大众的一款折篷轿车的广告，其标题是袒胸的乐趣。这则广告的创意所用的比喻很有意思，但又与以往的比喻有所不同。它们在谈及自身时，所使用的措辞或与其他事物相关，或直接表示其他事物。这种创意常常能够出其不意、吸引受众注意。

二、比较策略

在广告创意中，通过将广告商品与其他事物进行比较也是获得创意的有效路径。可以与竞争对手进行比较，也可以与自己过去的产品进行比较。当然，这些比较必须在不违背广告法规的前提下进行。

1.对比

在广告创意中，对比是指把两种不同的商品或同一商品的不同特点放在一起进行相互比较。对比可以使广告所诉求的商品特征或利益点更加鲜明突出。

与竞争对手比　与竞争对手的商品或服务进行对比，也包括与假冒伪劣商品进行比较，可以有效地帮助消费者进行商品品质的鉴别，有利于刺激商品在市场上的良性竞争。（图9-10）但有些国家的广告法禁止这样比较。

与自己产品的相同方面比较　有两种方式：纵向比较，横向比较。纵向比较是将新产品与老产品进行比较，以突出强调新产品在性能、价格上的优势，增强对目标受众的劝服

图9-10　雪豹汽车与宝马汽车的比较广告

此广告创意作品非常精彩，创意人员将人们习以为常的停车场景加以利用，仅仅将雪豹汽车的标志换了一个方向，就构成了一则极具创意和十分幽默的比较广告。

效果。横向比较是将自己不同型号、类型的产品进行相互比较，便于目标受众对商品的不同性能有更加清楚的认知。如白加黑感冒药的广告创意就是将其白天服用的白色药片与晚上服用的黑色药片进行比较：白天服白片，不瞌睡；晚上服黑片，睡得香。取得了十分理想的传播效果。

与自己产品的不同方面比较　分两种情况：一是将自己产品的功能与价格进行比较，以说明本产品具有吸引人的高性价比；二是将自己的产品与自己的其他方面进行比较，以间接突出本产品的优异品质。例如，当年华凌冰箱的报纸广告就是将自己的产品与自己的品牌进行比较：这台华凌冰箱用了10年，除了牌子越来越旧之外，其他一切照旧。

2. 排比

在广告创意的构思过程中，将结构相同或相似、语气一致、意思密切关联的句子或画面排列起来，使语势或视觉冲击力得到增强，诉求内容环环相扣，步步加深，使受众对广告诉求信息的认知印象层层深入。这种方法就叫排比。下面是一则意识形态广告公司为台湾中兴百货创作的广告文案：

夏季折扣流行服饰

不必节衣缩食

不必克制欲望

不必在衣柜前唉声叹气

不必与服装设计师的魅力过不去

不必在逛街时担心吊牌上的数字

不必快步通过挂着DOLCE & GABBANA性感洋服的玻璃橱窗

中兴百货夏特卖开始

整个令人窒息的夏天终于让人有上街的念头

根据诉求内容的逻辑关系，排比又可以分为平行排比、递进排比和递减排比三种表现方式。

平行排比　即将结构与意义都基本相同的文案或图形进行重复性的诉求方式。如这幅以色列旅游局的平面广告的图形布局就是采用的平行排比的方式进行创意构思的。该广告的文案标题是：(图9-11 以色列旅游局平面广告作品)

标　题　3000年的城市 5000年的文明

副标题　游历这个文明古国 你能真正尝到"一日千年"的滋味

图9-11　以色列旅游局平面广告作品

此作品以以色列现存的一座古桥为构图元素，并将古桥依次排列，起到了突出该国文明遗产的悠久历史的作用。

递进排比　即将结构与意义都基本相似的文案或图形按照层级从低到高、从小到大、由轻到重、由弱到强的顺序进行递进式的诉求方式。通过这种诉求层级和强度的推进，可以不断刺激目标受众对广告信息的认知过程，强化和巩固目标受众的品牌记忆效果。如美国太平洋科学中心制作的关于鲨鱼的新电影上映的带有公益色彩的户外广告创意就是使用的递进排比的方法。(图9-12)

图9-12　美国户外公益广告作品

这是美国太平洋科学中心制作的关于鲨鱼的新电影上市的带有公益色彩的系列户外广告。该系列户外广告设置在高速公路旁，间隔一小时车程设置一块，共设置了三块。第一块的广告牌中有四个人在海水中悠然地戏耍；第二块广告牌中却有一人不知所踪，只剩下一只救生圈，这就自然会引起受众的注意，同时也表明此一块广告牌并非是上一块广告牌；第三块广告牌的画面是剩下的三人也无影无踪，倒是四只救生圈还在原地保持原样。该系列广告以恐惧诉求的方法传达了人类在保护鲨鱼的同时也要注意保护自己，以免受到鲨鱼攻击的信息。

三、夸张策略

夸张是运用离奇的情节对所诉求对象的品质或特征进行相当明显的过分夸大，以加深或扩大目标受众对这些商品本质特征的认知和记忆。在广告制作手段不断高科技化的今天，从客观上为这种方法的普及运用提供了更加广阔的空间。日本凌志汽车的广告就是采用极度夸张的手法进行创意的。(图9-13)

运用夸张的手法进行广告创意的作品层出不穷，也诞生了许多优秀的广告创意作品。不过，在具体的运用过程中，要注意将夸张与虚假严格地加以区分。夸张与虚假仅仅是一步之差，两者都是对产品的形象、特点、功能、效用等进行夸大其词的诉求，运用得当，即是夸张；运用不当，则是虚假。如美国一家烟厂曾经发布过这样一则广告：

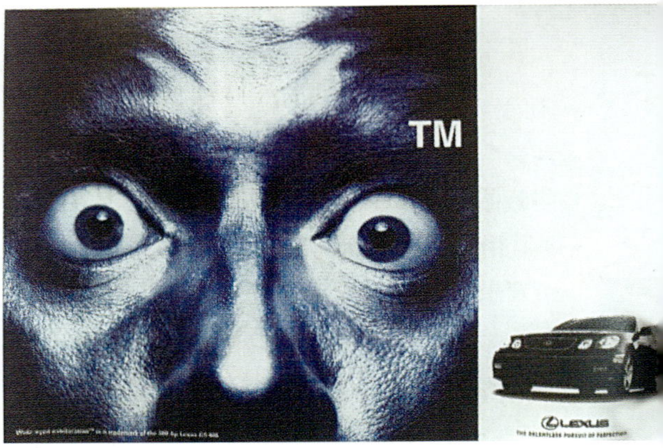

图9-13　日本凌志汽车广告

此幅作品以夸张的手法表现了一个男子极度惊讶的表情，以吸引受众注意。同时，也暗示了凌志汽车出人意料的非凡品质。其广告文案是：兴奋的惊呼，这是人们看见凌志时专有的表情，好像一个已经注册的专有商标。

> 我们的香烟是无与伦比的。我们做过这样的实验：把一包香烟放进棺材，死人马上就爬起来，抽出一支烟，见人就借火。

这条广告极力夸大了该品牌的香烟对烟民的魅力，甚至有使烟民起死回生的作用。但正常的受众都能够看明白，这不过是烟厂所开的玩笑而已，不太可能有消费者会真的相信。因此，这条广告属于夸张，不构成欺骗。

国内有厂家在广告中声称：本产品原料100%为天然植物，不含任何防腐剂和色素。但经有关部门的检验，该厂家的饮料中含有大量的防腐剂和色素。这种对产品原料纯度的“有中生无”的诉求就不属于夸张，而是对消费者的欺骗，是一种典型的虚假广告。

上述两则广告创意之所以会产生两种完全不同的传播效果，其评判的依据是广告的创意是将夸大的结果落实在广告的表现形式上，还是落实在产品品质的诉求信息上。前者的表现方法就属于夸张，后者的表现方法就属于欺骗。如香烟广告的创意中让死人起死回生的表现，任何受众都决不会将这一情节与产品的实际功效联系起来，而只是认为那不过是广告创意的一种表现手段罢了。而饮料的广告创意却将其产品本身的原料天然程度予以“隐瞒”，向受众进行“有中生无”的欺骗性诉求，这就必然会导致受众在心目中将这种诉求和产品品质联系起来，从而认定该产品确实具有这种功效，这就形成了欺骗与被欺骗的关系。

四、比附策略

比附是指将广告诉求的商品/品牌与知名的、有影响力的人或时下流行的某个事件联系、组合在一起，将后者的光环效应转移到本商品/品牌上来的一种创意表现方法。比附策略的运用实际上是利用了心理学中所谓的晕轮效应。晕轮效应又称光环效应，最早是由美国著名心理学家爱德华·桑戴克提出的。晕轮是一种当月亮被光环笼罩时产生的模糊不清的现象。所谓晕轮比附，即是将广告诉求的商品/品牌与具有光环效应的人物和事物进行链接，以借助名人或重大事件的光环效应扩大商品/品牌的影响力。

1. 与光环人物链接

即借用或利用名人的光环向目标受众诉求商品/品牌，以使目标受众将对名人的注意力部分地转移到对广告商品/品牌的关注，达到扩大商品/品牌知名度的目的。同时，这种方法还可以利用目标受众对名人的喜爱，使目标受众产生爱屋及乌的移情效果。如欧米茄手表的广告创意就是与光环人物链接的策略，其比附的对象是扮演007的著名影星英国著名影星丹尼尔·克雷格。(图9–14)

比附策略的运用大多是知名度较小的企业去比附知名度大的名人，借助名人的光环来扩大企业/产品的知名度或提升商品/品牌的形象。否则，比附策略就失去了意义。

图9–14 欧米茄海马系列手表平面广告作品

2. 与光环事件链接

此种方法与上述方法在本质上并无不同，只是比附的对象由人物变成了事件。如2013年红牛功能型饮料比附江苏卫视主办的“最强大脑”活动，并适时创作全新的广告语“你的能量超乎你想象”，取得了非常好的品牌传播效果。(图9–15)

图9–15 江苏卫视《最强大脑》栏目推广海报

五、荒诞策略

1.荒诞的本质

荒诞的原意是指荒唐、虚妄、不可信、不可能的事情。但是在广告创意的表现过程中如果能够巧妙地运用荒诞的艺术表现方法，往往能够收到意想不到的传播效果。

荒诞原是文学艺术的表现手法之一，在文学艺术作品的创作中常常被成功地加以运用。如我国明代的吴承恩创作的神话小说《西游记》、清代的蒲松龄创作的《聊斋志异》等均是以荒诞的笔法来表现其作品深刻的主题内涵的。至于西方现代派文学家利用荒诞笔法创作的经典文学作品就更是不计其数，而其中最著名的便是奥地利作家卡夫卡的小说《变形记》。这些作家以丰富的想象力和荒诞虚妄的描述表达了作者对社会的审视、对人生的思考、对理想的追求，也赢得了广大读者的青睐。

读者对上述以荒诞笔法进行创作的作品内容的真伪判断的标准并不在于其表现形式是否真实可信，而在于其是否通过杜撰的表现形式表达了人们的生活愿望或是否深刻地揭示了生活的本质。因此，广告创意借用荒诞的表现手法只要能够准确地表现商品/品牌的本质特征，同样可以获得受众的认可。

2.荒诞手法的运用

利用荒诞的手法进行广告创意的表现，常常能够让目标受众对广告诉求的产品/品牌产生经久不忘的深刻印象。如1996年戛纳国际广告节获奖影视广告片VAUXHALL品牌的汽车广告就是一则成功地运用荒诞的表现手法的经典之作。该广告创意完全抛开了现实生活的真实逻辑，杜撰了在现实生活当中不可能出现的荒诞场景——数千名婴儿济济一堂，召开大会，要求汽车的性能更安全、更可靠，要设计能够让婴儿在车上玩耍的足够的空间，跟在自己家里一样自由自在、方便、舒适。这种看似荒诞的场面使人看后忍俊不禁，饶有兴味，在愉悦的氛围中对VAUXHALL品牌的广告诉求主题——安全和大空间留下了深刻的印象。(图9-16)

图9-16 VAUXHALL汽车电视广告《娃娃开会篇》(截图)

六、悖逆策略

悖逆是指违反常规，标新立异，与众不同，拒绝平庸。广告创意为了引起受众的注意，往往在版面空间的布局构思中改变陈规、不落俗套，求新求变。广告大师伯恩巴克为大众轿车创意的广告作品就是运用悖逆策略的经典之作。该广告采用了与人们普遍认同的“从大处着眼”的思考和视觉习惯的反面——从小处着眼的表现手法，完全抛开广告版面设计的一般原则——尽可能地利用广告版面的空间而不要浪费宝贵的版面资源的一般原则，反其道而行之，把绝大部分版面留作空白，仅在版面的左上角安排一辆图形面积较小的大众金龟车。这一与常规的设计原则相悖逆的创意表现使目标受众为之一震，为这种独树一帜的全新的广告表现风格所惊叹。(图9-17)

图9-17　大众金龟车平面广告创意作品

该作品是由广告大师伯恩巴克创意的广告史上最为经典广告作品之一。广告诉求的标题是：想想小的好处。广告视觉表现的手法简洁、大气，通过十分悖逆、超乎常规的沟通方法，强调和突出了金龟车的“小”。而小究竟有哪些好处，该广告文案给出了十分具有说服力的答案。

使用这种策略必须有一个前提，那就是创意人员对广告创意表现的实践已经积累了丰富的经验，对各种表现方法和技巧已经掌握自如，甚至融会贯通。否则，就不应轻易使用这种表现方法。

七、小品

小品是一种短小精悍而又富有抒情意味的散文，其文学色彩浓厚、语言优美生动、形式多种多样。

小品在我国有着悠久的历史，无论是古代还是现代，前人都给我们留下了许多脍炙人口的经典之作，如韩愈的《柳子厚墓志铭》、范仲淹的《岳阳楼记》、周作人的《乌篷船》、余平伯的《桨声灯影的秦淮河》等。这些精美隽永的小品，有的以质朴无华的语言，记叙了生活中那些不为人所注意但又有着深刻哲理的人情故事或自然现象，引人深思；有的以诗情画意的笔触描绘大自然的美景，表达了作者的情怀；有的以精练真挚的文笔传达出作者对人生的探索和对理想的不懈追求。总之，优秀的小品能给读者以知识的营养和审美的愉悦，是人们精神生活的重要组成内容。

从广告创意的发展历史来看，大致经历了三个阶段：19世纪后期至20世纪初期以文案为主、图形为辅的表现阶段；20世纪40年代至80年代文案与图形并重的阶段；20世纪90年代至今以图形为主、文案为辅的阶段。这种发展变化对广告的创意活动来说实际上就是文案逐渐衰落的过程。至少，目前充斥于印刷媒体的广告作品的版面中文案所占的面积和比例越来越低，这也许与消费者的生活节奏的加快不无关联。不过，近几年台湾的广告界出现了许多以文案为主或是文案在广告作品中占有中心地位的广告作品，这些作品的创作无论从内容上还是形式上都与上述小品文没有多少差别。

以小品文的方式创作广告文案，其内容往往并不是要向目标受众诉求商品品质、价格、功能等使用价值方面的信息，而是更多地扮演一个目标消费者的朋友的角色，通过这种小品文的方式与他们进行沟通和交流，其内容涉及人生观、价值观、消费观、美学理念等。这些文案作品文笔优美、观念时尚、富有哲理，具有相当高的审美价值，对提升商品的品牌价值、传播企业的文化理念起到了重要的作用。

以下是几则优秀的以小品方式创作的广告文案：

1、中兴百货1992婚礼嘉年华

A 结婚进行曲第一章

叛逆是恋爱，命中注定是结婚；

望春风是恋爱，青蚵仔嫂是结婚；
前卫是恋爱，传统是结婚；
菊豆是恋爱；油麻菜籽是结婚……
不论年代，
恋爱是一回事，结婚是另外一回事！

B 结婚进行曲第二章
玫瑰是恋爱，百合是结婚；
激情是恋爱，爱情是结婚；
焰火是恋爱，钻石是结婚；
双鱼座是恋爱，巨蟹座是结婚……
不论年代，
恋爱是一回事，结婚是另一回事！

C 结婚进行曲第三章
提款卡是恋爱，储金簿是结婚；
发明家是恋爱，哲学家是结婚；
感性 > 理性是恋爱，理性 > 感性是结婚；
选择题是恋爱，是非题是结婚……
不论年代，
恋爱是一回事，结婚是另一回事！

2、不景气不会令我不安 缺乏购物欲才会令我不安
国民生产毛额无法累积出幸福
泡沫经济无法幻灭品味
节制消费无法弥补南极的臭氧层
信用卡数字无法伪装美学天赋
惩罚唯物论者无法降低失业率
关系无法建立在唯心基础上
人造皮革无法取代ARMANI的羊驼呢
时尚精神病比世界上大部分的人健康
她们从不和欲望进行哲学辩论
而是持续在服装店无怨无悔
克制购物欲是专断的道德主义
因为
欲望从来没有不景气的时候

3、张耀咖啡摄影展
书桌上的咖啡书 咖啡桌上的欧洲
歌德、叔本华、尼采、李斯特，
西班牙广场，克里克咖啡馆。
白先勇、黄春明、林怀民，
50年代，现代文学的明星咖啡馆。
巴赫、海顿、舒伯特，即兴演奏，
深夜打烊的音乐咖啡馆。
余光中、洛夫、杨牧，
无限续水的衡阳田园咖啡厅。
我不在家，就在咖啡馆；
我不在咖啡馆，就在往咖啡馆的路上。
有史以来咖啡因最多的书展，一九九五年四月八日至三十日，
诚品邀您酗咖啡。

4、《诚品阅读》杂志形象广告
海明威阅读海，
发现生命是一条要花一辈子才会上钩的鱼；
梵高阅读麦田，
发现艺术躲在太阳的背后乘凉；
弗洛伊德阅读梦，
发现一条直达潜意识的秘密通道；
卡缪阅读卡夫卡，
发现真理已经被讲完一半。
在书与非书之间，
我们欢迎各种可能的阅读者。
阅读一个具象，发现一个抽象

重要术语

直接标题　间接标题　复合标题
广告语　广播　人声　音响　音乐　比喻
荒诞　夸张　排比　比附　悖逆　小品
分切　叠化　淡入谈出　蒙太奇

推荐书目

1. 汉墨夫. 广告代理公司经营实务〔M〕. 陈若鸿等，译. 北京：企业管理出版社，1999.
2. 威廉姆斯赫尔斯特，马克. 当代广告运作〔M〕. 周伏平，译. 北京：企业管理出版社，2001.
3. 朱海松编. 国际4A广告公司基本操作流程〔M〕. 广州：广东经济出版社，2002.

思考练习

1. 请分别对印刷媒介、广播和电视媒介的广告文案进行分析和评价，并对其进行重新创作。
2. 在创作文案的基础上，请对广告进行视觉表现的设计。

参考文献

[1] 阿伦斯.当代广告学[M].7版.丁俊杰,等,译.北京:华夏出版社,2000.

[2] 奥吉恩,艾伦,塞梅尼克.广告学[M].2版.丁俊杰,程坪,译.北京:机械工业出版社,2002.

[3] 普莱希斯.广告新思维[M].李子,李颖,刘壤,译.北京:中国人民大学出版社,2007.

[4] 梅萨里.视觉说服——形象在广告中的作用[M].王波,译.北京:新华出版社,2004.

[5] Rajeev Batra,Myers,Aaker.广告管理[M].赵平,洪靖,潘越,译.北京:清华大学出版社,1999.

[6] William Wells,John Burnett,Sandra Moriarty.广告学原理和实务[M].5版.张红霞,杨翌昀,译.昆明:云南大学出版社,2001.

[7] Gerard Tellis.广告与销售战略[M].张红霞,王晨,译.昆明:云南大学出版社,2001.

[8] 格塞雷,埃伯格.广告创意解码[M].沈吕百,黄振家,译.北京:中国物价出版社,2003.

[9] 朱勒,朱奈尼.广告创意策略[M].7版.郭静菲,黎立,译.北京:机械工业出版社,2003.

[10] 拉塞尔,莱恩.克莱普纳广告教程[M].王宇田,王颖,钟莉,译.北京:中国人民大学出版社,2005.

[11] 费尔顿.广告创意与文案[M].陈安全,译.北京:中国人民大学出版社,2005.

[12] 莱斯特.视觉传播——形象载动信息[M].霍文利,等,译.北京:北京广播学院出版社,2003.

[13] 施密特,西蒙斯.视觉与感受——营销美学[M].曾嵘等,译.上海:上海交通大学出版社,1999.

[14] 拉康,鲍德里亚.视觉文化的奇观[M].吴琼,译.北京:中国人民大学出版社,2005.

[15] 巴尔特,鲍德里亚.形象的修辞[M].吴琼,杜予,译.中国人民大学出版社,2005.

[16] 迈耶.麦迪逊大道——不可思议的美国广告业和广告人[M].刘会梁,译.海口:海南出版社,1999.

[17] 西沃卡.肥皂剧、性和香烟——美国广告200年经典范例[M].周向民,田力男,译.北京:光明日报出版社,1999.

[18] 明斯基,卡尔沃.如何做创意——13位美国杰出创意指导和文案撰稿人的创意观念、方法与作品[M].钱锋,译.北京:企业管理出版社,2000.

[19] 卡普斯.增加19倍销售的广告创意法[M].孟庆妹,武齐,译.呼和浩特:内蒙古人民出版社,2000.

[20] 奥格威.一个广告人的自白[M].林桦,译.北京:中国物价出版社,2003.

[21] 赛佛林,坦卡德.传播理论——起源、方法与应用[M].4版.郭镇之,等,译.北京:华夏出版社,2000.

[22] 霍金斯,贝斯特,科尼.消费者行为学[M].7版.符国群,等,译.北京:机械工业出版社,2000.

[23] 所罗门.消费者行为[M].3版.张莹,译.北京:经济科学出版社,1999.

[24] 李尔斯.丰裕的寓言——美国广告文化[M].任海龙,译.世纪出版集团,上海人

们出版社，2005.
[25] 米尔左夫.视觉文化导论[M].倪伟，译.南京：凤凰出版传媒集团，江苏人民出版社，2006.
[26] 唐锐涛，劳双恩，等.智威汤逊的智[M].北京：机械工业出版社，2005.
[27] 丁俊杰，康瑾.现代广告通论[M].2版.北京：中国传媒大学出版社，2007.
[28] 程宇宁.广告文案创意——引起受众对品牌认知的表现艺术[M].长沙：中南大学出版社，1999.
[29] 程宇宁.品牌策划与管理[M].北京：中国人民大学出版社，2014.
[30] 曾玉萍.中兴百货的意识形态[M].台北：滚石文化股份有限公司，2001.
[31] 李欣频.诚品副作用——55种上瘾的文字欲[M].台北：新新闻文化事业股份有限公司 1999年版
[32] 徐张杰.影视广告创意与策划[M].武汉：武汉大学出版社，2014，12.
[33] 张伟博.平面广告创意与设计[M].2版.武汉：武汉理工大学出版社，2016.
[34] 苏夏.影视广告创意与制作——艺术设计名家特色精品课程[M].上海：上海人民美术出版社，2013.
[35] 陈莹.广告创意设计与策划[M].沈阳：辽宁美术出版社，2013.
[36] 胡瑾，李新颖.广告创意思维训练[M].北京：知识产权出版社，2013.
[37] 胡文财.广告创意与表现[M].杭州：浙江大学出版社，2013.
[38] 孙涛.广告创意的视觉表现[M].北京：清华大学出版社，2010.
[39] 林染.广告创意心理学[M].北京：北京工业大学出版社，2015.
[40] 阿伦斯，维戈尔德，阿伦斯.广告：创意与文案[M].北京：人民邮电出版社，2012.
[41] 郑欢.中国广告创意：学与术[M].上海：上海三联书店，2013.
[42] 程亚鹏.平面广告创意设计[M].北京：北京大学出版社，2016.
[43] 马志洁，田志梅，彭涌.广告创意[M].北京：中国青年出版社，2012.

图书在版编目(CIP)数据

广告创意:从抽象到具象的形象思维/程宇宁著.—3版.--北京:中国传媒大学出版社,2017.10(2020.8重印)

(广告专业"十三五"规划教材)

ISBN 978-7-5657-2083-3

Ⅰ.①广… Ⅱ.①程… Ⅲ.①广告设计—高等学校—教材 Ⅳ.①F713.81

中国版本图书馆CIP数据核字(2017)第198784号

广告创意:从抽象到具象的形象思维(第3版)

GUANGGAO CHUANGYI:CONG CHOUXIANG DAO JUXIANG DE XINGXIANG SIWEI(DI-SAN BAN)

著　　者	程宇宁
责任编辑	蔡开松
封面制作	泰博瑞国际文化传媒
责任印制	李志鹏
出版发行	中国传媒大学出版社
社　　址	北京市朝阳区定福庄东街1号　　邮编:100024
电　　话	86-10-65450528　65450532　　传真:65779405
网　　址	http://cucp.cuc.edu.cn
经　　销	全国新华书店
印　　刷	三河市东方印刷有限公司
开　　本	787mm×1092mm　1/16
印　　张	11.25
字　　数	237千字
版　　次	2017年10月第3版
印　　次	2020年8月第2次印刷
书　　号	ISBN 978-7-5657-2083-3/F·2083　　**定　价**　58.00元